T0287581

Penny Sartori

ECM

Experiencias cercanas a la muerte

Prefacio de Prim van Lommel

Traducción del inglés al castellano
de Antonio Francisco Rodríguez

editorial Kairós

Título original: THE WISDOM OF NEAR-DEATH EXPERIENCES

© Watkins Publishing Limited 2014
© del texto: Penny Sartori 2014
© de la edición en castellano:
2015 by Editorial Kairós, S.A.
Numancia 117-121, 08029 Barcelona, España
www.editorialkairos.com

Primera edición inglesa: 2014 by Watkins Publishing Limited
Primera edición española: Diciembre 2015
Tercera edición española: Diciembre 2023

© de la traducción del inglés al castellano: Antonio Francisco Rodríguez
Revisión: Alicia Conde

ISBN: 978-84-9988-472-1
Depósito legal: B 25.521-2015

Fotocomposición: Grafime. Mallorca 1. 08014 Barcelona
Tipografía: Times, cuerpo 11, interlineado 12,8
Impresión y encuadernación: Ulzama digital

SUMARIO

Dedicado a Nanna Beryl (1927-2009),
a mi marido Enrico,
a mi hermano Julian y a su compañero Christopher
y a la primavera y verano que todos compartimos en 2009.
Fue un verdadero regalo.

AGRADECIMIENTOS

Hay muchas personas a las que quiero expresar mi agradecimiento porque sin su ayuda este libro no se habría podido escribir. En primer lugar, gracias a mi marido Enrico por su apoyo (tanto emocional como económico) desde que me interesé en este tema. De no haber trabajado él todas esas horas extras, yo no habría podido reducir mi jornada laboral en la UCI y dedicar tanto tiempo a esta absorbente labor. Gracias también al resto de mi familia, parientes y amigos por su ayuda, apoyo y comprensión ante mi preocupación por mis estudios.

Al profesor Paul Badham y al doctor Peter Fenwick, que supervisaron mi doctorado entre 1997 y 2005 y que continúan ayudándome hasta la fecha con su valioso consejo y apoyo. A la Fundación Lifebridge en Nueva York, que financió mis tasas universitarias cuando inicié esta investigación.

A mis compañeros de la UCI en los hospitales Morriston y Singleton: sois demasiados para nombraros individualmente. Me siento afortunada por trabajar con tan maravilloso equipo humano y siempre conservaré buenos recuerdos de mi paso por ambos hospitales. Ha sido un absoluto privilegio que nunca olvidaré. Siempre me enorgullecerá decir que he trabajado en esas unidades de cuidados intensivos. Aunque echo de menos el trabajo, a los pacientes y a los compañeros, ¡no me ocurre así con el trabajo de noche, los turnos de los fines de semana y tener que levantarme a las 5.45 para el turno de la mañana!

Estoy especialmente agradecida al doctor Pim van Lommel. Aunque mantenía contacto con él por correo electrónico, no nos conocimos hasta 2006, cuando ambos participamos en un congreso IANDS en Houston, Texas, y más tarde, en 2012, en el Fórum de Biotética de Madison, Wisconsin. El trabajo del doctor Van Lommel constituyó un poderoso impulso en el campo de la investigación sobre las experiencias cercanas a la muerte (ECM) cuando su estudio se publicó en *The Lancet* en 2001. Es un verdadero honor que haya sido tan generoso como para prologar este libro.

Mi mayor agradecimiento va destinado a todos los pacientes que he atendido a lo largo de mi carrera, especialmente a aquel cuya muerte me motivó a profundizar en este tema, y a todos los sujetos que han vivido experiencias cercanas a la muerte y han contactado conmigo en estos años. Muchas gracias a todos los que me habéis concedido vuestro tiempo para entrevistaros y me habéis permitido describir vuestra experiencia en este libro. Habéis sido mis mejores maestros.

NOTA

La mayoría de los ejemplos que he utilizado en este libro provienen de personas que me han escrito durante estos años. Aunque todos me dieron permiso para utilizar sus historias, muchos han preferido conservar su anonimato, una decisión que ha sido respetada.

Cuando me inspiro en ejemplos que he conocido en mi trabajo como enfermera, los acontecimientos son reales, pero algunos detalles y nombres han sido alterados para asegurarme de que los pacientes no puedan ser identificados.

PREFACIO

En este libro generoso y bien escrito, Penny Sartori describe hasta qué punto las experiencias cercanas a la muerte (ECM) pueden ejercer un gran impacto en nuestro sistema sanitario así como en nuestra sociedad materialista y negadora de la muerte. Al investigar las ECM y escuchar con una mente abierta a los pacientes críticos y terminales en la unidad de cuidados intensivos, sus ideas sobre la vida y la muerte cambiaron completamente, un cambio que empezó específicamente con su encuentro con un paciente que vivía sus últimos momentos.

Por desgracia para sus pacientes, la mayoría de los trabajadores de la salud no parece tener conocimiento alguno de las ECM y las investigaciones que se llevan a cabo en este campo. A partir de muchos testimonios he logrado concienciarme de que una ECM, o la experiencia de intensificación de la conciencia durante una crisis médica grave, aún despierta mucha incredulidad y suspicacia crítica, porque en nuestra cultura occidental esta experiencia choca frontalmente con el saber convencional. Mientras no experimentemos personalmente una ECM, parece imposible comprender del todo el impacto y los revolucionarios efectos secundarios de esta vivencia abrumadora. Evidentemente, la ECM sigue siendo un fenómeno incomprensible y desconocido para la mayoría de médicos, psicólogos, los pacientes y sus familias. ¿Cómo explicar científicamente que las personas conserven recuerdos nítidos de un período de manifiesta inconsciencia?

La ECM parece ser una inolvidable confrontación con las dimensiones ilimitadas de nuestra conciencia. La visión actual ha cambiado radicalmente: «Sentí que me había convertido en otra persona, pero con la misma identidad». Por lo tanto, parece obvio que en nuestro mundo occidental una experiencia cercana a la muerte no solo puede definirse como una crisis médica, sino también psicológica o espiritual.

En el pasado se ha escrito mucho sobre estados especiales o «alterados» de conciencia. Sin embargo, y sorprendentemente, muchas personas y muchos profesionales de la sanidad siguen sin haber oído hablar de las ECM ni de los enormes efectos provocados por esta experiencia. Somos conscientes de que según nuestros actuales conceptos médicos no es posible tener conciencia durante un paro cardíaco, cuando han cesado la respiración y la circulación sanguínea, durante un coma profundo con un electroencefalograma gravemente alterado o en una crisis aguda en fase final del cáncer. Sin embargo, durante el período de inconsciencia asociado al coma o al paro cardíaco, muchos pacientes han informado de la paradójica experiencia de una alteración de la conciencia en un ámbito al margen de las limitaciones convencionales del espacio y el tiempo, una experiencia en la que se activan funciones cognitivas, emociones, la propia identidad, recuerdos de la primera infancia y a veces la percepción desde una posición exterior al propio cuerpo inerte. Desde la publicación del libro *Vida después de la vida*, de Raymond Moody, estas extraordinarias experiencias de la conciencia reciben el nombre de experiencias cercanas a la muerte. La ECM puede definirse como el recuerdo de una cierta variedad de impresiones durante un estado especial de conciencia alterada, que incluye ciertos elementos «universales» como la experiencia extracorporal, sensaciones agradables, observar un túnel, una luz, a familiares fallecidos, un repaso a los hitos vitales o el regreso consciente al cuerpo. Se ha informado de ECM en muchas circunstancias diferentes: paro cardíaco (muerte clínica), shock post-hemorrágico (en el parto), coma debido a derrame o lesiones cerebrales, asfixia o casos de niños que han estado a punto de ahogarse, pero también en enfermedades graves que no suponen una inmediata amenaza para la vida, durante la depresión («crisis existencial»), aislamiento, meditación («experiencia de iluminación» o «experiencia de unidad»), ante inminentes accidentes de tráfico (experiencia de «temor a la muerte»), durante la fase terminal de la enfermedad («experiencia del fin de la vida»), y a veces sin una razón obvia. La ECM provoca transformaciones, siempre despierta cambios profundos en la percepción de la vida, refuerza la sensibilidad intuitiva y hace perder el temor a la muerte. Las experiencias cercanas a la muerte suceden con una frecuencia cada vez mayor gracias al crecimiento de los índices de supervivencia como resultado de las modernas técnicas de reanimación y a los mejores tratamientos de las enfermedades mortales.

El contenido de la ECM y sus efectos en los pacientes parece similar en todo el mundo. Sin embargo, la naturaleza subjetiva y la ausencia de un marco de referencia para esta experiencia conduce a que factores culturales y religiosos individuales determinen el vocabulario utilizado para describir e interpretar esta experiencia inefable. Según una reciente encuesta aleatoria en Alemania y Estados Unidos, en torno al 4% de la población total de Occidente habría experimentado una ECM. Por lo tanto, sorprendentemente, unos dos millones y medio de personas en el Reino Unido, más de veinte millones en Europa y unos nueve millones de Estados Unidos habrían experimentado una ECM.

Impulsada por su curiosidad ante la causa, contenido y efectos de las ECM, y tras comprobar la generalizada ignorancia respecto a este asunto en su propio hospital, Penny

Sartori inició su propio estudio prospectivo. Sabía que muchos trabajadores de la sanidad ponen en duda la validez de las ECM. Cuando se informaba de casos anecdóticos de ECM, no había manera de determinar si eran reales, especialmente en lo relativo a las experiencias extracorporales (EEC). No había forma de saber si realmente la persona había estado al borde de la muerte, si su corazón se había detenido, si de veras estaba inconsciente, qué drogas había tomado o si su composición sanguínea se había visto alterada. No obstante, cuando Penny inició su investigación prospectiva, que ofrecía todos estos detalles médicos, resultó más difícil desdeñar las ECM y reducirlas a meros factores materialistas como la anoxia o el consumo de drogas.

Su estudio de las ECM en pacientes críticos se basó en tres muestras de pacientes. La primera estaba compuesta por todos los pacientes que sobrevivieron a su ingreso en la unidad de cuidados intensivos (UCI) durante el primer año de recogida de datos. De 243 pacientes solo dos informaron de una ECM (0,8 %), y otros dos comunicaron una ECC (0,8 %) sin ningún componente de ECM. La segunda muestra estaba compuesta por supervivientes a paros cardíacos durante los cinco años de recogida de datos. En esta muestra había muchos menos pacientes, pero la frecuencia de ECM aumentó notablemente. De 39 pacientes, siete informaron de una ECM (17,9 %). El porcentaje de ECM de su estudio resultó similar al descubierto en tres recientes estudios prospectivos en supervivientes a paros cardíacos. La tercera muestra de su estudio reunía a todos los pacientes que informaron de una ECM durante los cinco años de recogida de datos. Algunas de las ECM se asociaban a infartos y otras a períodos de inconsciencia vinculados a emergencias médicas. En total hubo 15 pacientes que informaron de una ECM durante estos cinco años. Hubo noticia de ocho EEC.

Desde la publicación de muchos estudios prospectivos sobre ECM en supervivientes a infartos, con resultados y conclusiones asombrosamente familiares, el fenómeno de las ECM no puede ser ignorado científicamente por más tiempo. Es una experiencia auténtica que no puede atribuirse a la imaginación, miedo a la muerte, alucinación, psicosis, consumo de drogas o carencia de oxígeno. Asimismo, Penny Sartory llega a la conclusión de que, según la ciencia convencional, es prácticamente imposible encontrar una explicación científica a las ECM mientras «creamos» que la conciencia no es más que un efecto secundario de un cerebro operativo. En su opinión, el hecho de que las personas informen de experiencias de conciencia lúcida cuando ha cesado la actividad cerebral es difícil de reconciliar con la actual opinión médica. La actual perspectiva materialista de la relación entre cerebro y conciencia sostenida por la mayoría de médicos, filósofos y psicólogos es demasiado limitada para una adecuada comprensión de este fenómeno. Hay buenas razones para asumir que nuestra conciencia no siempre coincide con el funcionamiento de nuestro cerebro: los estados alterados de conciencia a veces pueden experimentarse independientemente del cuerpo. Muchos investigadores de las ECM, tanto europeos como estadounidenses, han llegado a la inevitable conclusión de que probablemente el cerebro tiene una función operacional más que productiva a la hora de experimentar la conciencia de la vigilia, y podríamos considerar la función del cerebro como un transceptor, un transmisor-receptor o interfaz. Al argumentar científicamente que la conciencia es un fenómeno no local y por lo tanto ubicuo, debemos cuestionar, evidentemente, un paradigma puramente materialista en la ciencia.

A pesar de los sorprendentes hallazgos y conclusiones de la reciente investigación sobre las ECM, la ignorancia de los

profesionales de la salud al respecto sigue siendo generalizada, sencillamente porque apenas existe una formación sobre
esta materia. Si los profesionales de la salud no son del todo
conscientes de las complejidades de la ECM, responder de
forma apropiada pasa a ser una difícil tarea. Normalmente estos profesionales son los primeros en entrar en contacto con
la persona después de su ECM y en algunos casos también se
implican en su curación a largo plazo. La mayoría de la gente
no comprende que seguir viviendo después de la ECM puede ser muy difícil porque nadie más comprende exactamente lo que la persona ha experimentado. Hay miedo a contar
la propia vivencia por temor a no ser creídos o verse ridiculizados. Una actitud desfavorable puede hacer presa en quien
no quiere contar su experiencia. Quienes viven una ECM no
buscan llamar la atención y son muy reacios a hablar públicamente de su experiencia. Penny explica que muchos de los
ejemplos en este libro proceden de personas que han querido
permanecer en el anonimato.

   Este fascinante libro es el resultado de veinte años de trabajo en el que Penny ha intentado comprender la muerte y
en cuyo proceso ha aprendido importantes lecciones sobre la
vida. Ha abierto los ojos de Penny a cuestiones que no admitía previamente porque no habían requerido su atención. Cita
muchos relatos impresionantes de pacientes que le contaron
su ECM y comparte su nueva perspectiva con nosotros: vive
tu vida del mejor modo posible y no dejes nada sin resolver
hasta la hora de tu muerte. Es importante conocer y escuchar
a estas personas sin enjuiciarlas o aplicarles nuestros prejui-
cios. Nuestras ideas sobre la vida y la muerte cambiarán para
siempre.

   Si leemos este importante libro con una mente abierta podremos cosechar los beneficios de las ECM sin tener que
acercarnos a la muerte. Recomiendo vivamente su lectura no

solo a los profesionales de la salud y a los pacientes que han experimentado una ECM, sino también a los pacientes terminales y sus familias.

PIM VAN LOMMEL, cardiólogo,
autor de *Consciousness beyond Life*

INTRODUCCIÓN

«Todo el mundo sabe que va a morir, pero nadie lo cree. Si lo creyéramos, haríamos las cosas de otro modo [...]. Aprende a morir y aprenderás a vivir.»

MORRIS SCHWARTZ[1]

Iba a cambiar la postura de mi paciente en la cama cuando oí el inconfundible timbre de la alarma que indica un paro cardíaco. Dejé lo que estaba haciendo, pedí a una compañera que vigilara a mi paciente y corrí a la zona donde estaba el paciente que había sufrido el infarto. Sentí el estallido de adrenalina en mi interior. Fui la primera en llegar y rápidamente inicié las compresiones pectorales mientras una compañera comprobaba sus vías respiratorias. En unos segundos llegaron otros compañeros: uno desinfló el colchón de aire en la cama, otro trajo el desfibrilador, otro abrió el botiquín de emergencia, otro contó los ciclos de reanimación cardiopulmonar (RCP) y otros se quedaron esperando para continuar con la reanimación o buscar otros medicamentos si era necesario.

«Vamos, Bob, vuelve con nosotros», dije en voz alta mientras realizaba las compresiones pectorales. Parecía que mis brazos estaban a punto de dormirse, pero estaba decidida a mantener vivo a aquel hombre. Tras otros quince minutos, el monitor de seguimiento registró un ritmo cardíaco errático que se tornó más regular a medida que recuperaba su pulso cardíaco. Mi asombro no tenía límites: había ayudado a salvar la vida de aquel hombre, y era una gran sensación.

Durante los siguientes días me las arreglé para ver a «Bob», aunque no me habían destinado a atenderlo. Seguía conectado al respirador y se usaban inyecciones de medicamentos para mantener su presión sanguínea. No estaba comunicativo y no sonreía o me hacía gestos, como había hecho anteriormente. Su estado se deterioró gradualmente y murió días después, cuando no se le pudo ofrecer otro tratamiento. Me disgustó porque habíamos hecho todo lo posible para que se recuperara de su enfermedad. Yo solo llevaba un mes trabajando en la unidad de cuidados intensivos (UCI) y me sentía orgullosa de ayudar a salvar todas aquellas vidas: en cierto sentido, me sentía heroica. Era joven y entusiasta. Jamás pensaba en cómo se sentían los pacientes; la cuestión era salvar sus vidas y lograr su recuperación. Nunca llegué a pensar en lo que pasaba por la mente de los pacientes que no se recuperaban.

Unos dieciocho meses más tarde, mi vida cambió. Trabajaba en un turno de noche y atendía a un hombre que se estaba muriendo. Llevaba catorce semanas como paciente de la UCI y por eso llegué a conocerlo bien. Esa noche lo saludé y, después de sustituir a la enfermera del turno anterior, comprobé el equipo instalado junto a su cama y me preparé para bañarlo: el ritual habitual en la UCI donde trabajaba. Al tocar los controles de la cama eléctrica para ajustar la altura, el paciente casi saltó de la cama dando un grito de agonía. Todo su cuerpo se tensó, estiró los brazos hacia arriba y su rostro se crispó en un amasijo contorsionado. Nuestros ojos entraron en contacto y fue como si todo a nuestro alrededor se detuviera –ya no era consciente de los sonidos que me rodeaban: el ventilador que respiraba por él, la rápida bomba intravenosa que administraba la medicación, el giro de los engranajes de la máquina de diálisis, mis compañeros hablando al fondo–, todo mi entorno desapareció y de pronto tuve la sensación de comprender todo lo que sentía mi paciente. Él no podía hablar, pues estaba conectado al respirador mediante una traqueotomía, pero sus labios pronunciaron una súplica muda: «Déjame solo, déjame morir en paz... Déjame morir». Jamás olvidaré su mirada; permanecerá conmigo para siempre. Sus ojos estaban inundados de lágrimas, dolor y frustración. La experiencia tuvo un enorme impacto en mí y me quedé allí, incapaz de moverme durante unos cinco minutos, en estado de shock. Llamé al doctor, que aumentó el suministro de analgésicos, pero el paciente seguía con evidentes dolores. Me encontraba en un dilema: si no lo bañaba la enfermera jefe me reprendería por no hacerlo, pero si lo hacía causaría aún más molestias al paciente.

Aparté las pantallas de la cabecera de la cama y le tranquilicé como mejor supe. Empezó a calmarse un poco y entonces, con su permiso, lavé las partes de su cuerpo que pude alcanzar y me senté junto a él, sosteniendo su mano. Unas horas después se tranquilizó aún más, cerró los ojos y cayó en un sueño ligero. Durante el resto del turno no pude dejar de pensar en cómo se sentía. Estaba al final de su vida y las últimas catorce semanas no había podido hablar, lo habían conectado a un sinfín de máquinas diferentes, las funciones de la mayoría de sus órganos habían sido asumidas por bombas mecánicas, apenas había dormido y cada aspecto de su vida estaba bajo el control de las enfermeras. Esa mañana, mientras conducía a casa, lloré sin parar, porque el paciente ocupaba mi mente constantemente. Llamé al trabajo a media mañana y me dijeron que había muerto dos horas después de concluir mi turno. La experiencia me afectó tan intensamente que estuve a punto de dejar el trabajo como enfermera.

Cada vez que acudía al trabajo me daba cuenta de que había otros pacientes que vivían experiencias similares al final de su vida. Me parecía que estaba desarrollando una reforzada sensación de empatía hacia los pacientes y sus familiares. Tan solo quería abrazarlos y que las cosas mejoraran, pero era impotente para hacerlo. También hacía que me planteara una serie de preguntas: ¿tan mala es la muerte que debemos hacer cuanto esté en nuestro poder para evitar que los pacientes mueran? ¿Qué es la muerte, en todo caso? ¿Qué ocurre cuando morimos? ¿Por qué nos aterra tanto? ¿Por qué ni siquiera hablamos de ella?

Durante los siguientes meses caí en una profunda depresión; sentía que iba al trabajo en piloto automático. Busqué cursos de enfermería que me ayudaran a comprender mejor cómo atender a pacientes que morían en cuidados paliativos, pero no había nada relevante aplicado a la UCI (¡y sigue sin haberlo!). Así pues, empecé a leer sobre la muerte, leí todos los libros sobre el tema que pude encontrar. Dondequiera que fuera tenía un libro en las manos. Entonces descubrí el concepto de experiencias cercanas a la muerte (ECM) y pensé: «¡Guau! ¡Esta gente nos está diciendo que la muerte es algo a lo que no hay que temer!». Mi formación científica como enfermera me decía que debían tratarse de meras alucinaciones o ilusiones, pero mi curiosidad al respecto no hizo más que crecer. Empecé a preguntar a los pacientes que supervisaba si habían tenido experiencias semejantes, pero ninguno me habló de nada parecido.

Entretanto, una de las supervisoras de enfermería se dio cuenta de que yo estaba retraída y había perdido mi habitual sentido del humor, así que un día tuvimos una reunión para hablar de lo que me estaba pasando. Durante dos horas dejé que afloraran las frustraciones y emociones de los últimos meses. Todo lo que la perpleja supervisora pudo decir fue: «Vaya, parece que aquí hay cosas interesantes, ¿cómo las abordamos?». La conversación concluyó con el establecimiento de objetivos a largo plazo. Le dije que lo único que me haría quedarme en la UCI era investigar las ECM. Ella rompió a reír y dijo que eso era extremadamente improbable porque tendría que ir al comité ético, lograr el permiso de los especialistas, etc., y dudaba que estuvieran de acuerdo; parecía tan improbable que ni siquiera lo anoté como uno de mis objetivos. Sin embargo, estaba segura de que eso era lo que quería hacer y *nada* iba a disuadirme.

Dos años después logré el permiso del comité ético, de mi supervisor y de los especialistas e inicié el primer estudio prospectivo a largo plazo sobre las ECM llevado a cabo en el Reino Unido, bajo la supervisión de las principales autoridades en la materia, el profesor Paul Badham y el doctor Peter Fenwick.

El estudio empezó en 1997 y durante ocho años mi vida se centró por completo en mi investigación, impulsada por aquel encuentro inicial con el paciente terminal. Realmente quería comprender la muerte para poder ayudar a futuros pacientes y asegurarme de que no pasarían por lo que había tenido que pasar él. Para un lector más técnico y científicamente orientado, he publicado un libro académico con todos los detalles de mis métodos de investigación, resultados, estadísticas, valoraciones y conclusión.[2]

Mis conferencias, especialmente las públicas, han sido muy bien acogidas, por lo que entiendo que existe un verdadero interés en este tema y que tanto el público general como los profesionales de la salud tienen sed de conocimientos en este campo. En respuesta a artículos de prensa sobre mi investigación, muchas personas de todo el mundo han contactado conmigo. La atención que mi trabajo ha recibido me pilló completamente desprevenida y he rehuido la publicidad

tanto como me ha sido posible, al encontrarla bastante eno-
josa. Me lancé a fondo y he aparecido en programas de radio
y televisión en el Reino Unido y en lugares tan lejanos como
Colombia, Brasil y Nueva Zelanda. Dondequiera que voy, la
gente quiere conocer más a fondo mi investigación.

Por desgracia, se han producido muchos malentendidos
respecto a la misma, a menudo asociados con el concepto
de vida después de la muerte. Quiero dejar claro que no intento demostrar o refutar la vida en el más allá; lo que he
pretendido es lograr una mejor comprensión del proceso de
la muerte para mejorar la atención a los pacientes terminales. Obviamente, lo que he escrito sobre el encuentro con mi
paciente al principio de esta introducción apenas expresa la
profundidad de la emoción que me inundó esa noche. He preferido ahorrarles los detalles de lo que tuvo que soportar. La
conexión que experimenté con ese hombre en 1995 es lo que
continúa motivándome y lo que me hace perseverar en mi investigación hasta el presente. No tengo otro propósito que
contribuir a mejorar la atención a los pacientes terminales; es
un asunto que nos afecta a todos, ya que la muerte es la única certeza absoluta en la vida de *todos* y sé que *yo* no quiero
pasar lo que pasó aquel hombre.

Aunque la investigación que llevé a cabo en el hospital
se centró fundamentalmente en las ECM acontecidas durante los paros cardíacos, pueden suceder en otros contextos,
que también serán descritos. A lo largo de los años he reu-
nido cientos de ejemplos de ECM que me han remitido las
personas que han contactado conmigo. He incluido algunos
ejemplos, pero decidir cuáles añadir ha sido muy difícil porque tengo muchos casos archivados y cada uno es valioso
en sí mismo. Los testimonios aparecen en su forma original y no han sido alterados, salvo en la corrección ortográfi-
ca y en la eliminación de los nombres: la mayoría de las per-

sonas ha preferido permanecer en el anonimato. Creo que es un libro de fácil lectura, basado en mis 21 años de experiencia como enfermera, en mi investigación doctoral en ECM y en mi visión personal, fraguada en el transcurso de mi carrera. Pretende comunicar estas experiencias a un público más amplio, ofrece ejemplos de ECM y, espero, transmitir la idea de que son algo más que meras alucinaciones y que podemos aprender mucho de esta cuestión. Deseo que el lector pueda comprometerse con estas experiencias y ampliar su conciencia respecto a las enormes complejidades que entrañan. Y más importante aún, espero que se lo piense dos veces si en alguna ocasión conoce a alguien lo suficientemente valiente como para compartir su ECM con él; espero que le responda con respeto, independientemente de su perspectiva personal.

Ha sido un verdadero privilegio ocupar un puesto en el que se me ha permitido aprender tanto de los pacientes que he atendido a lo largo de mi carrera, así como de los pacientes que forman la base de mi estudio y de las personas que han compartido sus ECM conmigo. Hay algo que inspira humildad en el hecho de estar en presencia de alguien que ha vivido una ECM, y considero un verdadero honor que todas esas personas hayan compartido conmigo una experiencia tan intensamente emocional y personal.

Sugiero a los lectores escépticos que no tomen las ECM en su sentido literal, sino que intenten alcanzar una comprensión más profunda y ahondar en el abanico de experiencias de este complejo fenómeno antes de pronunciar juicios de valor. Recomiendo especialmente tomar asiento y *escuchar* a muchas personas describir su ECM: una cosa es leer estas experiencias y otra muy distinta estar frente a quienes las han vivido.

El aspecto crucial en el que quiero centrarme en este libro es en que las ECM ocurren inequívocamente y que ejercen un poderoso y verdadero efecto en quienes las experimentan. Más aún, la sabiduría obtenida durante la ECM puede mejorar nuestra vida y manifiesta unos efectos increíblemente positivos en quienes no la han vivido: todo lo que tenemos que hacer es prestar atención y *escuchar* lo que estas personas tienen que decir. Al intentar patologizar las ECM perdemos un conocimiento muy valioso.

Paradójicamente, lo más importante que me ha enseñado mi investigación tiene que ver con la vida y no con la muerte. En nuestro presente modo de vida, tecnológico, consumista y materialista, hemos olvidado lo fundamental: cómo vivir. Mi nueva perspectiva sobre la muerte y, consecuentemente, sobre la vida, no solo me ha ayudado a seguir trabajando en la UCI durante diecisiete años, sino también a atender mejor a los pacientes terminales en mi propia familia. No pretendo conocer todas las respuestas, tan solo presento las experiencias que me han sido transmitidas y espero ser capaz de transmitir algo de lo aprendido de mis pacientes y en mi trabajo como enfermera y como investigadora. Animo a los lectores de este libro a abrir su mente y confío en que se sentirán inspirados para iniciar su propio viaje y conocer más profundamente ese gran misterio que llamamos muerte.

1. LA EXPERIENCIA CERCANA
A LA MUERTE

«El temor a la muerte ha provocado más sufrimiento que todas las enfermedades físicas combinadas. Las ECM son una cura para el sufrimiento porque sugieren que la conciencia trasciende el cerebro y el cuerpo moribundo. Quienes han experimentado una ECM lo aprenden durante su vivencia, y regresan con la permanente ausencia del miedo a la muerte y la certeza de la inmortalidad.»

LARRY DOSSEY[3]

Cuando usted haya leído este libro, tendrá una mayor comprensión de los siguientes aspectos:

- Qué es una ECM.
- Cómo las ECM pueden afectar a las personas que las experimentan.
- Los contextos en que pueden acontecer las ECM.
- Las variaciones culturales de las ECM.
- Las teorías científicas actuales propuestas como explicación de las ECM.
- Los hallazgos de muchos estudios hospitalarios prospectivos.
- Una breve historia de las actitudes culturales hacia la muerte, hasta la época actual.

- Las implicaciones que las ECM pueden tener en nuestro sistema sanitario.
- En qué sentido el mensaje positivo de las ECM puede mejorar el modo en que vivimos.

Cuando empecé mi formación como enfermera en 1989, no había oído hablar de las ECM y fue algo de lo que jamás me hablaron durante mis estudios. El primer año cuidé a una paciente en el pabellón médico; trabajé diez turnos consecutivos, por lo que llegué a conocerla muy bien. En el décimo turno, mientras la ayudaba a asearse, me dijo, no sin pudor, que había «visitado el cielo» cuando su corazón se detuvo en la unidad de cuidados intensivos cardiovasculares. Recuerdo cómo escuché su experiencia, en la que ella salió de su cuerpo y viajó hasta un prado donde la esperaba su difunta madre. Pensé: «Debe haber tenido alucinaciones o un exceso de diamorfina». No volví a pensar en ello y tampoco la cuestioné; me limité a escucharla. Solo unos años más tarde, siendo enfermera diplomada, me percaté del significado de lo que me había dicho.

Me gustaría que todos leyeran este libro con una mente abierta y descartando toda idea preconcebida sobre cómo explicar o refutar las ECM. Este libro intenta transmitir una comprensión más amplia y exhaustiva de las ECM y de todas las complejidades que la acompañan, como los efectos psicológicos, sociológicos y físicos. Más allá de esto, este libro considera las implicaciones que una mayor comprensión de este fenómeno puede tener en nuestra sociedad y en la forma en que vivimos nuestra vida. Al final del libro hay una discusión que destaca la investigación sociológica que demuestra que comprometerse y aceptar las ECM como una experiencia válida puede aportar un gran sentido a nuestras vidas y fomentar el amor, el respeto y la compasión hacia los demás, hacia nosotros mismos y hacia nuestro planeta.

¿Qué es una ECM?

Tal vez algunos lectores estén familiarizados con el término «experiencia cercana a la muerte». Otros no habrán oído hablar de ella, mientras que muchos reconocerán este tipo de experiencia como algo que les ha sucedido a ellos mismos en algún momento del pasado y que nunca han comprendido o no han contado a nadie.

Las ECM no son un fenómeno nuevo; se ha hablado de ellas a lo largo de la historia. Aparecen en la Biblia (2 Corintios 12, 1-9), en la *República* de Platón, en la época romana[4] y fueron frecuentemente descritas en la literatura medieval.[5] Experiencias similares se han registrado en diferentes culturas del mundo, como en el caso del *Libro tibetano de los muertos*,[6] junto a las experiencias de los delog tibetanos.[7] Las obras de El Bosco (aprox. 1450-1516) y William Blake (1757-1827) ofrecen imágenes que recuerdan a las ECM.

A principios de la década de los 1970, las ECM fueron investigadas por el doctor Johan Hampe y la doctora Elisabeth Kübler-Ross. Sin embargo, solo se popularizaron cuando el doctor Raymond Moody las clasificó y denominó como «experiencias cercanas a la muerte» en 1975 y su libro *Vida después de la vida* se convirtió en un superventas internacional. Moody definió las ECM como una experiencia acontecida en un estado de inconsciencia, cuando el sujeto se encuentra al borde de la muerte y cuyo relato incluye una serie de componentes descritos más adelante.

Investigación previa

Desde el reconocimiento de las ECM en los años setenta del pasado siglo se han realizado amplias investigaciones y se ha escrito mucho sobre el tema. Los pioneros en el campo fueron el doctor Raymond Moody, el profesor Kenneth Ring, el profesor Bruce Greyson, el doctor Michael Sabom, el doctor Melvin Morse, Nancy Evans-Bush y P.M.H. Atwater en Estados Unidos, y el profesor Paul Badham y la doctora Linda Badham, la doctora Susan Blackmore y el doctor Peter Fenwick y Elizabeth Fenwick, la doctora Margot Grey y David Lorimer en el Reino Unido, por nombrar solo a unos pocos. La Asociación Internacional para el Estudio de Experiencias Cercanas a la Muerte (IANDS, en sus siglas en inglés) se formó en los años ochenta en Estados Unidos. En la actualidad, la Fundación de Investigación Horizon, en el Reino Unido, realiza una tarea similar y busca una mayor comprensión de la conciencia.

El doctor Michael Sabom,[8] el doctor Melvin Morse,[9] la profesora Janice Holden,[10] la doctora Madelaine Lawrence[11] y el doctor Maurice Rawlings[12] realizaron investigaciones adicionales en hospitales. En la última década hemos asistido al inicio de investigaciones prospectivas en hospitales, supervisadas por el doctor Pim van Lommel en los Países Bajos,[13] Janet Schwaninger[14] y el profesor Bruce Greyson[15] en Estados Unidos. En 1997 el doctor Sam Parnia[16] y yo iniciamos proyectos de investigación similares en el Reino Unido, independientes uno del otro.

ECM RECIENTES

Dos recientes casos con un perfil alto han generado una oleada de interés mediático en las ECM y han creado un intenso debate. Anita Moorjani[17] experimentó una ECM tras ingresar en la unidad de cuidados intensivos. En aquel momento padecía un linfoma avanzado y su muerte parecía inminente. Su familia se preparó para lo peor y su hermano viajó en avión para estar a su lado. A medida que se acercaba a la muerte, Anita entró en coma y experimentó una ECM. Increíblemente, se recuperó de la fase aguda de su enfermedad y ahora cree que su linfoma ha desaparecido completamente. Su experiencia cambió radicalmente su forma de vivir y ahora la comunica a públicos de todo el mundo.

Probablemente, uno de los relatos recientes más sorprendentes de una ECM procede del doctor Eben Alexander III.[18] Su experiencia es una de las más profundas que he encontrado, y, además, el hecho de que él sea neurocirujano y no tema hablar públicamente de lo que ocurrido es muy inusual y encomiable. El doctor Alexander contrajo una forma atípica de meningitis y fue ingresado en una unidad de cuidados intensivos, donde permaneció en un coma inducido durante siete días.

Un aspecto especialmente fascinante de su ECM se supo después de que esta tuviera lugar. Durante la experiencia Eben estuvo acompañado por un hermoso ángel de la guardia con alas de mariposa; este hermoso rostro era muy vívido, pero no pudo reconocer, en sus rasgos, a alguien conocido. El doctor Alexander era adoptado y no conoció a su familia biológica hasta un año antes de su ECM. Sus hermanas biológicas le contaron que su hermana menor, Betsy, había muerto. Cuatro meses después de recibir el alta en cuidados intensivos, le enviaron una fotografía de Betsy (a quien nunca había visto) y descubrió que estaba mirando el rostro del ángel con alas de mariposa de su ECM.

Su ECM fue muy amplia y, como neurocirujano, intentó racionalizar su experiencia en términos de neurofisiología. Sin embargo, pese a su formación médica y su profundo conocimiento del cerebro, fue incapaz de comprender su ECM en términos de las creencias científicas actuales sobre la conciencia. En consecuencia, ahora está convencido de que la creencia que afirma que la conciencia es una creación del cerebro es incorrecta.

Después de trabajar con médicos a lo largo de los años, muchos me confesaron haber experimentado una ECM. La mayoría intentaba olvidarla o la atribuía a un único factor fisiológico o de otra naturaleza y evidentemente no se lo contaban a nadie por la presión del grupo y el temor al ridículo. El hecho de que el doctor Alexander haya decidido hablar públicamente de su ECM subraya hasta qué punto su experiencia ha alterado su forma de pensar respecto a todo lo que le habían enseñado sobre la conciencia en la facultad de medicina.

En marzo de 2013 participé en una conferencia en Marsella, Francia, organizada por Sonia Barkallah de S17 Productions. Allí conocí a Rajaa Benamour, de Casablanca, Marruecos, una mujer que había experimentado una ECM. Conversar con Rajaa fue realmente fascinante, pero como mi francés no es muy bueno tuve que apoyarme en un traductor. En primer lugar, explicó que llevaba gafas de sol en interiores porque había desarrollado una especial sensibilidad a la luz a consecuencia de su ECM.

La conferencia tenía traducción simultánea a través de auriculares, por lo que pude comprender lo que ella dijo durante su intervención. Tras una inyección anestésica, Rajaa sufrió una intensa ECM gracias a la que obtuvo un minucioso conocimiento, repasó su vida desde su nacimiento y asistió a la creación del universo. También afirmó haberlo experimentado todo a nivel cuántico, lo que propició una profunda comprensión de la física cuántica que previamente no tenía. Desde entonces esta experiencia la ha motivado a estudiar física cuántica en la universidad.

Durante la conferencia se proyectó una grabación en vídeo de una entrevista con un profesor de Rajaa, quien declaró su asombro ante el nivel de conocimientos sobre física cuántica que manifestaba su alumna. Su conocimiento y comprensión no podía alcanzarse en un curso acelerado o leyendo montones de libros sobre física cuántica. Me resultó especialmente intrigante que afirmara que ni siquiera él comprendía todo lo que Rajaa estaba escribiendo, pero que su trabajo había sido confirmado por artículos recientes publicados en revistas de física.

En la actualidad, Rajaa está escribiendo un libro sobre su ECM, pero, como mencionó en la conferencia, su experiencia fue tan vasta que el libro necesitará tres volúmenes. Espero con impaciencia más noticias sobre su experiencia y ojalá su libro se traduzca al inglés.

Componentes de una ECM

Oír que se está al borde de la muerte
Algunas personas afirman haber oído decir a los presentes que están muertos o al doctor/enfermera decir cosas como «Ha entrado en parada», «Lo estamos perdiendo» o que el sujeto no va a sobrevivir.

Ruido
Cuando la persona «abandona» el cuerpo, a menudo informa de un zumbido, un silbido, un crujido o un sonido de arrastre.

Experiencia extracorporal (EEC)
La experiencia extracorporal puede ocurrir independientemente, sin relación con otros componentes de la ECM. Las personas cuentan cómo de pronto se vieron succionadas fuera de su cuerpo y se hallaron cerca del techo, sobrevolando la situación de emergencia, observándose desde lo alto. Al prin-

cipio tal vez no se reconocieron, pero entonces descubrieron a otras personas, como médicos y enfermeras, atendiendo su cuerpo. A menudo percibían una sensación de ingravidez y sentían que su «verdadero yo» era el que observaba su cuerpo, que ya no identificaban o no asociaban con una parte de sí mismos. Y resulta curioso que algunos ciegos hayan relatado ECM con un componente de experiencia extracorporal.[19]

El siguiente ejemplo de experiencia extracorporal me fue remitido en respuesta a uno de mis artículos en prensa:

> *Me ha interesado mucho su artículo y creo que este campo necesita una mayor investigación. Hace veinte años galopaba con mi caballo en la cumbre de una montaña cuando tropezó, la brida se partió y caímos al suelo, el caballo y yo. Desperté unas dos horas más tarde: caía una lluvia suave y yo me observaba desde arriba. Mi casco protector estaba destrozado y alguien me dijo que me pondría bien, pero que tenía que levantarme porque aún no me había llegado el momento, ya que mi hija me necesitaba. Tenía la sensación de encontrarme «a medio camino del cielo», observando desde lo alto mientras una voz me susurraba.*
>
> *Desde esta posición en las alturas observé cómo mi cuerpo se incorporaba y empezaba a descender la montaña por un empinado y rocoso sendero forestal (de varios kilómetros). Al llegar al aparcamiento del albergue un hombre se acercó a mi cuerpo, me ayudó a subir a su coche y condujo en dirección a la carretera principal. Ahora yo planeaba sobre el coche mientras se acercaba mi amiga, que detuvo el vehículo; transportaron mi cuerpo a su coche y ella me llevó al hospital mientras su marido subía a la montaña para recuperar el caballo. En el hospital me examinó un doctor mientras yo sobrevolaba la escena. Me hicieron una radiografía craneal y pidieron a mi amiga que me llevara a casa, a lo que ella se negó. Yo planeaba a su lado y le decía que buscara a otro médico. Llegó otro doctor, me trasladaron a una sala pequeña y some-*

tieron mis pulmones obstruidos a una toracotomía. Al inspirar regresé a mi cuerpo y sentí dolor por primera vez tres o cuatro horas después del accidente.

Al día siguiente mi médico también diagnosticó una pierna izquierda aplastada así como costillas fracturadas, conmoción grave, etc. Mi historia la dejó boquiabierta porque debería haber sido imposible poder incluso incorporarme, y no hablemos de andar: comparó mis heridas con las de alguien a quien le ha pasado un tractor por encima. Fue una experiencia que cambió mi vida, siento que me ha hecho mejor persona, sin duda ahí se desencadenó un gran poder. Unos diez años más tarde me encontraba en la consulta del médico de cabecera esperando la receta de mi padre cuando un hombre a quien no había visto antes se sentó a mi lado. Se giró y me dijo que había tenido una experiencia extracorporal durante un grave infarto y que ahora reconocía a quien había pasado por lo mismo. Sentía que esa experiencia confería un aura a las personas, como era mi caso, y que lo había convertido en un ser humano mejor. Buena suerte con su investigación, si puedo ser de ayuda de algún modo, por favor hágamelo saber.

El túnel/oscuridad y luz

No todo el mundo habla de un túnel; de hecho, en algunas culturas el túnel parece estar ausente y la gente habla de transiciones de la oscuridad a la luz.[20] Quienes informan de un túnel oscuro a veces cuentan que su interior tiene una textura específica como de terciopelo, ondulado, de barro u hormigón. La persona puede ser arrojada a gran velocidad o atravesarlo suavemente. Al final de la oscuridad hay una luz brillante que tiende a aumentar su brillo. A pesar de su luminosidad no hace daño a la vista y a veces posee una naturaleza magnética que parece atraer a la persona hacia ella.

El examen vital

Durante el repaso a la vida, diversas imágenes de la vida de una persona desfilan y reviven literalmente desde la perspectiva de una tercera persona. Hay quien lo describe como una experiencia panorámica en la que todo ocurre simultáneamente. El examen vital puede incluir todos los acontecimientos importantes en la vida y también los insignificantes. Las imágenes han sido descritas como holográficas, con una matriz de impresiones simultáneas.[21] Puede darse en orden cronológico o aleatorio, encadenando imágenes que carecen de particular relevancia. En algunos casos, la persona está acompañada de una presencia que no emite juicio alguno y proporciona una fuente de sosiego y fortaleza mientras las imágenes se suceden. Las personas se enfrenta a las consecuencias de sus acciones –buenas o malas– y puede sentir los efectos que han tenido en los demás. Pueden experimentar una poderosa sensación de autocrítica mientras observan su vida desde esta perspectiva. Por ejemplo, pueden sentirse profundamente incómodos por unas palabras desconsideradas que pronunciaron a otra persona, cuando las reviven en el examen de toda una vida. También pueden regocijarse tras experimentar, desde la perspectiva de otra persona, hasta qué punto sus actos ayudaron a otros.

Sentidos aumentados

Durante la ECM, y a veces después, la persona puede experimentar una agudización de los sentidos de la vista y el oído. Aumenta la sensación de atención y de conciencia. A menudo la experiencia es descrita como «más real que la realidad».

Reunirse con familiares fallecidos

Familiares o amigos difuntos pueden acercarse a la persona. De hecho, este fue el componente más común en mi estudio.

Curiosamente, a veces conocían a personas de cuya muerte no tenían noticia durante la experiencia. Es frecuente que el difunto comunique a quien vive la ECM que aún no ha llegado su momento y que tiene que regresar.

Presencia o «ser de luz»
Es frecuente que durante la experiencia se manifieste un «ser de luz». Puede tratarse de una figura religiosa asociada a la cultura del individuo, o bien puede manifestarse como una mera presencia, de la que normalmente emanan un gran amor y una luz brillante.

Comunicación telepática
Toda comunicación entre el sujeto y los seres queridos difuntos o los seres de luz tiene lugar telepáticamente y no mediante comunicación verbal.

Entrada a otro mundo/jardines y paisajes hermosos
Una vez que encuentra la luz, el sujeto puede hallarse en un hermoso jardín con encantadores paisajes, praderas exuberantes y flores de colores vívidos. Al fondo tal vez fluya un río o riachuelo.

Sensación de paz, alegría y tranquilidad y ausencia de dolor
Los componentes más extendidos en las ECM son la sensación de una inmensa alegría, paz, euforia, sosiego y tranquilidad. Cualquier dolor que el individuo experimentara previamente desaparece durante la ECM.

Barrera o punto de no retorno
Una barrera, como una puerta, un río o un portal, a menudo simboliza el fin de la experiencia. El sujeto sabe que si atraviesa esa barrera no volverá a la vida.

Sensación de unidad/interconexión
Durante la experiencia muchas personas se ven inmersas en una gran sensación de unidad e interconexión con los demás.

Volver/regresar
Algunas personas sienten que flotan suavemente de regreso a su cuerpo, otras son empujadas repentinamente, algunas creen regresar a su cuerpo a través de la cabeza, y otras «despiertan» en su cuerpo, preguntándose qué ha sucedido. La mayoría son acompañados de regreso por sus familiares difuntos o los «seres de luz» que han conocido. A menudo se les dice que aún no ha llegado su hora o que les queda trabajo por hacer. A veces el individuo se queda con la sensación de que tiene una misión que realizar en la vida, aunque ignora la naturaleza de la misma.

Vislumbre de un acontecimiento futuro
Algunos sujetos afirman haber percibido un destello de un acontecimiento futuro. Puede tener relación con su futuro personal o con el futuro del planeta.

Distorsión temporal
El tiempo parece no tener sentido durante una ECM. En muchos casos parece que la experiencia ha durado horas, aunque el tiempo de inconsciencia apenas sea de segundos o minutos. A veces da la impresión de que el tiempo se acelera; en otras ocasiones se ralentiza. La mayoría de las veces el sujeto es incapaz de definir su experiencia en relación con una escala de tiempo. Es muy notable cómo las personas ofrecen descripciones tan minuciosas y detalladas de lo que experimentan durante un período de tiempo tan breve.

Inefabilidad
Al intentar dar un sentido a su experiencia o verbalizarla, la mayoría de las personas no lo consiguen. Han vivido algo que no pueden comparar con nada, e intentar encontrar palabras para describirlo resulta imposible. Debido al carácter inefable de la experiencia, las palabras no le hacen justicia, incluso cuando el sujeto las escribe. Por lo tanto, para mí, relatar lo que otros han descrito está empañado y en cierto modo diluido respecto a su forma original. Es una pena que cuando las ECM se escenifican en películas o programas de televisión la esencia plena de una experiencia tan profunda no pueda transmitirse adecuadamente al público.

Mayor conciencia ecológica
Muchos sujetos que han vivido una ECM reconocen la importancia de temas ecológicos y el impacto que los seres humanos ejercen sobre el planeta.

Recordar una ECM
Otro aspecto que hay que tener en cuenta es que el recuerdo de la ECM puede evocar muchas emociones y ello puede significar que hablar de esta experiencia no resulte fácil (no porque suscite malestar, sino lágrimas de alegría). He hablado con hombres y mujeres que han sido incapaces de hablarme de su ECM porque no podían dejar de llorar. Les resultaba más fácil consignarla por escrito porque sus emociones les impedían hablar. No se trata de lágrimas de tristeza, sino de una emoción abrumadora desencadenada por el inmenso amor que sintieron durante su experiencia.

Algunas personas se sienten muy decepcionadas e incluso enfadadas al ser resucitadas.[22] Estaban tan felices donde estaban que no querían volver a la vida. En casos de ECM infantiles, y también en algunas de adultos, queda el anhelo o el deseo de volver al lugar que visitaron durante la experiencia.

El siguiente es un ejemplo que Jules Lyons, una mujer de 43 años, me envió por correo electrónico:

> *He empezado a hablar más abiertamente de mi ECM, que me he guardado para mí durante los últimos 22 años. Solo duró unos pocos minutos (en tiempo terrenal, según los médicos ese fue el lapso en el que «me fui»), pero tuve la impresión de que todo fue MUCHO más dilatado. Sencillamente, ha sido lo más asombroso y bello que he vivido jamás [...], hablar de ello hace que aún me estremezca y que algo brille en mi interior. Es tan claro y vívido que parece haber pasado hace una hora.*
>
> *Yo me encontraba muy mal, estaba en emergencias; corría el verano de 1987. Perdía y recobraba la conciencia. En todo caso, recuerdo la voz del doctor, que decía: «No podemos hacer nada más» justo en el momento en que sentí que flotaba hacia arriba, fuera de mi propio cuerpo, en dirección al techo de la habitación del hospital. Pude sentir cómo mi espalda presionaba físicamente contra el techo. Observé al doctor y a dos enfermeras desplazándose alrededor de mi cuerpo, que yacía en la cama. Hablaban, podía oír nítidamente lo que estaban diciendo..., ¡y no era muy bueno! Sentí que estaba allí, flotando contra el techo, durante un minuto. Me sentía extrañamente tranquila, profundamente sosegada e increíblemente en paz, observando en silencio.*
>
> *Fui «empujada» a través del techo y partí a gran velocidad hacia otro lugar. Lo próximo que supe fue que flotaba/volaba a través de un largo túnel de muchos kilómetros de largo, muy oscuro y vacío, y pude sentir que la velocidad a la que volaba era alta, porque percibía cómo el viento me azotaba y me alborotaba el cabello, etc. Me sentía increíblemente tranquila y sosegada, sin ningún miedo en absoluto. En todo caso, me embargó una sensación de liberación: una inmensa libertad y ligereza. Podía ver a muchos ki-*

lómetros de distancia y al final del largo túnel oscuro percibí una brillante luz blanca. Intensamente deslumbrante, casi cegadora. El túnel era frío, oscuro y huracanado, y sin embargo yo sentía una ABRUMADORA, omnipresente y profunda sensación de paz, alegría y tranquilidad. Como si me envolvieran en una cálida burbuja o en una manta de calma profunda, paz y éxtasis. Era algo que difícilmente puedo describir apropiadamente, no se parecía a nada que hubiera vivido en la tierra (antes de la ECM).

Al llegar al final del túnel y acercarme a la brillante luz blanca, me encontré flotando en lo que parecía una delgada capa de aire. Espacio límpido, ligero, vacío; brillante y nítido, perfectamente despejado. De pronto sentí cómo una oleada de inmensa alegría ascendía desde mi interior, me sentí TAN animada y TAN en paz e increíblemente dichosa. Y, lo recuerdo claramente, por primera vez experimenté lo que era sentirse realmente LIBRE, como si cada átomo de mi ser fuera libre y resplandeciera de gozo.

Mientras flotaba (por mí misma y no tanto a merced de alguna fuerza externa), ante mí se levantó un alto muro de piedra que se extendía muchos kilómetros a mi derecha, y aunque era alto (¿quizá unos tres metros?), pude ascender hasta ver por encima de él.

Lo que vi más allá del muro fue, sencillamente, el lugar MÁS HERMOSO, MÁS PACÍFICO y más ASOMBROSO que jamás pude imaginar. Un amplio paisaje panorámico formado por jardines, ríos, estanques, fuentes, flores, árboles, colinas, arroyos, valles, etc. Era de una belleza vertiginosa. Sin embargo, lo más insólito era el color. Los colores eran tan increíblemente brillantes y vívidos, casi iridiscentes y radiantes, como si de algún modo extraño estuvieran vivos. No tenía nada que ver con un paisaje de la tierra…, era en super-tecnicolor, unos colores realmente vívidos y sorprendentemente hermosos, radiantes, vibrantes, transparentes.

Algunos elementos distintivos se me hicieron evidentes de forma inmediata: unos senderos que parecían de cristal iridiscente o formados de colores inefables y hermosos; estos caminos se perdían en una distancia invisible, pues parecía que el paisaje no tenía fin. Pude ver fuentes, ríos, y los árboles y flores más hermosos.

También había un edificio muy interesante y extraño, el único que pude ver en todo el lugar. Era muy pequeño, muy sencillo, y el único modo que tengo de describirlo adecuadamente es como una mezcla entre un cenador y un templo abovedado, casi como la cúpula de una mezquita, construido de oro y luz. De este edificio irradiaba la luz dorada más intensa, en forma de rayos, que inundaban el paisaje circundante. De algún modo supe que todo el mundo, uno a uno, tendría que entrar en ese edificio en algún momento.

Aquí y allá, diseminados en el jardín y hasta donde me era posible ver, había asientos y bancos cómodos, ocupados por muchas personas. Sí, lo que parecían personas perfectamente normales estaban allí sentadas, conversando tranquilamente, de una forma tranquila y silenciosa, como en un mullido susurro, algunos en pequeños grupos bajo los árboles, otros sentados en la hierba, otros recorriendo los senderos. No podía oír las palabras ni distinguir las voces, era como si se comunicaran unos con otros sin lenguaje y yo tuviera conciencia de que mantenían conversaciones. Parecían vestir trajes especiales, nada que se asemejara a la ropa convencional, pero eran definitivamente humanos. Se percibía una PROFUNDA sensación de calma en todos ellos. Sentí, de forma nítida, que estaban «esperando». Como si se tratara de algún tipo de área de «espera» o «recepción». Todos, en este paisaje, estaban esperando.

Parecía un suave día de verano, templado, agradable, no demasiado cálido, y yo flotaba felizmente junto al muro, observando el paisaje, cuando de pronto una puerta se abrió ante mí.

Una antigua y ordinaria puerta de madera, típica de jardín: del tipo que suele haber en los viejos muros o jardines. Al acercarme a la puerta, pude discernir una figura que se erguía (flotando, como yo, en el aire transparente) junto a ella.

Me llevó un tiempo acercarme (tenía la sensación de flotar, y mis movimientos no parecían estar dictados por mí, sino por alguna energía o poder que me arrastraban a un ritmo muy suave). En cualquier caso, al final llegué a la puerta, y allí, frente a mí, tan vívida y real como yo misma, estaba mi abuela materna, bendita sea su alma, que murió cuando yo tenía 5 años (hace ya 38). Mi familia nunca habló realmente de ella (ni de ninguno de nuestros abuelos), por lo que yo no tenía muchos recuerdos de ella en mi infancia.

Ahí estaba ella, real, no una aparición fantasmal, sino sólida y real; podía alargar la mano y tocarla. Estaba ahí, tranquilamente sentada, plenamente viva, real y con un aspecto radiante y encantador («murió» de cáncer de pulmón).

Sonrió cálida y amorosamente, y sentí que me abrazaba, aunque no me tocó; pude sentir físicamente cómo sus brazos me estrechaban, sentí una poderosa ola de amor. Me dio el abrazo más cálido y amoroso que puedo imaginar. Fue maravilloso y muy real, aunque no dio la impresión de moverse o tocarme en absoluto. Experimenté una sensación increíble de amor, paz, felicidad y calma, tanto en mi interior como en este lugar, en todas estas personas. Nunca había sentido algo así en esta tierra. Una calma, un amor y una paz tan profundos.

Lo recuerdo tan nítidamente como si hubiera ocurrido esta mañana. Me sentí TAN alegre. Mi abuela me habló con una voz límpida y viva, sin que la sonrisa se borrara de su rostro. Percibí que se comunicaba directamente con mi mente/cerebro, no había palabras, y sin embargo comprendí lo que me decía. Me entregó un mensaje muy claro (tres frases nítidas que vivirán en mí para siempre): «Aún no estamos preparados para recibirte» y «Tienes que volver», y por último: «Hay algo que tienes que hacer. Tu destino». Entonces me sonrió tan cálidamente que pareció derramar paz, amor y gozo sobre mí.

Entonces, en lo que pareció apenas un instante, sentí que me «arrastraban» hacia atrás, esta vez a mayor velocidad, volví a pa-

sar junto al muro mientras mi abuela desaparecía en la distancia, «floté» de regreso y a través del túnel, recorriéndolo a la inversa, hasta el punto de partida, donde sentí que regresaba a mi cuerpo, lo que coincidió con un sonoro ruido: todo mi cuerpo fue sacudido por un tremendo espasmo (como en esos sueños en los que caes por un acantilado y sientes una sacudida mientras despiertas, solo que incomparablemente más intenso). Fue entonces cuando aparentemente «desperté» y recuperé las «constantes vitales», en la camilla del hospital.

Bien, han pasado 22 años; me recuperé plenamente y mi salud ha sido buena desde entonces. Para mí fue un milagro. Y fue el principio de una serie de acontecimientos en mi vida, entre ellos mi despertar a cuestiones espirituales (tenía 21 años y carecía de experiencia o conocimiento previo sobre el mundo espiritual, el más allá o las experiencias cercanas a la muerte).

Después de este episodio, y durante algunos años, a veces me invadía la poderosa sensación de que mi abuela estaba conmigo, de que a veces podía sentir su presencia en mi habitación, y en una o dos ocasiones juraría que llegué a oírla hablar, pero me convencí de que no eran más que imaginaciones mías. Aparte de un amigo muy cercano, durante muchos años no le conté todo esto a nadie. Nunca hice nada para «contactar» con mi abuela o para desarrollar ciertas «habilidades» en este campo (sinceramente, la mera idea me asusta un poco), pero empecé a leer muchos libros que abordaban diversos temas espirituales, entre ellos, por primera vez, la Biblia.

Como demuestra la experiencia, el tiempo parece no tener relevancia durante una ECM. El conjunto de este complejo episodio ocurrió en cuestión de segundos, mientras Jules estaba inconsciente y no presentaba constantes vitales. ¿Cómo puede describirse con tanto detalle algo tan estructurado y lúcido cuando el cerebro se encuentra en una situación gravemente disfuncional? No debería ser posible. La ECM de Jules se ha descrito con una gran profundidad; no todas las ECM son tan profundas. Algunas presentan uno o dos componentes mientras otras incluyen la mayoría de los mismos. Cada ECM es única. Los componentes no aparecen en un orden concreto, pero la experiencia extracorporal, el túnel y la luz suelen darse al principio. De hecho, se ha descubierto que algunos sujetos han embellecido su ECM añadiendo un túnel para así corresponderse mejor con la ECM clásica.[23]

Las reacciones de un individuo a la ECM son variadas; pueden continuar indefinidamente o disiparse con el tiempo. El siguiente ejemplo procede de una señora que experimentó un cambio temporal a partir de su ECM:

> Sufrí un accidente de coche hace muchos años y acabé con fracturas en la pelvis, el fémur y la clavícula. También padecí un moderado traumatismo craneoencefálico. No me enviaron a la UCI y desperté en el pabellón. Me explicaron lo que había sucedido y volví a «dormir».
>
> Yo también viajé por un túnel oscuro en dirección a una luz brillante. Al alcanzar la luz descubrí hermosos pastos y cielos de un vívido azul. Lo que más me asombró fue la sensación de extremada alegría y éxtasis. Soy incapaz de expresar mi experiencia con palabras. No vi a amigos o familiares fallecidos, solo una pequeña cerca de madera; supe que, si dejaba atrás la cerca, no podría regresar.
>
> Me criaron en la cultura cristiana, pero soy agnóstica. Después de mi «experiencia», el fervor religioso prendió en mí y empecé a llevar un crucifijo. Sabía, sin ningún género de duda, que existía una vida después de la muerte y que los asuntos terrenales en realidad eran insignificantes. Me temo que ese sentimiento solo duró unos meses y que el ajetreo del trabajo y de la vida me devolvió a mi visión cínica. Al expresarme así, y aun tomando en considera-

ción otros factores que pudieron provocar la experiencia, como la
morfina o la pérdida de sangre, aún recuerdo la paz que me inva-
dió y el hecho de que nunca había experimentado algo así y tam-
poco he vuelto a sentirlo. Tal vez las endorfinas naturales produci-
das por el cuerpo nos preparan para la muerte y la convierten en
una sensación agradable, en lugar de aterradora. ¡Pero eso no ex-
plica las experiencias «extracorporales»! Es un tema fascinante y
tal vez un día habrá una respuesta.

ECM angustiosas

No todas las ECM son agradables; algunas pueden ser muy inquietantes y las personas que las viven tienden a suprimirlas de su recuerdo.[24] Pueden evocar un terror tal que la persona no hablará de ello, pues el mero hecho de recordarlo resulta demasiado traumático.[25] Por desgracia, no se ha prestado mucha atención a este tipo de ECM, pero ocurren y hasta ahora no hay ninguna explicación al hecho de que algunas ECM sean agradables y una minoría resulten angustiosas. No hay evidencia que sugiera que las ECM agradables les suceden a personas «buenas» y las inquietantes a personas «malas».

Los viajes medievales al otro mundo, tal como indica Zaleski[26] y las experiencias espirituales perturbadoras[27] (que tienen lugar en circunstancias en las que la vida no peligra) son comparables con las ECM inquietantes. Una de las primeras personas en informar de una de estas experiencias perturbadoras fue el cardiólogo Maurice Rawlings,[28] que reanimó a un paciente que al recuperar la conciencia gritó que estaba en el infierno. En un reconocimiento posterior, el paciente no recordaba haber estado en el infierno y Rawlings sugirió que esta experiencia se debió al paro respiratorio.

En 2006 un hombre de 40 años contactó conmigo en respuesta a uno de mis artículos publicados en un periódico. Su ECM es muy interesante al no ser la ECM típica y haberle legado unos molestos efectos secundarios que abordaremos en el capítulo 2. Esta ECM tuvo lugar durante un accidente en el que estaba jugando a rugby y que derivó en una rotura del cuello. Describió su experiencia como algo que no era agradable ni desagradable:

> *Lo último que recuerdo es oír tres fuertes crujidos: crack, crack, crack. Era mi cuello al romperse. A continuación mi cabeza se sumió en un vértigo acelerado, la espalda arqueada, los brazos extendidos sobre un vacío interminable, completamente oscuro, salvo por un leve destello de brillante luz blanca que se alejaba de mis pies grises e inertes. Casi parecía que había caído en un pozo o un túnel. ¿Qué había pasado?, ¿cómo había llegado aquí desde la pista de rugby?, ¿cómo podía detenerlo? Todo sucedió a una velocidad tremenda.*
>
> *He oído que tu vida desfila ante tus ojos cuando te estás muriendo. Bueno, eso no me pasó a mí. Lo que experimenté fue una corriente de pensamientos e imágenes de mi vida precipitándose a toda velocidad como si fueran extraídos de mi cerebro. Como si todos mis recuerdos fueran descargados y apartados de mi cerebro. Las imágenes eran tan rápidas…fiuuuu…luego otro pensamiento…fiuuuu…luego otra imagen. Intenté centrarme en dos de ellos y pude ver de qué se trataba, pero solo durante la fracción de un microsegundo… ¿Una imagen de mí mismo pescando?, ¿un rostro familiar?, pero tenía que mantener mi atención en lo que me estaba pasando…Después de todo, estaba «cayendo» […]. Podía ver todas las imágenes desaparecer de mis bancos de memoria. Me di cuenta mientras seguía cayendo; rebuscaba entre mis palabras, y todas estaban rotas, hasta que encontré la palabra más pequeña: «Nooooooooo». Era como si la última palabra que quedara en mi mente estuviera completamente vacía. Supe que si no hubiera dicho «No» habría muerto. Logré hacer aflorar esa palabra y todo se detuvo.*

El lugar era agradable y cálido. De una oscuridad absoluta, el negro más denso que puedas imaginar, pero en la esquina superior derecha de mi visión había una luz brillante, y estaba seguro de que de ahí procedía un remoto calor. Era de un blanco brillante; era reconfortante y me proporcionó luz suficiente para ver. Bajé la mirada y pude ver mis dedos, que estaban grises; miré mis pies, pero no vi los dedos, como si llevara calcetines grises. Me daba miedo moverme porque sentía que estaba en equilibrio sobre una cornisa y que si realizaba un movimiento brusco me deslizaría y empezaría a caer otra vez. Planeaba por el espacio, me sentía por debajo de mí mismo y percibía que allí no había nada. Estaba preocupado, pero no angustiado. Giré la cabeza a la izquierda y luego a la derecha: solo había oscuridad; era la habitación más oscura. Era una prisión o una sala de espera. Me dejaron allí mientras alguien tomaba una decisión. Como si hubiera más de un Dios: de haber habido solo una persona, la decisión habría sido más rápida. Sin duda había más de una persona; si no hubiera sido así, el dictamen habría llegado antes. A continuación tuve la sensación de estar en el fondo de una piscina, emergiendo lentamente a la superficie. Pude distinguir el movimiento, luego siluetas de luz y oscuridad que se desplazaban como humo, luego perfiles; poco después reconocí rostros, bocas, sonidos y frases: había vuelto a la vida.

Los informes angustiosos han sido examinados por la doctora e investigadora británica Margot Grey, que afirma que en las experiencias inquietantes se da:[29]

- Miedo y sensación de pánico.
- Experiencia extracorporal.
- Entrada en un abismo oscuro.
- Percepción de una fuerza maligna.
- Llegada a un lugar semejante al infierno.

Basando su estudio en 50 informes sobre ECM angustiosas, más tarde Greyson y Bush[30] las clasificaron como:

- La ECM prototípica, pero interpretada de una forma perturbadora.
- Experiencia del vacío (común durante la infancia), donde la persona cree estar en una «nada» oscura y eterna.
- Infernal, donde la persona cree que está en el infierno o encuentra demonios que quieren arrastrarla al infierno.

La doctora Barbara Rommer[31] añadió una cuarta categoría, en la que la persona experimenta un inquietante repaso a su vida que es juzgado por un poder superior. Sin embargo, Rommer creía que, aunque la ECM era angustiosa, tenía efectos positivos y renovadores y lograba que el sujeto fuera menos severo en sus juicios y sintiera un mayor amor por la vida y un elevado sentido de la moralidad.

En una conversación con una compañera en la universidad (ella había oído que yo estaba interesada en las ECM), mencionó casualmente que había experimentado una ECM hacía 35 años, cuando contaba 17. Inmediatamente mi atención se agudizó y escuché con atención lo que tenía que decir. Recibió ventilación asistida en la UCI y, durante los diez días en que estuvo inconsciente, vivió algunas experiencias subjetivas desagradables. La más vívida consistió en sentir que estaba en una plataforma, similar a las que utilizan los limpiacristales de edificios altos. Inmediatamente se sucedieron escenas de sexo en su campo de visión, escenas que se vio obligada a contemplar. No quería hablar mucho de estas escenas porque eran muy inquietantes. Cada vez que intentaba apartar la cabeza se encontraba mirando la misma escena hasta que esta acababa. Entonces avanzaba hacia el siguiente nivel, donde una vez más tenía que observar escenas similares.

Otra parte de su ECM parece asemejarse a la experiencia del vacío. Era muy difícil expresarlo en palabras, pero describió un rollo de papel que se desplegaba ante sus ojos. Cada vez que intentaba apartar la vista, volvía a ver el mismo rollo de papel en su proceso de despliegue. Describió como «tedio eterno» el hecho de observar lo mismo una y otra vez, preguntándose si aquello tendría fin. Una vez «aceptó» o «se rindió» a la sensación de tedio y se interesó por lo que allí sucedía, algo cambió y el aburrimiento desapareció.

Se ha sugerido que las ECM inquietantes son el resultado de niveles anormalmente altos de dióxido de carbono[32] o anestésicos,[33] pero no creo que sea el caso en la investigación que he llevado a cabo.

Como enfermera en prácticas, recuerdo haberme ocupado de una señora moribunda. Era obvio que padecía una profunda inquietud espiritual y que algo la atormentaba. Cada vez que mis compañeros o yo nos acercábamos a ella se aferraba a nuestros uniformes y a nuestros brazos, hundiendo las uñas en nuestra piel, pidiéndonos que la salváramos de la muerte. Sus ojos eran grandes y saltones y tenían un aspecto aterrador. Decía que había muerto antes y que la muerte era un lugar espantoso. Ninguno de nosotros sabía cómo ayudar a aquella señora, pero era obvio que estaba aterrada por su experiencia. Lo hablamos con su familia, que nos informó de que años atrás había tenido un infarto, pero que ignoraban por qué estaba tan asustada. Solo al reflexionar sobre ello mucho más tarde, una vez que me hube familiarizado con las ECM, me pareció probable que aquella señora hubiera experimentado una ECM angustiosa durante su infarto mucho antes. En aquel momento, ni mis compañeros ni yo habíamos oído hablar de una experiencia semejante. De ahí que sea importante ser conscientes de estas experiencias para que los futuros pacientes reciban ayuda a la hora de superar su trauma psicológico. De haber sido conscientes de este tipo de situaciones, habríamos podido proporcionar un mayor apoyo psicológico a esa paciente y tal vez habría tenido una transición más suave hacia la muerte.

Es evidente que estas experiencias inquietantes evocan una gran preocupación, y a menudo desamparo, en quienes las viven. En un correo electrónico, un capellán de hospital me dijo esto respecto a las ECM perturbadoras:

> *Tuve un paciente que experimentó una ECM aterradora. Tenía la sensación de encontrarse solo, rodeado por figuras oscuras que se desplazaban a su alrededor (en realidad, me pregunto si su anestesia era la correcta y no estaba viendo a los cirujanos, etc., en el quirófano). Independientemente de lo que pasara después, luego cayó en una desesperación espiritual. Le preocupaba que: (a) la muerte no fuera el final, (b) esa experiencia le esperara al morir, (c) para él, esto significaba que había un reino espiritual. Tuvimos largas conversaciones sobre su vida, Dios, el universo y otros muchos temas.*

Aquí tenemos un breve ejemplo de ECM prototípica interpretada de forma angustiosa:

> *Es algo que me pasó cuando tenía 27 años, hace más de 26. En aquel momento solo conté lo ocurrido a mi marido. Siempre que leo sobre ECM veo que todo el mundo afirma que son muy pacíficas, pero mi experiencia fue muy distinta.*
>
> *Yo estaba en el hospital, postrada de dolor; mi marido estaba a mi lado, junto a la cama. Sentí que me dormía y despertaba intermitentemente. Miré por la ventana y pude ver un túnel muy brillante que conducía al cielo, separando las nubes. Cada vez que cerraba los ojos era arrastrada hacia ese túnel. Me puse muy nerviosa porque no quería ir allí. Recuerdo que le dije a alguien: «No*

quiero marcharme, mi hijo solo tiene 3 años, me necesita». Le dije
a mi marido que no debía dejarme dormir porque sabía que si ce-
rraba los ojos me vería arrastrada hacia el túnel.

La siguiente experiencia me fue remitida por Tony, de 44
años:

En 1994 sufrí un grave traumatismo en la cabeza cuando un coche
me arrolló mientras iba en bicicleta. Pasé once meses en el hos-
pital: siete semanas en uno y nueve meses en otro. Como resulta-
do del accidente estuve en coma cuatro semanas, utilicé una silla
de ruedas durante ocho meses y fui incapaz de leer y escribir por
mucho tiempo.

Inmediatamente después del accidente, una vecina (que tam-
bién era enfermera cualificada) intervino para asegurarse de que
no tuviera consecuencias fatales y no perdiera más sangre, fuera
capaz de respirar más cómodamente y, tal vez lo más importan-
te, llamó a una ambulancia. Me pidió que permaneciera conscien-
te, murmurando constantemente: «Ayúdame, ayúdame, ayúdame».
Sin embargo, pensó que mis heridas eran tan graves que no sobre-
viviría al primer día en el hospital.

Al llegar al hospital, llamaron a mi amigo y le pidieron que
identificara mi cuerpo. Luego me dijo que al llegar le informa-
ron de que mi vida pendía de un hilo. Sin embargo, después de una
transfusión de sangre me estabilicé lo suficiente para que una am-
bulancia me llevara a otro hospital, donde me conectaron a una
máquina de soporte vital durante tres días.

En el momento del accidente yo era un cristiano católico no
practicante. Desde entonces he «renacido» (pero no soy «abierta-
mente religioso»).

Algunos «ángeles rojos», que más tarde percibí como «demo-
nios», me pidieron que me uniera a ellos. Tras negarme a esta pe-
tición, otros «ángeles rojos» bajaron de lo que supuse que era el

cielo y lucharon contra los «demonios» [...]. Recuerdo vagamen-
te a un «ángel celestial» atravesando a un «demonio» con su lan-
za. Retrospectivamente, la apariencia física de los «ángeles celes-
tiales» y «demonios» no debería ser diferente porque el demonio
(Lucifer) antaño fue un «ángel celestial». Entiendo que en el Libro
del Apocalipsis hay una descripción similar de una experiencia
«cercana a la muerte».

En algunos aspectos esta experiencia me preocupó porque
sentí que si los «demonios» pensaron que valía la pena acercarse
a mí era posible que yo fuera (que yo sea) una persona tan mala
que merezca «pudrirse en el infierno».

Se han registrado casos en los que una ECM angustiosa se
ha convertido en agradable una vez que la persona se relajó
y revisó la experiencia.[34] Tras ser arrollado por un coche, un
chico de 17 años dijo que se encontró rodeado de oscuridad
en un túnel: flotó en aquella negrura y llegó hasta dos puertas. Al atravesar una de ellas encontró a un demonio con el
que sostuvo una conversación. Salió de esa habitación y una
luz brillante y que no hería la vista le salió al paso. La luz le
dijo que no tuviera miedo y lo llevó a una mazmorra. Todo se
hizo confuso y despertó en un hospital.[35]

Mientras terminaba la edición final de este libro, recibí un
inesperado correo electrónico del antiguo jefe de anestesistas
del Hospital Cardiológico de Bakersfield, California: el doctor Rajiv Parti.[36] Me sorprendió que me describiera una ECM
fascinante, ya que es muy poco usual que un doctor comparta
una experiencia de esta naturaleza. Como he comentado anteriormente, la mayoría de médicos que he conocido tardaron
años en confiarme sus experiencias e insistieron en que no se
las contara a nadie más. El hecho de que el doctor Parti hablara públicamente de su ECM reitera el poder transforma-
dor de estas vivencias.

En 2008 su vida cambió cuando le diagnosticaron un cáncer de próstata. Sufrió complicaciones en su primera operación, lo que le llevó al quirófano otras tres veces ese año. Quedó muy debilitado y con un intenso dolor crónico, motivo por el cual se hizo adicto a los analgésicos y cayó en una depresión.

En diciembre de 2010 volvió a pasar por quirófano, pero contrajo una sepsis postoperatoria y fue ingresado en la unidad de cuidados intensivos. En las primeras horas del día de Navidad prepararon al doctor Parti para un procedimiento quirúrgico de emergencia y tuvo una intensa ECM.

Ha aceptado amablemente que incluya una parte de su intrincada y detallada ECM en este libro. Empezó con una experiencia extracorporal en la que vio su cuerpo dormido en la habitación de hospital y luego en el quirófano. Sus sentidos estaban muy despiertos y fue consciente de la conversación que tuvo lugar en el quirófano; más tarde esto fue verificado por el personal sanitario. Aunque estaba en un hospital en Los Ángeles, también era consciente de la conversación de algunos de sus familiares en la India: sentía que su conciencia era ubicua.

Después fue arrastrado a un lugar que le pareció el infierno. Le llevaron a un sitio donde parecía a punto de estallar una terrible tormenta, con miríadas de nubes oscuras. Encontró entidades grotescas y percibió el olor de carne quemada. Fue testigo del sufrimiento de otros y él mismo fue sometido a torturas: le clavaron agujas y le obligaron a yacer en una cama con clavos hasta que la sangre rezumó lentamente de su cuerpo.

Curiosamente, el doctor Parti extrajo una valiosa enseñanza de esta inquietante fase de la ECM. La experiencia del infierno fue paralela a una revelación sobre su propia vida, que describió como materialista y egoísta, una vida en la que siempre se había considerado por encima de los demás. Descubrió que había vivido sin ser amable, bondadoso y compasivo. No había habido perdón en su vida, para él mismo o para los demás. También se había portado mal con quienes creía eran de una clase social inferior a la suya. Sentía un profundo remordimiento por el modo en que había vivido hasta entonces. Tan pronto como fue consciente de esto, la experiencia cambió su vida, y su padre y su abuelo aparecieron a su lado y lo guiaron hacia un túnel con una luz brillante. Entonces el doctor Parti experimentó una profunda ECM en la que creyó visitar lo que podría describirse como el cielo. En la actualidad escribe un libro sobre esta ECM que contendrá todos los detalles de su experiencia.

Se ha sugerido que renunciar al intento de controlar la experiencia influye en la evolución de la ECM.[37] Las ECM perturbadoras pueden tener un efecto positivo a largo plazo si la persona reevalúa el modo en que vive su vida.[38] Quienes han informado de una experiencia infernal la consideraron un aviso para modificar su actitud hacia los demás.[39] Sin embargo, este puede haber sido el caso de aquellos que han logrado integrar la experiencia en su vida.

Las ECM angustiosas han sido examinadas a fondo por Nancy Bush (que tuvo una experiencia en este sentido) en su libro *Dancing past the Dark*.[40] Subraya la absoluta falta de atención concedida a los aspectos «siniestros» de la espiritualidad y considera las creencias culturales y religiosas que pueden influir en estas experiencias inquietantes. Ofrece consejos útiles para comprenderlas y abordarlas.

Las ECM angustiosas también han sido examinadas por el profesor Christopher Bache, que ha sugerido que estas ECM tienen lugar porque el sujeto accede a los niveles más profundos del inconsciente colectivo.[41] Sin embargo, es necesario que se investigue más en este campo antes de confirmar estas conclusiones.

Se ha dicho que las ECM perturbadoras son el resultado de intentos de suicidio, pero no parece ser así porque se ha informado de ECM positivas durante estas situaciones.[42] De hecho, el caso de Jules, que hemos presentado anteriormente, tuvo lugar durante un intento de suicidio. Curiosamente, la ECM de Jules le infundió la certeza de que el suicidio *no* es la respuesta y *no* era la solución a sus problemas.

Aunque las ECM angustiosas no son tan comunes como las agradables, las estadísticas varían en función de los investigadores. Uno de ellos[43] descubrió un porcentaje similar de visiones agradables e inquietantes en 36 supervivientes a un paro cardíaco que entrevistó. De 55 personas que experimentaron un encuentro cercano a la muerte, 11 comunicaron experiencias angustiosas.[44] Grey[45] descubrió que, de 41 ECM estudiadas, cinco eran aterradoras y una infernal (aproximadamente el 15 % eran inquietantes). Atwater[46] encontró 105 ECM perturbadoras de un total de 700 (una vez más, aproximadamente el 15 %). El doctor Rommer[47] cifró en un 18 % las ECM negativas de un total de 300. Sin embargo, las metodologías variaban de un investigador a otro, por lo que nos haremos una idea más clara de la frecuencia de las ECM perturbadoras cuando se realicen estudios prospectivos.

La ECM no tiene que ver con un único acontecimiento: la experiencia nunca se olvida y ejerce un gran impacto en el resto de las vidas de los sujetos, como expondremos en el próximo capítulo.

2. LOS EFECTOS SECUNDARIOS DE LA ECM

[…] Adaptarse a la vida era como volver a aprender a caminar [...]. Entonces empecé a apreciar los sonidos, los colores y la música y pensé: "Dios mío, he dado todo esto por sentado".»

Palabras de la actriz ELIZABETH TAYLOR[48]

La ECM es un fenómeno muy complejo, y muchos cambios vitales se asocian a él.[49] Adaptarse a la vida después de una ECM puede ser muy difícil porque nadie comprende exactamente lo que el sujeto ha experimentado.[50] Se trata de un fenómeno que en muchos casos trasciende completamente la experiencia humana: la persona no tiene con qué compararlo. Es frecuente que los sujetos sean reacios a compartir su vivencia por temor a no ser creídos o verse ridiculizados. De hecho, la reacción de la primera persona con la que comparte la experiencia suele ejercer un gran impacto en el modo en que el individuo integrará la ECM en su vida. Un actitud antipática o despectiva hará que la persona no quiera volver a compartir lo que ha vivido y lo reprima en su interior. Los sujetos que han experimentado una ECM no buscan notoriedad y son muy reacios a hablar públicamente de este tema; muchos de los ejemplos que aparecen en este libro provienen de personas que han pedido permanecer en el anonimato.

Pueden presentarse problemas en la relación entre la persona y su pareja si sus respectivos valores cambian radicalmente; es muy común que las parejas se divorcien[51] después de una ECM. El hecho de que los demás no reconozcan la existencia de este fenómeno también puede ejercer un profundo impacto en la persona.[52] Hace unos años una señora contactó conmigo y me describió los componentes de la ECM que le sobrevino después de perder la conciencia durante un accidente de tráfico. Sus heridas la sumieron en un estado de gran postración que duró muchos meses, y tres años después del accidente aún no era capaz de recuperarse. La trataron diversos psicólogos, pero no podía superar el trauma. Por casualidad leyó un artículo sobre mi investigación en una revista y reconoció que lo que allí se contaba se parecía a su propia experiencia. Tras intercambiar unos cuantos correos electrónicos, la señora fue capaz de comprender lo que le había sucedido y pudo seguir adelante. Parece increíble que algo tan sencillo como una mayor comprensión de la ECM puede ahorrar millones de libras al Servicio Nacional de Salud a la vez que resulta increíblemente beneficioso para los pacientes.

La Asociación Internacional para el Estudio de Experiencias Cercanas a la Muerte (IANDS, en sus siglas en inglés) es uno de los recursos más importantes y fuente de apoyo para quienes han vivido una ECM. En 2006, 25 personas acudieron a un retiro para compartir su experiencia con los demás.[53] El resultado del retiro fue la identificación de seis principales desafíos que las personas que han vivido una ECM deben afrontar:

- Asimilar un cambio radical en la visión de la realidad.
- Aceptar volver a la vida.
- Compartir la experiencia.
- Integrar nuevos valores espirituales con expectativas terrenales.

- Ajustarse a una sensibilidad elevada y a regalos sobre-naturales.
- Encontrar el propio camino vital y seguirlo.

EFECTOS SECUNDARIOS DESAGRADABLES

Al contrario de lo que sugieren la mayoría de informes sobre ECM, muchas personas padecen efectos secundarios negativos. En algunos casos se dispara el nivel personal de angustia[54] y crece la tasa de divorcios.[55] A menudo las personas anhelan volver al estado en que estaban durante su ECM, especialmente si esta tuvo lugar en la infancia.[56] Los sujetos pueden sentirse muy aislados e incapaces de expresar sus sentimientos; pueden caer en grandes depresiones.[57] Algunos buscan ayuda y otros prefieren abordar este problema en soledad. Sin embargo, se ha sugerido que estos problemas pueden suponer el inicio de un avance a nivel psicológico.[58]

Aquí ofrecemos algunos interesantes comentarios de un hombre cuya ECM describimos en las páginas 47-48:

> Me gustaría añadir esta importante perspectiva, por favor. No todos los sujetos que han experimentado una ECM viven animados y alegres cada día de su existencia después de ese acontecimiento. El artículo en el periódico parece sugerir que es así. Mi ECM me llevó a abandonar mi licenciatura en Ciencias de la Educación Física y el Deporte porque no podía soportar los cotilleos, la competitividad, la «pose» […]; todo parecía tan artificial… Más tarde conseguí un trabajo en el Servicio Nacional de Salud y he sido feliz en mi puesto […], pero llegué a «quemarme» al tratar de defender los derechos de las personas mayores, intentando asegurar que los enfermos recibieran el mayor estándar de calidad posible en las investigaciones en las que participaban.

He colocado la salud y la felicidad de los demás por delan-
te de la mía, así que ahora, a los 40, descubro que me queda poco
para mí mismo [...]. He soportado grandes depresiones [...], in-
cluso muchas veces he considerado «volver a ese pacífico lugar»
[...]. Como sujeto que ha vivido una ECM, te sientes como una
persona desplazada..., y ya no tienes eso que impulsa a las perso-
nas normales a seguir adelante, ya no tienes ese «temor a la muer-
te» [...]. También me ha vuelto más serio y considerado, soy capaz
de ver «el bosque a pesar de los árboles» [...], porque veo cien-
tos de rostros tristes, enfermos, infelices, sin rastro de esperanza,
rostros de los que han huido todos los sueños [...]. Esa mirada me
obsesiona porque he sentido que era «responsable» de animar a
todo el mundo [...], pero no puedo hacerlo por todos, todo el tiem-
po [...], no es posible. Una ECM es algo bueno y algo malo. Tiene
dos caras, como una moneda. Te da fuerza en algunas situaciones
y te debilita en otras. No te engañes pensando que es algo maravi-
lloso. También puede ser muy thanatos.

En una conversación que tuvo lugar cinco años después,
añadió:

Puedo recordar mi ECM inmediatamente, aquel lugar oscuro, en
cualquier momento del día o de la noche, y ni siquiera tengo que
cerrar los ojos. No me asusta, aún me asombra, pero ¿por qué se
me otorgó esa experiencia? Nunca lo sabré. Algunos días, en algu-
nos instantes, anhelo volver allí: era un lugar tan apacible. Eres la
primera persona que me toma en serio desde que me sucedió cuan-
do tenía 15 años. Siempre está en el fondo de mi mente y a menu-
do me pregunto: «¿Es esto un sueño (la vida presente y real, el
aquí y el ahora) o aún estoy en el túnel?». Soy muy racional, pero
ahora me sitúo entre la ciencia y la religión. No soy devoto, pero
reconozco las limitaciones de nuestra ciencia. Sé lo que he expe-
rimentado. Lo he mantenido «puro» [...], libre de todo aprendiza-

je científico o religioso. He pasado de ser casi un ateo antes de la ECM a ser más abierto de mente.

Soy un trabajador de la sanidad y en numerosas ocasiones he participado en la reanimación de pacientes en parada cardiorrespitarioria; lo primero que hago es preguntarles su nombre y llamarlos por su nombre, aunque los monitores no muestren constantes vitales. Si la reanimación no logra su cometido, les deseo un viaje agradable mientras miro las esquinas del techo «por si acaso» están viviendo una experiencia extracorporal. Mis compañeros piensan que soy un poco raro al actuar así. Poco después de reanimarla, le pregunté a una señora mayor si recordaba algo y una enorme sonrisa se dibujó en su rostro. Recordaba sentirse muy a gusto en un lugar cálido y brillante; le complació mi pregunta y que yo comprendiera lo que le había pasado.

El principal efecto que la ECM ha tenido en mí es que algunos compañeros me ven como un irritante mojigato que se adhiere a un imposible y férreo código moral en la vida y en el trabajo. Ha influido en mis relaciones en el trabajo porque defiendo los derechos de compañeros pisoteados o de los pacientes desatendidos, poniendo mi propia seguridad laboral en peligro. Mi ECM me hace querer ser buena persona. Mis creencias son tan sólidas que ya no puedo trabajar como solía hacerlo. La ECM ha magnificado ciertos aspectos de mi personalidad; no es fácil encajar en la sociedad. Para mí todo es negro o blanco, correcto o incorrecto, bueno o malo, no hay colores grises. No encajo porque no «acato» y no estoy de acuerdo con el orden de las cosas.

De joven era un chico amable. También era competitivo y siempre quería ser el mejor. Después de la ECM he empezado a detestar la competitividad y he comprobado hasta qué punto esta también podía ser destructiva; me interesa más trabajar en equipo o liderarlo, pero mi progreso hacia el liderazgo ha sido bloqueado por otros, por lo que ahora prefiero ser mi propio jefe e incluso trabajar solo.

Solía ser muy tímido y retraído, pero después de la ECM soy *más sociable y considerado. Me intereso mucho por la gente. En el trabajo siempre estoy atento a los pacientes ancianos. Soy hipersensible al estado de ánimo de la gente y leo fácilmente sus emociones. Si llegan deprimidos, al marcharse están más animados y felices: he recibido muchas cartas de agradecimiento. Mis sentimientos de empatía se han reforzado. Aprecio la vida y las vidas de los demás. Sin embargo, es una espada de doble filo porque a menudo sitúo en primer lugar la salud y el bienestar de completos extraños y dejo a un lado la mía.*

Uno de los mayores efectos secundarios que he detectado es una sensibilidad agudizada. Soy muy consciente de los cambios de luz en función de las estaciones y en qué medida influyen en mi ánimo. Ahora estoy convencido de que durante mi ECM mi glándula pineal estuvo privada de oxígeno y sufrió daños; de ahí se derivó un desequilibrio en mis niveles de serotonina y melatonina y la alteración de mis ritmos circadianos. Me siento bien con luz diurna, pero los niveles de luminosidad influyen definitivamente en mi estado de ánimo. En un momento me siento invencible y creo que todo es posible, y al siguiente golpeo la pared de ladrillo y me siento deprimido y con tendencias suicidas. En los últimos años este pensamiento me obsesiona un poco. Es necesaria una investigación importante en este sentido.

Antes de la ECM era bueno prediciendo cosas. Podía adivinar las fichas que la gente elige en el juego conocido como Mastermind. Era fácil que sacara unos y seises al tirar un dado. Cuando jugaba al rugby, siempre sabía hacia dónde iba a rebotar la pelota: solo tenía que correr hacia allí y atraparla. Podía predecir cuándo la gente iba a tener un accidente. Por ejemplo, paseaba en bicicleta con mi hermano cuando pude ver mentalmente cómo su pedal golpeaba la cuneta. Le advertí y siguió adelante, pero pocos minutos después golpeó la cuneta y cayó al suelo. Incluso supe o intuí que algo malo iba a pasar cuando entré en el campo para mi último partido de rugby, el partido en el que me rompí el cuello y tuve mi ECM. Desde aquella experiencia he perdido mi capacidad para predecir acontecimientos, ha dejado de suceder pero tengo la constante sensación de un inminente destino funesto o de que el «hombre del saco» me espera en la próxima esquina en el camino de la vida, o incluso que vivo «tiempo prestado». Esto me ha hecho ser muy consciente del tiempo. Odio malgastar mi tiempo en tareas inútiles o en compañía de personas estúpidas.

Desde la ECM también soy muy bueno a la hora de observar las situaciones en «tercera persona», proyectándome en una esquina de la habitación y observándome casi desde una «perspectiva extracorporal». A veces lo hago en las reuniones o encuentros e incluso me proyecto en los cuerpos de otras personas. Con los ojos cerrados o abiertos imagino que deslizo mis brazos en sus brazos como si los deslizara en una chaqueta y me introduzco en su piel, aumentando o encogiendo mi nueva identidad imaginaria para ajustarme al nuevo cuerpo… y siento lo que sienten ellos, hombres o mujeres, y observo cómo mi verdadero yo interactúa con esas otras personas. Incluso percibo destellos en los que puedo ver mi propio rostro, los ojos y la boca, mientras hablo con ellos. He logrado perfeccionar este método con el paso de los años. Me alegra que hayas registrado mi experiencia porque temo mis «presagios funestos». Espero que eso no signifique que ahora voy a «marcharme».

Otros cambios son generalmente agradables para la mayoría de las personas que han experimentado una ECM.

Perder el temor a la muerte

La actitud hacia la muerte cambia en muchos de los sujetos que viven una ECM. En mi estudio prospectivo he descubierto que quienes no conceden un gran significado a su ECM aún poseen un cierto grado de incertidumbre respecto a la muerte, pero quienes informaron de una ECM significativa con muchos componentes aseguraron con firmeza que la muerte no es algo que haya que temerse. Eso no quiere decir que la persona quiera morir, sino que es consciente de que cuando llegue su hora no habrá nada que temer porque ya ha estado allí y sabe qué esperar. De hecho, un paciente que había sido trasladado a planta seguía visitando la UCI porque quería transmitir a los otros pacientes que la muerte era algo apacible y que no había que temerla.

Un artículo en prensa recibió la siguiente respuesta:

> *Recuerdo claramente mi propia experiencia hace muchos años, cuando tenía 49. Corría el verano de 1985, tuve mi primer infarto; una semana después me sobrevino un segundo y otro más al cabo de otra semana. Me dijeron que fueron necesarias 18 desfibrilaciones para mantenerme vivo. Cuando volví en mí, recordé lo que había pasado en ese tiempo. Me encontraba caminando por un largo túnel con una luz al fondo. Dejé atrás el túnel y salí a la luz del día, recorrí un sendero bordeado por hierba y arriates de flores a cada lado. Nunca antes me había sentido tan alegre y animado; no había dolor, solo una sensación de bienestar. Sin embargo, no vi a nadie y desperté poco después. Me encontré tumbado en una cama, en la sala de recuperación, dos días después. La experiencia eliminó mi temor a la muerte. Espero que esto resulte de su interés.*

MÁS TOLERANTES, AMABLES Y COMPASIVOS

La mayoría de las personas se sienten más tolerantes con los demás como resultado de su ECM. Muchos hablan de un indescriptible amor incondicional. Son más amables y compasivos y sus valores cambian drásticamente. Muchos de ellos optan por trabajar en profesiones dedicadas a la atención a los demás y cursan estudios de enfermería[59] o medicina,[60] o bien trabajan como voluntarios en hospicios.

Pam Williams, de Swansea, tuvo una ECM después de una hemorragia tras el parto:

> *El médico salió del coche. Aunque era físicamente imposible vi cómo el médico salía del coche y corría por nuestro sendero; se desprendió de su chaqueta, se remangó las mangas y me examinó, parecía intentar sacar algo. Entonces me golpeó en el pecho, hundió una aguja en mi corazón y me inyectó una sustancia. Me hizo la respiración boca a boca. Mientras esto sucedía yo me sentía bien, reconfortada, alegre, llena de gozo, apacible, flotando suavemente hacia la luz brillante. De pronto, en la distancia, oí a mi hija mayor gritar: «¡Mamá!». Recuerdo que pensé: «Oh, cariño, Jacquie me necesita» y volví de un brinco. El médico ya había pedido a mi marido que telefoneara a la ambulancia especializada en emergencias de la maternidad (en aquellos días no había teléfonos móviles). La ambulancia llegó con un médico especialista. Me estabilizaron y me introdujeron en la ambulancia con mi hija recién nacida y partimos a toda velocidad al hospital con las sirenas aullando.*
>
> *En mi cita postnatal seis semanas después, le dije al médico lo que había visto. Le sorprendió que yo fuera capaz de describir el acontecimiento con tanto detalle, pero no le encontró explicación. Esta experiencia cercana a la muerte me dejó un legado especial: estoy segura de que la muerte no es algo que haya que temer. No soy una persona religiosa, pero creo que tras la muerte nos aguarda un lugar hermoso y apacible. También sentí que de algún modo se me había concedido la oportunidad de seguir mi viaje hacia la luz o regresar; elegí regresar.*

Esta experiencia quedó enterrada en mi memoria. Yo era la esposa de un minero, sin estudios, y tenía cuatro hijos. Trabajaba en el sector de la limpieza y en comedores escolares y a la edad de 34 años una serie de circunstancias aparentemente azarosas me hicieron volver a estudiar. En seis años me convertí en puericultora, especialista en niños con discapacidad mental y jefa de enfermeras. Después de cuatro años de prácticas, formé parte de la unidad de cuidados intensivos coronarios de Sheffield. Entonces todo pareció ocupar su lugar: no era la suerte ni la casualidad la que me había traído habilidades y conocimientos. Humildemente sentí que aquel era mi lugar porque mi experiencia cercana a la muerte me había permitido ayudar a los moribundos y a los pacientes afligidos y sus familias. Mi propia ausencia de temor a la muerte me ayudó a explorar aspectos relacionados con la muerte, primero en la licenciatura, luego a nivel de máster; entonces empecé a dar conferencias sobre enfermería y cuidados paliativos.

Realmente creo que de no haber estado cerca de la muerte no habría explorado las cuestiones que la rodean y probablemente no habría regresado al mundo de la educación. En tanto persona, la experiencia cercana a la muerte me hizo cambiar; sentí una abrumadora sensación de gozo, y la necesidad de ayudar y apoyar a los demás. Creo intensamente en la filosofía de hacer algo, cada día, para ayudar a los demás, a veces a extraños que encontramos al azar. También creo sinceramente que la religión es solo una palabra y que cada individuo es responsable de decidir cómo vive su vida.

Renuncia al materialismo y la búsqueda de estatus

Después de una ECM, la vida en su conjunto es sometida a una revaluación, y donde antes el dinero, el estatus y la riqueza eran el objetivo, después de esta experiencia las cosas simples de la vida, como pasar más tiempo con los seres queridos, cobran prioridad.

Una nueva apreciación de la vida

Las personas se dan cuenta de lo importante que es su vida y dejan de preocuparse por cosas que antes les molestaban.

Cambian los valores espirituales

Es muy común que las personas cambien sus valores espirituales como resultado de una ECM. Los efectos pueden variar. Mientras algunos tienden a ser más religiosos e incluso abrazan el sacerdocio,[61] otros entienden que su religión no explica de la forma adecuada lo que les ha sido «revelado» durante su ECM. Independientemente de los valores religiosos/espirituales, las personas suelen volverse más consideradas con los demás. A menudo quienes han vivido esta experiencia sienten gratitud por tener otra oportunidad de vivir y perciben un propósito espiritual.[62]

La ECM de Marie-Claire muestra algunos de estos efectos secundarios:

> *Enfermé de meningitis y me enviaron a un hospital, donde estuve un mes. Recuerdo estar sumida en un terrible dolor, como si mi cabeza fuera a estallar, y que me disgustaba la luz brillante. Me pusieron un gotero y entonces sentí que caía y me pellizqué la mano para comprobar si estaba soñando, ¡y no lo estaba! De pronto me encontraba en lo que parecía ser un oscuro túnel, viajando a enorme velocidad; al final del túnel había una intensa luz brillante que*

no hería mi vista. Al llegar al final encontré a mi familia y mis pacientes (fui enfermera) esperándome con una sonrisa y los brazos abiertos, rodeándome de amor. ¡Fue maravilloso! Incluso los animales domésticos fallecidos hacía años estaban allí para recibirme. Algunos de los pacientes habían sufrido amputaciones antes de morir, pero ahora tenían todos sus miembros y caminaban. Una voz en mi mente me preguntó si quería quedarme con ellos o volver por donde había venido.

Recuerdo haber dicho claramente: «¡Dios mío, me encantaría quedarme, pero primero he de volver para arreglar mi habitación!». Soy niñera y antes de sufrir el colapso había dejado libros en el suelo. De pronto me sentí arrastrada a gran velocidad por lo que parecía una cuerda de plata muy fina, y luego grité de dolor porque los médicos y enfermeras me habían despertado. Les pregunté por qué no me habían dejado sola, ya que me sentía dichosamente feliz de estar libre de dolor. Su respuesta me sorprendió: dijeron que **yo había muerto**, que ellos salvaron mi vida, y me sentí terriblemente culpable por haberles gritado y no apreciar lo que me había sucedido. Evidentemente, una vez que empecé a recuperarme, me sentí agradecida por que hubieran salvado mi vida y nunca he vuelto a pensar en ello.

Desde esa experiencia me he vuelto más espiritual y no temo a la muerte; estoy segura de que esta vida es una de muchas, y que al final nos reuniremos con nuestros seres queridos. También me ha convertido en una mejor persona y procuro hacer al menos cinco buenas acciones al día. Me encanta ayudar a mis amigos y mi familia y entrego la mayor parte de mi salario a quienes lo necesitan más que yo. Quienquiera que me hablara al otro lado lo hizo con tanto amor que pensar en ello me hizo llorar nada más recuperarme. Jamás olvidaré el amor y la bondad que sentí en el regreso; es algo que no he vuelto a experimentar desde entonces. ¡Con suerte, cuando llegue mi hora, volveré a reunirme con las mismas personas que vi entonces y con algunas otras más!

*Los colores eran muy diferentes a los que vemos aquí en la tierra, no puedo describirlos porque no los había visto antes, solo puedo decir que eran absolutamente asombrosos. Las flores también eran increíbles, de un intenso color blanco, y la hierba parecía terciopelo verde, ¡es difícil de explicar! A veces, solo a veces, me gustaría volver porque mi querida hermana gemela murió hace cinco años. La echo mucho de menos; estábamos muy unidas y la quería muchísimo. Espero que esto no te haya resultado muy aburrido; desde luego es absolutamente cierto y, como he mencionado, ya no me da miedo morir. ¡Sé que al otro lado, dondequiera que esté el universo de Dios, solo hay **puro** amor!*

Recibí esto en respuesta a uno de mis artículos en prensa:

Yo también tuve una ECM. Ocurrió hace casi 30 años, pero en mi memoria es tan nítida que parece haber pasado ayer. Creo que no tiene nada que ver con alucinaciones o con la medicación. Sufrí un embolismo pulmonar en el hospital después de una cirugía delicada. No podía moverme ni llamar a la enfermera, era como si me hubieran apuñalado por la espalda y todo el aire hubiera desaparecido de mis pulmones. Recuerdo vívidamente cómo una enfermera me miró y luego corrió hacia mi cama con oxígeno y una mascarilla, que me colocó en el rostro. A continuación, dos médicos corrieron hacia mi cama: uno me auscultó el pecho con el estetoscopio y otro presionó las venas de mis piernas (más tarde supe que buscaba una trombosis venosa). Seguía sin poder respirar y el dolor en la parte superior de mi espalda era insoportable.

De pronto me inundó una completa serenidad y sentí que me deslizaba hacia la esquina de la habitación a la altura del techo. Atravesé un túnel que se abría en la esquina de la habitación, un túnel donde latían luces brillantes y colores vívidos; encontré a mi abuela, que sonreía tal como hacía en vida. Detrás de mi abuela había otros miembros de mi familia: todos sonreían y me daban la bienvenida. De pronto sentí que tenía que volver con mi familia y mis dos hijos pequeños. Planeé y miré mi cama de hospital desde lo alto. Me vi a mí misma con el gotero y la mascarilla de oxígeno, mis ojos estaban cerrados, pero los dos médicos, y ahora tres enfermeras, trabajaban en torno a mí, ya sin prisa. Desperté dos días después (mi marido me informó del tiempo transcurrido), rodeada de tubos y con un dolor agudo en los pulmones. No sentí dolor mientras flotaba sobre mi cama o mientras me encontraba en el túnel. Empecé a recuperarme y cuatro días más tarde tuve otro ataque respiratorio.

En esta ocasión me encontraba en la UCI, por lo que una enfermera acudió inmediatamente con oxígeno. Corrió las cortinas en torno a la cama y dijo que volvería enseguida con un médico. Durante este tiempo (aparentemente, segundos) un hombre vestido de blanco entró en el cubículo y tomó asiento al final de la cama, dándome la espalda. Mi respiración era dificultosa y él se sentó encima de mis pies (soy alta); recuerdo con claridad que tuve problemas para sacar mis pies de debajo de él. Entonces me dijo: «Lucha, lucha» una y otra vez. A continuación desapareció de mi vista. Cuando mi respiración volvió a la normalidad, pregunté a la enfermera quién había entrado en mi cubículo antes de que volviera con el médico. Me dijo que conmigo no había nadie. Hoy creo que era mi ángel de la guarda.

Quiero añadir que esta experiencia cambió mi vida. He pasado buena parte de mi vida cuidando a mi familia y a los amigos y también cuidando a otras personas, debido a mi profesión con invidentes. Pero antes de la ECM era bastante egoísta e introvertida. Por eso puedo decir que la experiencia me ha hecho mucho bien. Una de las primeras personas a las que cuidé fui mi madre, que murió 18 meses después de mi ECM. Veinte años después me ocupé de mi padre durante su cáncer terminal; quizá fui salvada porque tenía trabajo que hacer.

Sensación de una «misión»
o propósito en la vida

Cuando quienes han experimentado una ECM vuelven a la vida, a menudo lo hacen con la idea de que tienen un propósito que cumplir, pero es frecuente que desconozcan la naturaleza de ese propósito. Esta cuestión es muy acuciante para algunos, y Carolyn Matthews[63] ha diseñado un interesante curso para ayudar a estas personas a descubrir su «misión». El curso es resultado de su licenciatura en estudios transpersonales, cursada en la Universidad Atlantic, Virginia.

Aquí ofrecemos un ejemplo de alguien que intenta comprender su propósito vital:

Escribo porque quiero explicar una experiencia que tuve mientras permanecí en un hospital en verano de 1995. Me llevaron al hospital porque parecía que tenía apendicitis. Se programó una operación para la mañana siguiente y me pusieron una inyección de morfina, porque por aquel entonces me moría de dolor. Para abreviar la historia, ocurrió 18 horas antes de que me llevaran a quirófano; sentí que me abandonaba a la situación. Creían que me tenían anestesiado, pero fui consciente de que mi estómago era embadurnado con una sustancia fría, como un fluido, lo que me alarmó, pero no pude hacer nada.

A continuación sucedió lo más extraño. No sentí dolor alguno durante esta experiencia. Sentí que flotaba en el aire a pocos metros de una camilla de hospital y observaba a un bebé, y no pude saber quién era hasta que descubrí que era yo, cuando la figura de pronto se metamorfoseó en un cuerpo adulto que al principio no reconocí hasta que caí en la cuenta de que era yo. Me encontré entonces en un lugar oscuro y avancé hacia una figura con el cabello largo, barba y una amplia frente. Observar la figura era como mirar el NEGATIVO de una fotografía, en blanco y negro, seme-

jante al sudario de Turín, pero con una frente más amplia y una luz suave iluminándola desde atrás. La figura parecía ser mucho más alta que yo, y yo me alzaba hacia ella, pero no pude ver nada por debajo de sus hombros (como un niño frente a un adulto). La luz que iluminaba a la figura desde atrás era una suave luz blanca, y aunque no pude ver a nadie más, sentí que alguien me dirigía mientras flotaba. Fue una experiencia de gran serenidad, aparte de mirar en la otra caverna, durante el regreso, después de ver la figura, pero aún no sé qué había allí dentro.

Solo podía ver la cabeza y los hombros y sentí paz, pero la figura miró a su derecha y yo me aparté hacia la izquierda, con la sensación de que no era mi hora y que tenía cosas que hacer. Lo único que me alarmó, si puedo usar esa palabra, fue el momento en el que, al volver de regreso a través del túnel, miré a la izquierda y descubrí la abertura de otra gran caverna, donde todo lo que pude ver fue una niebla que cubría el suelo atravesada por una serie de estacas que emergían de ella; esto me alarmó. Sentí que alguien me empujaba, pero no sabía quién era.

A continuación volví a encontrarme en mi cuerpo, con el peor dolor que jamás había conocido, y luché físicamente con alguien que pretendía desplazarme, pero todo estaba oscuro y no podía ver nada, solo oía voces. Sentí algo extraño pegado a mi flanco derecho y lo aferré, y entonces oí que la voz de mi madre me pedía que no tocara el tubo, y dejé que me llevaran a la cama. Reconocí su voz y dejé que me llevaran desde la camilla a la cama de planta, aunque el dolor era insoportable. El tubo era un drenaje que salía de la herida en mi tripa y llegaba hasta una bolsa que recogía el fluido; al parecer, cuando finalmente me abrieron, el apéndice había estallado y se había convertido en peritonitis.

Pregunté qué había pasado porque sabía que había experimentado algo extraño, pero todo lo que el cirujano dijo fue que mi situación había sido realmente grave y habían tenido que desinfectar mis intestinos con antibióticos porque estaban muy ulcerados debido a la infección originada por la peritonitis. Tan solo quería que me dejaran solo, de tan enfermo como me sentía. Esa semana me suministraron 20 inyecciones de morfina para hacer frente al dolor. Durante los primeros tres días, cada vez que cerraba los ojos, podía ver un nítido túnel verde que se abría a mi izquierda, en la pared, y sentía que todo lo que tenía que hacer era dejarme ir, debido al dolor constante. Las visiones del túnel me abandonaron cuando mi temperatura bajó el cuarto día.

Cuando al fin logré salir de la cama ese cuarto día, descubrí que mi pecho presentaba una coloración rojiza y no entendí por qué. Cuando se lo mencioné a mi madre, me dijo que probablemente me habrían colocado electrodos durante la operación porque algo había ido mal, y al parecer así había sido.

Yo era católico practicante antes de que esto sucediera y no me da miedo morir, pues sé que la muerte es solo un peldaño para algo mejor, eso es lo que le digo a la gente. Ahora tengo 46 años y un hijo, pero no creo que él sea la razón por la que volví. Sé que los médicos dijeron que estas experiencias se debían a la morfina, pero sé que fue algo diferente. Piloto helicópteros y he rescatado a muchas personas, pero siento que aún no he llegado al momento que explica por qué me trajeron de regreso. A veces me pregunto si hago el trabajo correcto, algo extraño si considero lo bien que se me daba volar antes de esta experiencia. En mi trabajo he conocido a algunas personas acaudaladas y les he sugerido que funden una organización benéfica para ayudar a los niños y enfermos que lo necesitan en todo el mundo; tengo la sensación de que esto tiene que ver con el motivo por el cual regresé. Ahora me interesan más los aspectos espirituales de la vida, y siempre he dicho que en la época de la operación alguien más joven o más viejo no habría soportado el dolor; yo mismo estuve a punto de rendirme. Ahora percibo que en la vida todo se relaciona con el destino, y sé que todo esto no es más que un peldaño para acceder a un mundo mucho mejor. Sigo pensando en aquella extra-

ña figura: aquella imagen en negativo, iluminada desde atrás. No hubo palabras, pero de algún modo me inundó una corriente de pensamientos. Sé que fue real. Tampoco creo que mi ECM tuviera nada que ver con la morfina, pues me suministraron 20 inyecciones esa semana y la experiencia extracorporal solo tuvo lugar al inicio de mi estancia en el hospital. No sé si esta experiencia, que incluye esa imagen en negativo, se parece a la de alguien más, pero he creído que debía compartirla con usted. Buena suerte con su trabajo.

LA ECM ES UN RECUERDO VÍVIDO

La ECM parece grabarse poderosamente en la mente de la gente. Muchos años después, sigue siendo muy vívida, como si hubiera acontecido el día anterior. He hablado con personas de 80 o 90 años que tuvieron su ECM hacía 50 años, y su recuerdo permanecía fresco en su mente.

El siguiente relato me fue remitido anónimamente en respuesta a uno de mis artículos:

Después de leer sus informes sobre ECM en los periódicos, pensé que tal vez le gustaría conocer el mío. Ocurrió cuando era adolescente. Ahora tengo más de 90 años. Aunque he intentado convencerme de que fue un sueño, ha permanecido grabado de forma muy vívida en mi memoria. Me llevaron al hospital con una apendicitis aguda. En aquella época se usaba cloroformo como anestésico. Un olor desagradable pronto me hizo perder el conocimiento. Sentí que me empujaban a un largo túnel oscuro en cuyo fondo, a una enorme distancia, distinguí un destello de luz. Fue un viaje terrible al que no pude resistirme. A medida que avanzaba por el túnel, la luz se hacía cada vez más grande, hasta que llegó a ser tan intensa que me deslumbró. En ese instante salí del túnel y en-

contré una deslumbrante puerta dorada. Un hombre vestido con una larga túnica blanca se alzaba junto a ella. Llevaba barba y el rostro más amable y radiante que he visto nunca. Miré a través de la puerta y vi a mis abuelos y otros familiares fallecidos. Parecían estar detrás de una nube. Solo podía verlos de cintura para arriba. Sus rostros irradiaban tal paz y alegría que pronto me inundó una sensación de gozo inexplicable. Pedí al hombre que me dejara entrar. Deseaba estar con ellos, pero el hombre me dijo: «No, aún no». Alzó una mano hacia mí mientras repetía que no había llegado el momento. Llorando, sentí que el túnel me absorbía. La luz menguó hasta que apenas fue un puntito y salí del túnel. Oí voces y percibí que me rodeaban una serie de camas y sentí un dolor intenso en la tripa. Me llevó un tiempo desprenderme de mi confusión. Desde mi ECM no temo a la muerte. No quiero que mi nombre aparezca publicado porque muchas personas aquí creerán que soy presa de la demencia. Sin embargo, esos momentos mágicos vivirán en mí para siempre. Gracias por su trabajo.

Aumento de la preocupación por cuestiones ecológicas y medioambientales

Muchas personas desarrollan una mayor preocupación por el medioambiente y su relación con él. En lugar de centrarse en sus necesidades personales, sienten un renovado respeto por la naturaleza y consideran el efecto global que los seres humanos causan en ella.

Heather Leese tuvo una ECM siendo paciente en una unidad de cuidados intensivos tras una infección grave en la que estuvo a punto de morir. Tuvo muchos efectos secundarios, entre ellos un mayor aprecio por el bienestar del planeta:

Puede resultarme muy difícil aceptar lo que me está pasando ahora y asimilar esta nueva y poderosa energía. Hay días en que no puedo actuar con normalidad y me siento abrumada.

Mi experiencia con los seres humanos y el medioambiente ha cambiado después de la ECM. Siempre he tratado de ser respetuosa con la vida y el entorno, pero después de la última ECM, el coma y la experiencia de la habitación inundada en luz blanca, empecé a sentir una intensa conexión con el dolor de la madre tierra. Es como si experimentara la tristeza que la madre tierra siente al ser tan maltratada; una tristeza coronada por cansancio, una carga difícil de soportar.

He intentado hacer lo que he podido, pero pronto he descubierto que no puedo controlar cómo los demás tratan a la tierra. Puedo hacer lo que está en mi mano a título individual, razón por la que empecé a vivir de forma más ecológica utilizando productos biodegradables. Mi cuerpo no podía soportar una gran exposición a productos químicos, por lo que solo puedo usar champú ecológico y desodorante de sal cristalina, etc., y cambié el motor de mi coche por otro más respetuoso con el medioambiente. Reciclo y cuando me lo puedo permitir compro solo alimentos de agricultura ecológica, y si es posible recojo la basura de las calles (¡mi padre se ríe cuando lo hago!). Prefiero no pensar demasiado en las emisiones y otras cosas que no puedo controlar porque me irrita, y eso no es bueno para mí en este momento. He hecho lo que tenía que hacer, y los espíritus me han dicho que la gente ya está ocupándose de cuestiones medioambientales y que en este momento mi tarea está en otro lugar. Creo que si la madre tierra decidiera ahora mismo borrarnos del mapa por el dolor que le hemos causado yo me sentiría libre de culpa; sentiría que ya es asunto suyo y de Dios. Mi familia y yo hacemos lo que podemos y mucha gente hace lo que puede con los conocimientos que tienen. Espero que esto tenga algún sentido.

El doctor Parti, cuya ECM se describió brevemente en el capítulo 1, cambió profundamente a raíz de su experiencia. Su salud se transformó, se recuperó enseguida y recibió el alta apenas 72 horas después de ser operado de sepsis. Conforme pasaba el tiempo descubrió que su adicción a los analgésicos y su depresión habían desaparecido completamente.

Renunció a su trabajo como anestesista, abandonó su enorme casa por una más modesta, cambió su Mercedes por un pequeño coche ecológico, se inició en el voluntariado y buscó oportunidades para servir a los demás.

Ahora se considera más atento y amable con los demás y arde en deseos de ayudar a los otros en su propio proceso curativo. Los conocimientos que logró durante su ECM le han inspirado para escribir e impartir seminarios y talleres sobre bienestar espiritual. Concluyó su correo electrónico con estas palabras: «En mi antigua vida, dormía a las personas. Ahora las despierto. Y yo también he despertado».

SENSIBILIDAD ELÉCTRICA E INCAPACIDAD DE LLEVAR UN RELOJ DE PULSERA

Un efecto secundario menos conocido es que los sujetos que han experimentado una ECM pueden desarrollar una sensibilidad especial a la electricidad y también descubrir que los relojes de pulsera no están hechos para ellos. En algunos casos, el reloj de pulsera se para completamente cuando lo llevan puesto, aunque funciona con normalidad si se lo ponen otros; en otros casos, el reloj no da la hora correcta. A veces los sujetos no relacionan este acontecimiento con su ECM. Muchos otros investigadores en este campo han informado de esta situación,[64] cosa que me intrigó y me llevó a pregun-

tar a los sujetos de mi investigación sobre este curioso fenómeno; descubrí que les ocurría a la mayoría de ellos. De hecho, en la mayoría de casos los sujetos atribuyeron el inicio
de su sensibilidad a la época de la ECM solo después de que
yo les planteara la cuestión.

Mientras conversaba con mi compañera, cuya ECM describimos en el capítulo 1, me di cuenta de que no llevaba reloj de pulsera. Le pregunté la razón y respondió que había
dejado de llevar relojes hacía años porque no funcionaban
cuando ella los llevaba. Entonces pensó en ello y le sorprendió mucho comprobar que este fenómeno empezó después
de su ECM. Su madre le regaló un reloj caro que no funcionaba si ella se lo ponía; nunca había comprendido la razón,
porque el reloj iba perfectamente cuando lo llevaba cualquier
otra persona. Todos los relojes que usaba funcionaban un rato
y luego se paraban o se «rompían», y solo cuando dije que
este era un efecto secundario de la ECM, todo cobró sentido para ella.

Recientes investigaciones[65] han llegado a la conclusión de
que los sujetos que han experimentado una ECM informan
de cambios en los campos electromagnéticos en un porcentaje muy superior a quienes han estado al borde de la muerte, pero no han vivido una ECM. Quienes han comunicado
una ECM más profunda tienen más problemas con los campos electromagnéticos.

Una señora que trabaja en una empresa de alta tecnología contactó conmigo después de leer uno de mis artículos.
Tuvo una ECM en su infancia e informó de todo tipo de disfunciones eléctricas en su presencia, así como de que no podía llevar un reloj de pulsera porque todos se paraban. De
hecho, necesita monitorizar el tiempo como parte de su trabajo y para ello lleva un despertador colgando de un lazo en
el cuello. Con los hervidores, en concreto, tiene grandes pro-

blemas, porque dejan de funcionar en su presencia o incluso explotan. Nunca había asociado este fenómeno con la ECM, pero cuando le hablé de este efecto, situó el inicio de estos problemas justo después de su experiencia.

El siguiente relato pertenece a una mujer que vivió su ECM en la infancia (léase su experiencia en las páginas 105-106):

Acabo de leer la segunda parte del artículo en el periódico. La parte sobre el síndrome de la sensibilidad eléctrica me sorprendió de camino a casa, porque nunca había oído que esto guardara relación con la ECM.

Después de mi experiencia, a los 10 años, mis padres me regalaron mi primer reloj de pulsera, como regalo de cumpleaños. Evidentemente, yo estaba encantada, porque siempre había querido mi propio reloj, pero me desalentó comprobar que dejaba de funcionar en cuanto me lo ponía. Sin embargo, funcionaba perfectamente si yo no lo llevaba o si se lo ponía otra persona. También tenía problemas para encender las luces o aparatos eléctricos porque recibía pequeñas descargas cuando los conectaba o los tocaba estando conectados; otro tanto me pasaba con los vehículos a motor, tanto cuando estaban en funcionamiento como cuando no. Aún hago estallar las bombillas cuando las enciendo. Se ha convertido en una broma habitual decir que yo no puedo acercarme a nada eléctrico. Mi madre solía decir que tenía mucha estática en el cuerpo, yo no he hecho caso y no he pensado en ello y jamás lo he relacionado con la ECM.

Cuando empecé a trabajar (en una oficina tradicional a mediados de los sesenta), se me prohibió acercarme o tocar la fotocopiadora, porque dejaba de funcionar o funcionaba erráticamente. A veces, al acercarme o tocar aparatos eléctricos, he salido despedida a través de la habitación. Puedo sentir un ligero impulso por mi cuerpo si me acerco a unos milímetros o toco el interruptor de un aparato eléctrico y sé si va a haber algún problema y cuándo.

También puedo sentir un ligero impulso al pasar cerca de peque-
ñas subestaciones eléctricas (esas pequeñas estaciones, del tama-
ño de un coche, diseminadas en la ciudad). Cuando empecé a uti-
lizar un ordenador, tuve enormes problemas y casi dejé de hacerlo,
pensando que yo era el problema, pero descubrieron que el orde-
nador era defectuoso y lo sustituyeron. No hay problemas siempre
y cuando use un ratón y un teclado con cable. ¡El teclado y el ra-
tón inalámbricos y yo somos incompatibles!

La siguiente ECM es interesante porque dejó a Julie, de
Llanelli, con muchos efectos secundarios:

Sucedió en 1996, después de una hemorragia a consecuencia de
una tonsilectomía. Me dieron el alta, pero tuve que volver al hos-
pital porque empecé a sangrar. Me ingresaron y tuve una hemorra-
gia muy grave. La sangre fluía de mi boca como de una cascada.
Pulsé el timbre y la enfermera acudió; enseguida varios médicos y
enfermeras me rodearon. Uno de ellos me tomó de la mano mien-
tras los otros se afanaban alrededor. Me conectaron a un monitor
cardíaco. Entonces me debilité aún más y oí cómo las enfermeras
y los médicos decían: «¡Rápido, la estamos perdiendo!».

Lo siguiente que supe fue que me encontraba en una espe-
cie de... solo puedo describirlo como... un gran caleidoscopio.
Parecía estar consciente y sumida en este gran caleidoscopio for-
mado por círculos blancos, plateados y púrpura. Era extraño.
Entonces vi cómo toda mi vida desfilaba ante mis ojos en una su-
cesión de imágenes. Todo lo que me había sucedido en la vida des-
de la infancia hasta el presente desfiló ante mi vista. No ocurrió a
gran velocidad, sino muy lentamente: una imagen tras otra. La úl-
tima imagen que percibí era el rostro de mi madre (aún vive). Me
daba la impresión de estar despierta; es difícil de describir.

Después de la imagen de mi madre vi globos de luz, globos
púrpura y plateados flotando frente a mí. Luego surgió una luz

*blanca, cuya luminosidad fue en aumento. Poco a poco fue ate-
nuándose, como si se tratara de un regulador de intensidad de luz.
Durante unos diez minutos me rodeó esa luz tenue. En realidad,
no puedo decir cuánto tiempo transcurrió. Me daba la impresión
de estar suspendida en esa frágil luz y entonces oí a las enfermeras pronunciar mi nombre y desperté en la sala de recuperación.*

*Lo curioso es que no me asusté; de hecho, fue una experiencia
fabulosa. Me sentí muy cómoda y disfruté con ello.*

*A partir de esa experiencia sucedieron algunas cosas extra-
ñas. Era como si captara los sentimientos de los demás. Parecía
saber lo que pensaban y sentían las personas a mi alrededor.
Incluso perfectos extraños a los que no había visto nunca. Una
vez, durante unas vacaciones en España, estaba leyendo un libro
junto a una piscina. Alcé la vista y vi a un hombre y a una mujer
que también estaban leyendo. De pronto tuve la sensación de percibir el pensamiento de él, supe lo que estaba pensando: «Espero
que ahora descanse, la echo de menos. ¿Por qué tuvo que morir?
[…]. Cáncer…», y nada más. Creí volverme loca. Al volver a la
cama esa noche le dije a mi compañero: «Siento mucha pena por
el hombre de la piscina, ha perdido a un ser querido por culpa del
cáncer». Nos dormimos. Al día siguiente mi compañero bajó a la
piscina antes que yo y habló con la mujer que estaba junto al hombre. Le dijo que acababan de casarse y que la anterior esposa de
su marido era su mejor amiga, que había muerto de cáncer. Bajé a
la piscina una hora más tarde y mi compañero me lo contó todo y
se burló de mí, tildándome de rara.*

*Solía ocurrirme a menudo. Era capaz de percibir los pensa-
mientos de los demás en reuniones de trabajo. Era una especie de
empatía… Sabía qué estaban pensando… Solo puedo describirlo así. Duró cinco años, al principio de forma muy intensa; luego fue debilitándose y ahora ha desaparecido. Aún soy empática y
puedo percibir los sentimientos de la gente, pero ya no puedo leer
sus pensamientos. Era algo que me asustaba y creí volverme loca.*

*Además, no pude llevar reloj de pulsera hasta que transcu-
rrieron tres años de la ECM. Tenía un reloj caro y bonito, pero en
cuanto me lo ponía se volvía loco. Compré nuevos relojes, pero
ninguno funcionaba conmigo; era muy frustrante y me irritaba
muchísimo. Ahora puedo llevarlo: se va desajustando hasta acumular diez o quince minutos de retraso, nada que ver con lo que
me pasaba anteriormente.*

*Las cosas también enloquecían cuando me acercaba a apara-
tos eléctricos. Entraba a una habitación y la televisión se apaga-
ba sola. Entraba a una habitación y el equipo de alta fidelidad se
conectaba solo. Lo más espectacular eran mis visitas al dentista:
nada más tomar asiento el equipo dejaba de funcionar. El dentista
me llevaba a otra habitación: ¡solo sucedía conmigo!*

*Todos estos fenómenos han dejado de ocurrir, y eso me ale-
gra; ¡no deseaba esas habilidades! Desde la experiencia hay algo
que se ha quedado conmigo: ya no temo a la muerte. Si hablo
de eso con los amigos, descubro que ellos tienen miedo y yo no.
Definitivamente, ya no temo a la muerte.*

El siguiente relato me fue remitido en respuesta a un artículo de prensa. La persona que me lo envió prefiere permanecer en el anonimato:

*Le escribo porque acabo de leer un artículo suyo en el que men-
cionaba algunos fenómenos relacionados con las ECM, objeto de
su investigación. Me interesó su afirmación de que los sujetos que
han experimentado una ECM desarrollan una sensibilidad especial a la electricidad, porque parece que yo padezco un problema
similar ya que me resulta imposible llevar un reloj de pulsera, y
nunca he entendido por qué. Su sospecha de que puede tener relación con la ECM me ha inducido a escribir esta nota.*

*En los años cincuenta, cuando mis padres vivían en Edimburgo,
solíamos visitar las playas de la costa este antes de seguir ruta ha-*

cia Kirkcaldy, donde tomábamos el tren de regreso a Edimburgo. En una de estas visitas, yo tenía 4 años, recuerdo que bajé corriendo a la playa y una gran ola me derribó y, hasta donde sé, estuve a punto de ahogarme. Digo «hasta donde sé» porque recuerdo nítidamente la sensación de mirar la escena desde lo alto y descubrir a una multitud de personas en el lugar mientras pensaba: «El que está ahí soy yo»; sin embargo, mientras yo también observaba la bahía de Kinghorn, donde tuvo lugar el incidente, me sentía completamente indiferente.

Mi siguiente recuerdo es el agua saliendo de mis pulmones mientras respiraba con dificultad debido, presumiblemente, a que alguien me estaba reanimando y volvía a recuperar la conciencia.

Apenas recuerdo lo que ocurrió ese día después del suceso; sin duda proseguí con las actividades habituales.

Como usted podrá comprender, incluso después de más de cincuenta años este acontecimiento sigue dejando una intensa impresión en mi memoria, y aunque siempre lo he relacionado con mi permanente miedo al agua, nunca había pensado en vincular el «ahogamiento» con estas disfunciones eléctricas.

La ECM de esta enfermera africana aparece en el capítulo 4:

Cuando usted mencionó que las personas no podían llevar relojes de pulsera o tenían problemas con los equipos eléctricos después de su ECM, descubrí cuándo había empezado mi problema a la hora de llevar reloj. Después de mi ECM fui incapaz de hacerlo: el reloj funcionaba apenas unos días y luego se paraba. Mi padre me compró muchos relojes, pero siempre pasaba lo mismo: se paraban a los pocos días; siempre eran relojes nuevos. Mi cuñado le regaló un reloj caro a mi hermana, y cuando empecé mi formación como enfermera, ella me lo regaló a mí, con mucha ilusión. Funcionó durante un mes y luego se paró. Se lo devolví a mi hermana y volvió a funcionar. El hecho de que los relojes de pulsera se estropearan cuando yo me los ponía se convirtió en una gran broma familiar. Tampoco podía llevar el reloj de cadena de las enfermeras: se paraba igualmente. Durante quince años renuncié a llevarlo. Ahora puedo hacerlo y funcionan, pero me he acostumbrado a no llevarlos y rara vez lo hago.

No estoy segura de que este fenómeno esté relacionado con la perturbación eléctrica, pero a mí que me encantaba ir al cine con mi hermano mayor dejó de gustarme hacerlo tras mi ECM. Al mirar la pantalla todo parecía desequilibrado; como si se tratara de un efecto en 23D y los actores fueran a salir de la pantalla. Yo no paraba de removerme en mi asiento. Tampoco podía soportar las luces del cine; las luces deslumbrantes me hacían daño, algo que antes no me ocurría. Dejé de ir al cine hasta que me casé, doce años después, pero seguí sin disfrutar de ello porque, aunque los efectos no eran tan dañinos, la imagen temblaba constantemente, por lo que al final volví a dejar de ir. Incluso al ver la televisión, sigo sin soportar los destellos de luz.

Ken Ebert,[66] de Taos, México, tuvo una ECM hace 27 años. Describió su experiencia en el libro *Theater of Clouds: A Near Death Memoir.* Ken contactó conmigo y tuvo la amabilidad de responder a muchas de mis preguntas. A continuación describe algunos de los efectos secundarios derivados de su experiencia.

*Me reí cuando me preguntaste por los relojes, porque no he llevado ninguno desde 1985. Durante aquellos primeros años después de la ECM también era normal que las bombillas estallaran en cuanto yo me aproximaba a ellas. Además, podía «sentir» la luz como **textura**; por ejemplo, al pasar junto a una lámpara me quedaba con la sensación de cepillar una sustancia algodonosa. Aún me ocurre en cierto grado, pero solo cuando estoy cansado. Otro fenómeno inusual consistió en la agudización de mi oído. Lo* *comprobé encendiendo y apagando un detector de movimiento con alarma silenciosa. Era capaz de oír la emisora. A veces me sigue pasando, pero no tan a menudo.*

También era capaz de distinguir conversaciones en una habitación ruidosa. Aún puedo hacerlo, pero no me gusta la sensibilidad acústica. La tienda en la que trabajo tiene 900 metros cuadrados y si quiero puedo distinguir una conversación en el otro extremo, pero normalmente interpongo ciertos filtros porque el sonido me abruma si no lo sofoco mentalmente. La parte pragmática del asunto es que, si algo que es importante para mí se dice más allá de mi umbral de audición, soy capaz de oírlo de todos modos, casi como si me lo dijeran directamente al oído.

Desarrollo de tendencias psíquicas/ premoniciones/intensa percepción intuitiva

Algunas personas desarrollan unas capacidades intuitivas y sensitivas tan altas que a menudo tienden a recluirse. Una señora contactó conmigo en respuesta a un artículo de periódico que había publicado y me dijo que «era capaz de leer la mente de otras personas». Esto le resultaba muy inquietante porque a veces podía prever la muerte de otras personas o predecir «acontecimientos funestos». No podía exponerse a la multitud porque de algún modo distinguía a las personas con problemas o que estaban a punto de sufrir una desgracia. Esta señora apenas sale de casa y cuando tiene que hacerlo lleva auriculares con la música muy alta a fin de distraerse.

Una compañera que experimentó una ECM a los 9 años de edad también me comunicó una habilidad semejante. Me explicó que podía «leer la mente» de otras personas, algo que no le gusta porque le parece moralmente reprobable. De hecho, tiene que concentrarse duramente para bloquear esta capacidad.

Poco después de su ECM en 1979, la doctora Yvonne Kason[67] tuvo su primera experiencia psíquica: una visión le llevó a aconsejar a una amiga que acudiera al médico. Su amiga fue diagnosticada de meningitis. El temprano diagnóstico y el tratamiento se tradujo en una óptima recuperación.

SER CURADO O DESARROLLAR
LA CAPACIDAD DE CURAR

Sutherland[68] informó de casos en los que, después de la ECM, los sujetos desarrollaron la capacidad de curar a los demás. Morse y Perry[69] comunicaron el caso de Kathy, cuyo cáncer desapareció completamente después de su ECM. El doctor Larry Dossey[70] ha expuesto casos similares de curación de un tumor cerebral y un linfoma de Hodgkin. Un caso mucho más notable, el del paciente 10 de mi investigación, que padecía una deficiencia congénita, será examinado más adelante. A continuación presentamos dos casos en los que una persona descubrió que poseía capacidades curativas después de una ECM.

El siguiente ejemplo me fue remitido por una mujer francesa:

> Leo su artículo y me alegra que alguien se tome en serio esta experiencia. Hace veinte años, estando en Turquía, tuve un embarazo ectópico. Uno de mis estudiantes de inglés me llevó a un hospital de mujeres. Me operaron sin anestesia y me suministraron sangre y fluidos. Tuve la sensación de morir durante la operación. Viajé por un túnel y encontré a mi abuela, que me dijo: «Aún no es la hora, tienes que volver». Regresé a mi cuerpo con una sacudida, y sentí de nuevo el dolor y el peso de todas mis responsabilidades.

Esa experiencia cambió mi vida. Durante muchos años no deseé quedarme aquí, porque la vida me parecía llena de desventajas y una lucha constante. Pero ahora me doy cuenta de que había una razón para regresar, pues poseo una suerte de don y he descubierto que puedo «sintonizar» con los sentimientos de las personas, lo que hace que mi trabajo con bebés sea incomparablemente más fácil. También atraigo a gatos enfermos y heridos, que se quedan conmigo un tiempo antes de marcharse.

El siguiente caso me lo envió un hombre de 38 años:

Fecha de la experiencia: 1984. Estaba en la cama, presa de la única gripe de verdad que he tenido nunca. Completamente agotado, sentí que me moría. No sé qué me pasó en realidad; solo puedo relatar aquellos recuerdos indelebles. En algún punto me encontraba fuera de la casa de mis padres, en el tejado, observando una ventana de techo cubierta por la nieve. La protección superior de la ventana estaba muy curvada y la observé pensando que era sorprendente que el agua no hubiera penetrado en mi habitación. Estaba tan excitado por estar en el techo que miré en dirección a los tejados vecinos. Pude ver a gente caminando por las calles nevadas, pero no era capaz de oler o tocar nada. Tan solo me deleitaba en las visiones más asombrosas.

Fue una experiencia atemporal que me condujo a la tumba de mi abuela, en el cementerio cercano. Ella estaba allí, de pie, mucho más joven que en la hora de su muerte, y me dijo que yo tenía que volver a casa inmediatamente. Inmerso en la sensación de euforia al sentirme tan libre, me encontré mirando por la ventana de techo, y mi sorpresa al verme a mí mismo en la cama, lívido e inerte, fue grande. Fue tal la conmoción que quise volver a mi cuerpo tan pronto como me fuera posible. Solo al verme yacer en la cama, advertí lo que estaba sucediendo y quise regresar a mi cuerpo.

Al despertar supe que no se trataba de un sueño normal, pues sentí que mi corazón volvía a latir y, poco después, empecé a respirar. Supe que había estado fuera, pero mi excitación inicial dio paso a un inmenso alivio.

Me quedé en cama unos días más y conté a mis padres lo que me había pasado. Mi padre decidió revisar la protección de la ventana y asumió que había podido verla desde la cama. Él no pudo verla desde ahí. Unos meses después, al cambiar algunas tejas, el operario dijo a mis padres que había que cambiar la protección superior de la ventana porque estaba curvada y agrietada.

He de decir que nunca he experimentado problemas tan graves con la electricidad como los que usted menciona, pero sí he percibido y continúo percibiendo sensaciones y síntomas extraños que solo puedo atribuir a un aumento de la sensibilidad a la electricidad. La principal es la constante incomodidad que siento en ambientes en los que hay varios sistemas eléctricos activos, especialmente en tiendas y grandes almacenes. Siento que soy presa de la confusión y que mis pensamientos se enmarañan, y a veces tengo que salir del edificio, aunque me gustan los espacios comerciales.

La otra se da en casa, donde los largos períodos de exposición a la televisión o el ordenador me dejan agotado, a pesar del valor de entretenimiento de lo que sucede en la pantalla. He llegado al punto de que prefiero no ver la tele y utilizo el ordenador durante espacios de tiempo muy breves. Apenas uso mi teléfono móvil por la misma razón. Tras una llamada de más de diez minutos siento un intenso y penetrante dolor de cabeza que me resulta especialmente desagradable. La presión que padezco es muy real. Y lo más notable es que en espacios abiertos, donde hay mucha gente o nadie en absoluto, no sufro ninguno de estos síntomas, y en el campo me siento liberado; tiendo a pensar que se debe a la reducción de campos eléctricos en esos lugares.

Creo que el trabajo que usted hace es enormemente reconfortante y al fin me siento comprendido después de tantos años de si-

lencio en los que apenas he contado lo que me sucede por temor a que piensen que estoy loco por creer que estos acontecimientos son algo más que azar o imaginación. Espero que no vuelva a ocurrir, porque podría no tener tanta suerte, a pesar de que los sentimientos iniciales fueron hermosos.

La capacidad de curar se presentó cuando tenía 18 años, cuatro años después de mi experiencia en el tejado. Fue algo que descubrí por casualidad y poco a poco fui consciente del efecto físico y espiritual que ejercía en los demás. Un incidente realmente sorprendente tuvo lugar en una tienda Boots: entre el barullo pude oír cómo una dependienta en un mostrador de belleza le decía a una amiga que le dolía la mano debido, según creía, a un nervio pinzado. Sin dudar, y agradecido porque ocurriera en público y no pareciera tan extraño, me dirigí a ella y le dije que podía ayudarla. En un par de minutos, la mano, que llevaba molestándola varias semanas, estaba mucho mejor. Me perdí en la multitud para no llamar excesivamente la atención y porque no quería recibir un agradecimiento efusivo. Hasta donde logro entender, me limité e canalizar una energía superior. Sigo creyendo que no fui yo quien operó directamente la curación. Parece que una fuerza bondadosa con la que conecto de algún modo actúa como catalizador para que las personas se curen a sí mismas. Pero eso es solo lo que creo. No lo sé, pero esa es mi explicación. A menudo pienso que me gustaría hacer las rondas hospitalarias, antes y después de una operación, para ofrecer a los demás la fuerza necesaria para afrontar lo que debe ser aterrador. Creo que la medicina moderna y la sanación humana pueden combinarse. Sospecho que esto no será muy frecuente en los ajetreados hospitales, donde hay que cumplir con los objetivos del gobierno.

Me gustaría poder ayudar a alguien gravemente enfermo, pero me asusta ofrecer mi ayuda si no conozco bien a la persona. Temo que me encuentren extraño y no quiero molestar a quien recurre a la medicina convencional y cree que ese es el único camino. Sin

embargo, sé que algún día se me presentará la oportunidad y la
aprovecharé y haré lo que pueda, sin prometer nada.

ENORME IMPULSO ESPIRITUAL

La ECM de «Sally» fue tan profunda que le dejó uno de los
efectos secundarios más notables que he conocido. La experiencia es tan personal y sagrada para Sally, y resulta tan inefable, que la entrevista fue muy larga. Fue muy difícil encontrar las palabras, porque lo que experimentó estaba más
allá de la comprensión humana convencional. Cuando Sally
recordó la experiencia, cerró los ojos y dio la impresión de
que volvía a vivirla, constantemente superada por la emoción. Aunque no puedo comunicar buena parte de su ECM,
los efectos secundarios con los que vive cada día me parecieron realmente inspiradores.

Sally, una atleta aficionada, sufrió un fuerte traumatismo craneal como consecuencia de un accidente de bicicleta
treinta años antes. Cuatro días después del accidente, mientras estaba inconsciente en el hospital, el médico preparó a
su marido para lo peor y le dijo que no estaba seguro de que
ella pudiera sobrevivir. Si lo lograba, tendría que reeducar su
memoria y aprender a caminar de nuevo; no volvería a correr
porque su debilidad sería extrema.

Sally recuerda que le llevó mucho tiempo comprender
quién era y dónde estaba. Tuvo que reconstruirse gradualmente, al tiempo que *sabía* que todo iba a ser maravilloso.
Lo que viene a continuación ocurrió durante su período de inconsciencia, según logró recordar después:

Me resulta difícil explicarlo con palabras... No hay palabras... Lo
que digo no le hace justicia... Me siento afortunada de haber reci-

*bido esto, pero no puedo describirlo. Hubo en ello más belleza…, más de lo que puede experimentarse en esta vida. Siempre puedo inspirarme en eso, **siempre**.*

Primero estaba la voz… Dijo: «Si decides volver, serás más fuerte». Nunca lo olvidaré; siempre estará conmigo […]. Nunca le he contado a nadie esta parte –nunca–, eres la única que la conocerá.

[He omitido esta parte a la que alude por ser profundamente personal para Sally. Aunque me dio permiso para utilizarla, creo que es mejor no mostrarla debido a su naturaleza sagrada.]

Mientras te estoy diciendo esto, puedo ver la imagen de mí misma. Hasta que suceda de nuevo, bastará con disponer de la imagen. Debe ser difícil que creas que… Ninguna ECM es igual a las demás. Por eso es tan difícil… es tan personal… Siempre acabo llorando, no puedo evitarlo. Puedo explicarte cómo es en mi caso… Son lágrimas de alegría, como si algo brincara en mi mente. No puedo contárselo a nadie, ni siquiera a mi familia… Solo puedo describirlo. Aparte de a ti, no se lo he contado a nadie; la gente pensará que estoy chalada.

Nunca olvidaré la voz que decía: «Si decides volver, serás más fuerte». Esa fuerza no me abandona nunca y puedo inspirarme en ella cada día. Si me siento decaída, recurro a ella. No solo me aporta fuerza física, también fuerza mental.

La primera vez no pude comprender por qué estaba ahí [se refiere al aspecto sagrado de la experiencia]… *¿Acaso eso tiene sentido? No sabía si había decidido volver o quedarme donde estaba… ¿Dónde estaba? ¿Había tomado la decisión correcta? ¿Se suponía que debía estar de este lado o del otro lado [de la vida]? Era problemático estar de nuevo en el mundo real; ¿tal vez debería haberme marchado? La voz debió pensar que yo era fuerte porque dijo que sería aún más fuerte […]. Por un breve instante algo me dijo que antes era fuerte […]. Es tan difícil expresar todos estos sentimientos con palabras… Esa fuerza no me abandona, sin embargo; está conmigo cada día.*

No parece justo decirlo [...]. Si no me despertaba, mi familia se hundiría en la desolación, lo sé... Me siento culpable por pensar eso, pero sé que volvería a ese lugar. Amo la vida y me gusta regalar vida: vivir la vida es un verdadero regalo, ¿por qué dejar que las cosas nos defrauden? Sé que también amaré la otra vida. No temo en absoluto a la muerte.

He recibido fuerzas para afrontar todas las situaciones de mi vida. Ahora cuido a mis padres; algunas personas no pueden hacer esta labor, pero yo no dejo que me supere. Nada me molesta; mi alegría es grande y me siento privilegiada de hacer esta tarea.

«Si decides volver, serás más fuerte»; nada es demasiado para mí. Tengo una considerable fuerza física y mental. Sé sincera contigo misma, ten fe en tu experiencia. No hay nada más grande que vivir cada día... Soy tan afortunada... Soy feliz... tan feliz... **Adoro** la vida, adoro despertar. La voz vuelve ahora; no puedo explicarlo, siempre regresan imágenes de aquello. Es una sensación maravillosa; me inunda plenamente. En mi vida no hay límites, nada logrará angustiarme. Me siento dichosa, día tras día. Estoy impaciente por volver, pero también me siento feliz de vivir mi vida aquí. En realidad, quiero hacer todo cuanto pueda. No dudo, sigo adelante y hago cosas. No temo a la muerte porque sé que Dios cuidará de mí. No hay inhibiciones en mi vida, no las hay. Tienes que ser sincera contigo misma y vivir tu vida.

No soy religiosa, pero sí espiritual, y creo en el cristianismo. Rara vez voy a la iglesia... De vez en cuando, si paso cerca entro en una. Desde mi ECM no he sido capaz de entrar a una iglesia sin que la emoción se dispare repentinamente. Siempre acabo dejándome arrastrar por las lágrimas. Mi fe..., tanto si es religiosa como si no, no puedo desprenderme de ella.

Mi cuerpo parece tener una gran cantidad de electricidad estática. Si en el supermercado toco los carritos, recibo una descarga. Cuando trabajaba, bastaba con tocar la placa de metal de la

puerta de mi oficina para recibir una descarga; para pasar por las
puertas tenía que empujarlas con el codo.

Tal vez lo más notable es el efecto que la voz tuvo en Sally. Aunque el médico le dijo que tendría que volver a aprender a caminar y que probablemente nunca volvería a correr, corrió una carrera de diez kilómetros apenas un mes después de recibir el alta del hospital. Sin embargo, esto era un acontecimiento menor en comparación a lo que Sally se disponía a hacer. En la década de los 1980 esta mujer apareció en el *Libro Guinness de los récords* por sus tiempos asombrosamente cortos en carreras de largo recorrido. La primera carrera cubría una distancia de 160 kilómetros y la hizo en unas 15 horas. Después, Sally se convirtió en una magnífica corredora de fondo. Corrió 675 kilómetros en seis días, pero su mayor logro fue correr la fenomenal distancia de 1.000 kilómetros entre Sydney y Melbourne en ocho días sin descanso: ¡sin ni tan siquiera dormir! Ahora, con más de 60 años, Sally sigue corriendo todos los días. Hace poco hizo una carrera «breve», de 64 kilómetros para recaudar fondos para una organización benéfica.

Cuando corro me inspiro en mi experiencia, que no me abandona
nunca. Después de los primeros kilómetros sintonizo con ella y po-
dría estar corriendo siempre. Entre Sydney y Melbourne corrí sin
dormir. Comía y bebía corriendo; lo más duro era la noche, en una
hizo tanto frío que casi sucumbo a una hipotermia. El equipo de
apoyo que me seguía era muy bueno. Al iniciar la carrera pesaba
57 kilos y al acabar 39, debido a todos los fluidos perdidos. Supe
que iba a lograrlo. Nunca lo dudé. La voz siempre está conmigo.

He querido incluir la experiencia de Sally porque creo que subraya el impacto que la ECM puede ejercer en la vida per-

sonal y hasta qué punto puede motivar a la gente para realizar hazañas increíbles.

Como hemos señalado en este capítulo, la ECM es mucho
más que una mera alucinación y hay muchos efectos secundarios que pueden influir en gran medida en la vida de una
persona, tanto de forma positiva como negativa.

Las ECM pueden ocurrir a cualquier edad y en cualquier
cultura, como veremos en los siguientes capítulos.

3. ECM EN LA INFANCIA

Las ECM acontecidas en la infancia son especialmente interesantes porque a esa edad no esperamos que los niños
–mientras están inconscientes– sean capaces de construir una
elaborada secuencia de acontecimientos que parece más allá
de su comprensión. Los niños que experimentan una ECM
reciben una menor influencia cultural y social que los adultos.[71] Muchos relatos de la literatura de las ECM infantiles
volvieron a contarse cuando la persona era adulta. La investigación de este aspecto ha demostrado que las ECM recorda-
das retrospectivamente no fueron embellecidas por el tiempo
y que el recuerdo permaneció vívido.[72]

El doctor Melvin Morse realizó un estudio de 121 niños
que habían sido pacientes en unidades de cuidados intensivos y habían estado sometidos al miedo y el trauma psicológico asociado a esa experiencia. Descubrió que 118 de ellos
no tenía recuerdos de su estancia en el hospital, y tres recordaron sueños vívidos, aunque ninguno se parecía a una
ECM. También entrevistó a 37 niños tratados con medicación susceptible de alterar los procesos mentales y en ninguno de ellos encontró nada similar a una ECM. Sin embargo,
al entrevistar a 12 niños supervivientes a un paro cardíaco
descubrió que prácticamente en todos los casos había al menos un componente típico de la ECM.[73]

Se ha sugerido que este fenómeno se debe al condiciona-
miento y las expectativas culturales. Sin embargo, muchos
sujetos han subrayado hasta qué punto su experiencia fue

diferente a su entorno cultural y religioso.[74] Después de la ECM algunos niños accedieron a una renovada comprensión espiritual que contradice la perspectiva religiosa en la que crecieron.[75] De hecho, muchos de estos niños han sido considerados peligrosos por sus líderes religiosos, porque, con toda inocencia, formularon preguntas que los sacerdotes fueron incapaces de responder.[76] Katie, una de las niñas incluidas en el estudio de Morse, creció en una comunidad mormona. Su abuelo murió años antes de su ECM y le dijeron que la muerte era como enviar a alguien a pasear en barca. Sin embargo, Katie no transmitió esta imaginería durante su ECM.[77] De un modo similar, John Lerma[78] informó del caso de una joven musulmana que vio a Jesús y no a Alá.

Las ECM infantiles son similares en contenido a las de los adultos y los elementos experimentados por los adultos también aparecen en los casos infantiles,[79] con la excepción de que en las experiencias de los niños aparecen más colores intensos y en algunos casos familiares vivos y no fallecidos.

Un ejemplo que recibí por correo electrónico:

Creí que yo era una de las pocas personas que habían tenido esta experiencia. Tenía 6 años cuando me pasó y ahora tengo 70. Vivía en Londres. Caí en una poza de agua fría y eso me provocó una meningitis espinal. Me llevaron al hospital por la noche. Por entonces estaba en coma, pero mi sensibilidad seguía viva. Me colocaron en un baño de hielo para intentar que la infección no llegara a mi corazón. Esto me provocó un paro cardíaco.

Entonces floté por encima de mi cuerpo y me observé desde lo alto. A continuación me introduje en un túnel y vi unas luces de color intenso. Cuando era joven, no existían las luces psicodélicas o estroboscópicas, por lo que me llevó años explicar a mi madre cómo eran los colores. Sigo sin haberlos visto. Llegué cerca del túnel, donde brillaban estos colores brillantes, y enton-

ces oí que mi madre me pedía que regresara. Así pues, de mala gana, di media vuelta y deshice el camino. Lo siguiente que recuerdo es que me encontraba en una cama blanca, en una habitación iluminada.

La estructura de la ECM es idéntica a la de los adultos, pero la interpretación y las descripciones deben menos a las expectativas culturales y sociales.[80] Los niños experimentan poderosos sentimientos y conocimientos, perciben una presencia y una oscuridad protectora, omnisciente y bondadosa que deja en ellos una impresión duradera.[81] También hablan de amigos y familiares fallecidos, animales desaparecidos, figuras religiosas, Dios –bajo apariencia masculina– y a veces relatan breves apariciones de personas que aún viven. En muchos casos al niño se le ofrece la opción de volver a la vida; a menudo obedece para no inquietar a su familia, como ocurre en el caso que presentamos a continuación.

Pasé mi décimo cumpleaños en el hospital; creo que tuve hepatitis. Estuve enferma durante unos meses hasta que me ingresaron por mi elevada temperatura corporal y la tonalidad amarillenta de mi piel. Tengo el vago recuerdo de ir en una ambulancia con las sirenas aullando. Mi siguiente recuerdo es una especie de sueño.

Observaba mi salón desde el techo. Había un pequeño ataúd en una camilla; en la habitación no había otros muebles. Las cortinas estaban echadas y mi madre lloraba, vestida de luto, con un velo negro, y no paraba de fumar. Recuerdo claramente que pensé que no debería fumar, que era malo para ella. A mi espalda había una luz y una voz me dijo que esto iba a suceder y que regresar era decisión mía. Decidí volver. Desperté y a mi lado había una enfermera, que se alegró mucho al verme consciente, aunque seguía estando muy enferma. La sensación fue de una paz absoluta, algo que no he vuelto a sentir desde entonces, a pesar de estar felizmen-

te casada y tener dos hijos. No temo a la muerte; mi único temor
es morir demasiado pronto y dejar solos a mi marido y a mis hijos.
   Esto tuvo lugar en 1967 y, hasta donde sé, en aquella época
yo no sabía que se enterraba a los niños en ataúdes blancos o que
la familia de mi madre seguía la tradición de correr las cortinas
cuando moría uno de sus miembros. También descubrí que el mé-
dico dijo a su equipo que si mi temperatura no bajaba en unas ho-
ras llamaran a mis padres, porque no sobreviviría a esa noche.

Las primeras investigaciones sobe las ECM infantiles
mostraron que el repaso a los acontecimientos capitales de
la vida no se daba en estos casos.[82] Sin embargo, investigaciones posteriores[83] han revelado casos de revisión de la vida
en las ECM infantiles. Se ha sugerido que cuanto mayor es
el niño en el momento de la experiencia, mayor es el número
de aspectos vitales que se le expondrán durante la ECM.[84] A
continuación presentamos el caso de Natasha, de 33 años, de
Cardiff, que incluye el repaso y el propósito vital:

Tuve tos ferina a los 8 o 9 años. El médico me visitaba en casa
porque era demasiado contagiosa como para llevarme al hospital.
Una noche mi estado revistió una especial gravedad; aún tosía y
me sentía muy débil cuando el médico se presentó en casa y al pa-
recer dijo a mis padres que no esperaba que yo sobreviviera a esa
noche y que no podía hacer nada más.
   Mis padres me pusieron en su cama (mi cama empotrada era
demasiado alta) y ellos durmieron en la habitación libre. «Me des-
perté» por la noche porque una luz brillante se filtraba en la ha-
bitación por el quicio de la puerta y pude oír una voz que pronun-
ciaba mi nombre. Soy profundamente sorda y no oigo nada sin mi
audífono. Me incorporé para ver qué era la luz y al girar me en-
contré a mí misma en la cama, dormida. Pero la voz seguía lla-
mándome y la luz era muy brillante, por lo que abrí la puerta y me

dejé inundar por esa luz pura: me sumergí en ella y caminé hacia la voz. Caminé hacia la luz; no había nada más.

Entonces me encontré en otra habitación y observé cómo mi vida desfilaba ante mis ojos y advertí una presencia a mi espalda: la presencia puso una mano en mi hombro y me dijo que no me girara porque la luz me cegaría. Me dijo que tenía que volver porque yo era importante y tenía una tarea que hacer. La luz se tornó más brillante, yo regresé, volví a verme dormida y me metí en la cama.

No recuerdo mi despertar o mi recuperación, etc., pero al parecer por la mañana me encontraba mejor. Aún me sentía muy débil y la tos residual permanecía, pero me había recuperado durante la noche. He tardado muchos años en contárselo a alguien. Creí que pensarían que estaba loca o que mentía. Perdí mi fe infantil a los 7 años, por lo que no era religiosa, pero no sabía si Dios era real o no. Sigo sin creer en Dios, pero creo que si alguien pide una prueba de su existencia, mi experiencia es lo más cercano que probablemente pueda recibir.

Todo esto cambió mi vida porque me aportó fuerza interior y la creencia en que estoy aquí por una razón. Supe que era importante o especial. Tuve una infancia y especialmente una adolescencia muy difíciles, y ello, unido al hecho de haber nacido sorda, hizo que las dificultades que tuve que superar fueran enormes. Aún no sé cuál es mi propósito en la vida, pero puedo asegurar que vivo mi vida con toda la plenitud posible y que ofrezco todo aquello de lo que soy capaz.

La diferencia más notable entre las ECM adultas y las infantiles es la reacción de los niños a este fenómeno.[85] Los niños no tienen razones para cuestionar su experiencia; para ellos no es algo extraordinario. Su grado de aceptación es mayor, y muchos no hablan de su ECM porque creen que es algo que le pasa a todo el mundo. Tras un retiro realizado por 25 sujetos que habían vivido una ECM, se llegó a la conclusión de que las *necesidades* de la ECM infantil, adolescente y adulta son muy diferentes, pero los autores no profundizaron en las razones de esta diferencia.[86]

Incluso si la ECM había tenido lugar a una edad temprana, pre-lingüística, era recordada con gran detalle, aunque la narración fuera infantil.[87] Algunos casos de la literatura sobre este tema subrayan este aspecto: un bebé que experimentó una ECM a los seis meses[88] de edad manifestó ansiedad cuando reptaba por un túnel con sus hermanos. Cuando tres años después de la ECM se le explicó que su abuela estaba muriendo, preguntó si tendría que recorrer el túnel para encontrarse con Dios.

Es muy común tener más de una ECM si la primera ha ocurrido en la infancia.[89] Sin embargo, en las ECM múltiples hay notables diferencias: cada una es única.[90] En muchos casos, la última ilumina el sentido de la primera.[91] Diferentes investigadores han descubierto diversas asociaciones entre la ECM y el modo en que el paciente estuvo cerca de la muerte. Todos los pacientes de Melvin Morse estaban en unidades de cuidados intensivos y sufrieron un paro cardíaco. A continuación presentamos un caso remitido por un hombre que sufrió un infarto siendo niño; durante este episodio se manifestó su ECM:

> *Tengo un par de cosas que contar que pueden ser de interés. Tenía 11 años y me corrigieron el estrabismo en el hospital. La operación iba bien, pero sin una razón lógica sufrí un paro cardíaco. Me sentí flotar en una esquina del quirófano, observando cómo el personal intentaba reanimarme. Un cuenco de metal cayó el suelo y el cirujano lo apartó de un puntapié. Rebotó en el suelo y golpeó a una enfermera en el tobillo. El anestesista probó con shocks eléctricos e inyecciones y por último dijo: «¡Lo tenemos!». En ese instante perdí el conocimiento y me desperté en la habitación de*

hospital. Tenía pinchazos en todo el brazo y el pecho me dolía. Al día siguiente los cirujanos hicieron la ronda y el especialista dijo: «Ayer nos diste un buen susto. ¿Cómo te sientes ahora?». Respondí que me dolían los ojos y el pecho. Dijo que era normal y que el dolor remitiría al cabo de un par de días. ¿Tenía algo que preguntarle? Le pregunté si el cuenco de metal que había golpeado le había hecho mucho daño a la enfermera. Él quiso saber cómo era posible que supiera lo del cuenco, y repliqué que lo había visto desde la esquina superior de la habitación. Se giró en dirección al resto del personal y dijo: «Interesante», antes de marcharse. El personal no mencionó el incidente y cuando yo lo traje a colación, dijeron que estaba soñando; la anestesia a veces es muy divertida.

El segundo incidente tuvo que ver con mi hijo de 4 años. En aquella época yo estaba en el ejército, con base en el hospital militar de Berlín. Durante varios días mi hijo tuvo vómitos intensos, y un enema de bario sugirió que sufría alguna forma de bloqueo intestinal. Lo llevaron inmediatamente al quirófano. Como era un hospital muy pequeño, el quirófano también era el laboratorio de patología. Seguí con mi trabajo y en un determinado momento el sistema de alarma me anunció que se había producido un paro cardíaco. Como era habitual, tomé dos ampollas de O negativo del banco de sangre y corrí hacia el quirófano. En la puerta uno de los especialistas tomó la sangre y cerró la puerta en mis narices. De pronto advertí que mi hijo seguía en el quirófano y me senté a esperar en la puerta. Unos 40 minutos después el cirujano salió y al verme dijo: «Hemos estado a punto de perderlo, pero ahora está bien. Puedes verlo arriba, en planta». Mi hijo se recuperó completamente.

Unos meses más tarde enviaron un sustituto a Berlín, por lo que pude tomarme unos días libres. Pregunté a los chicos dónde querían ir y mi hijo dijo que quería volver a aquel parque. Al tratar de averiguar de qué parque se trataba, ya que nunca antes lo habíamos llevado a ninguno en Berlín, él dijo: «El que está al otro

lado del túnel». Le preguntamos por el túnel. «El túnel que atrave-
sé cuando estaba en el hospital. Al otro lado había un parque con
muchos niños y columpios, y estaba rodeado por una valla blan-
ca. Intenté saltar la valla, pero un hombre me detuvo y me dijo que
aún no podía entrar y me envío de vuelta por el túnel; así es como
volví al hospital.»

He vuelto a hablar con mi hijo de este tema, pero ya no recuer-
da nada. En aquella época tenía cuatro años y no creo que inven-
tara esa historia.

Un investigador ha descubierto que el ahogamiento es la
principal causa de ECM, seguido de asfixia, cirugía, tonsilec-
tomías y abuso de menores.[92] Curiosamente, he recibido muchos informes de ECM infantiles que, a semejanza de las ton-
silectomías, ocurrieron mientras el sujeto recibía anestesia en
el dentista. Otra investigación muestra que la causa más común de ECM infantil se asocia a enfermedades como la neumonía, el asma y la cardiomiopatía, seguida del ahogamiento, y a continuación de abuso o violencia contra menores.[93] A
continuación presentamos algunos ejemplos de ECM infantil
ocurridos en tales circunstancias.

En respuesta a un artículo que publiqué en la prensa en
2006, Steve Rushton respondió:

Era una tarde de domingo de octubre de 1967; yo tenía 9 años y
había ido a pescar, junto a unos amigos, al canal local. Me incliné
sobre el agua para atrapar un gran caracol con mi red de pescar
y de pronto caí al canal, que tendría unos tres metros y medio de
profundidad. Entonces no sabía nadar, aunque aprendí poco des-
pués. Agité los brazos instintivamente, pero eso no hizo más que
alejarme del muro.

La primera vez que me sumergí logré salir a flote, pero enton-
ces el pánico se apoderó de mí. La segunda vez que me hundí to-

davía pude alcanzar la superficie, pero las fuerzas me abandonaban, estaba muy débil y empezaba a tragar grandes cantidades de agua sucia. La tercera vez fue definitiva; todo estaba oscuro y supe que me estaba ahogando. Pasados unos instantes, el pánico inicial se desvaneció y una extraña calma se apoderó de mí. Me sentía en paz. Fue entonces cuando sentí que me arrastraban al túnel blanco. Dentro había una luz brillante. A medida que avanzaba por el interior del túnel, me acercaba a lo que parecían dos puertas de madera de iglesia, abovedadas y de color marrón oscuro. A la izquierda de la puerta vi una figura vestida con una capucha marrón, semejante al hábito de un monje. Entones oí las palabras inmortales: «Vuelve, no ha llegado tu hora». Era una voz de mujer, pero no pude ver su rostro. Era una voz muy reconfortante. En mi siguiente recuerdo me encontré de regreso en el canal, tras haber recibido el beso de la vida en cuatro ocasiones. El hombre que salvó mi vida estaba trabajando en una fábrica cercana, en su primer turno de domingo en ocho semanas. ¿Cómo pude tener tanta suerte?

Más tarde me dijeron que estuve seis minutos bajo el agua. Aquel hombre me dijo que al sacarme del agua pensó que yo había muerto, porque estaba totalmente inerte y mi piel había adquirido una tonalidad grisácea. Me llevaron al hospital, donde me extrajeron el agua sucia y algunos renacuajos del estómago. Estuve ingresado una semana. No percibí otros efectos, pero pienso que debe haber una razón para que la mujer del hábito marrón me hiciera volver. Sinceramente, creo que estuve muerto unos minutos y luego resucité. Recordaré la experiencia hasta que la palme. ¿Quizá entonces podré ver el rostro de aquella mujer? ¿El punto de no retorno? Entonces no sabía nada sobre las ECM. Ahora he leído mucho sobre el tema, lo que confirma lo que vi ese día. Aún se me eriza el vello al recordar aquellos acontecimientos. Definitivamente, no creo en las explicaciones cínicas de los así llamados científicos. He estado allí. A menudo me pregunto por *qué se me dio una segunda oportunidad. Por favor, créame, realmente hay otro lugar ahí afuera.*

Una mujer me envío un correo electrónico en respuesta a un artículo mío que leyó en un periódico:

Leo con gran interés su artículo sobre las experiencias cercanas a la muerte.

Todo el mundo desprecia mi historia porque ocurrió cuando tenía 6 años, en 1948. La experiencia me resulta tan nítida hoy como entonces. Había enfermado de neumonía y al parecer hay una fase de crisis en la que sobrevives o mueres. Recuerdo estar en cama con mi mamá al lado; de pronto miré a la ventana y vi algo que solo puedo describir como una especie de muñeca Sindy que me hacía señas. La seguí y las dos entramos en un hermoso túnel en cuyo final se abría un espacio bañado en luz brillante.

De pronto oí que mi madre me pedía que volviera: regresé y obviamente me recuperé. Esta experiencia me ha aportado cierto consuelo cuando hace poco mi madre murió repentinamente; espero que haya experimentado aquellos sentimientos. Si morir es eso, ciertamente no me inspira temor alguno. Espero que esto pueda interesarle.

Otro ejemplo:

Tengo 66 años y viví una ECM a los 14. Empezó con lo que parecía un resfriado y se transformó en neumonía, momento en el que caí inconsciente. Al llegar al hospital estaba «al límite», como solía decirse. Distinguí una luz brillante mientras subía por una escalera. Subía y subía y me parecía extenuante. Al llegar arriba encontré una serie de puertas. Vi a un hombre y supe que era san Pedro. Me dijo: «No ha llegado tu hora; regresa».

A partir de ese momento mejoré ligeramente, pero tardé mucho en recuperar la conciencia y despertar. Pasé cinco meses en el hospital antes de una convalecencia de varios meses. La gente siempre dice que se trata de un sueño, pero para mí fue muy real. La luz brillante siguió emitiendo destellos en mi camino de regreso. Siempre he tenido creencias religiosas y en la infancia iba a la escuela del domingo (Iglesia metodista). Cambié mi religión después de casarme porque mi marido era feligrés.

El siguiente relato me fue remitido en respuesta a otro de mis artículos:

En 1957, con 10 años, tuve una reacción a la penicilina; los médicos y especialistas les dijeron a mis padres que no sobreviviría muchas horas y ciertamente no a la noche en que se había producido el ingreso hospitalario; les pidieron que se marcharan a casa e intentaran descansar. Lo recuerdo todo vívidamente: cómo mi padre me cogió en brazos para llevarme a la ambulancia. Me desmayé ante el dolor que sentí cuando las ampollas en mi espalda reventaron y mi conciencia fue intermitente mientras me llevaban en camilla a la sala y me metían en una cama; entonces perdí el conocimiento durante un tiempo. Poco después del ingreso en el hospital, inmerso en la seminiebla del coma/inconsciencia, recuerdo a los médicos y enfermeras moviéndose en mi habitación e intentando introducirme algo en la boca (más tarde supe que se trataba de un fino tubo cuya función era ayudarme a respirar, porque mi garganta y vías respiratorias se habían hinchado y tenían ampollas). Recuerdo con toda claridad lo que pasó después; más tarde se lo describí minuciosamente a mi madre para intentar comprender qué había pasado.

Mientras médicos y enfermeras se afanaban a mi alrededor, todo se oscureció y de pronto me encontré al pie de una larga escalera. La escalera tenía entre 3 y 3,5 metros de ancha, era muy empinada y parecía subir para siempre; o al menos eso me parecía desde mi perspectiva infantil. Los escalones estaban iluminados o eran de color blanco, y a ambos lados había personas que me observaban y me sonreían. Eran de todas las edades, viejos y jóvenes, y vestidos con todo tipo de ropa. Yo era un niño y no sabía quiénes eran. Alzaron sus manos en silencio y me indicaron que subiera las escaleras; yo obedecí. Las escaleras eran difíciles de subir porque los escalones eran demasiado altos para un niño.

Todo el lugar estaba iluminado por una luz brillante que se intensificaba a medida que ascendías las escaleras. En la cima, la luz era tan brillante que prácticamente te cegaba. Subí un buen tramo y la gente seguía animándome para que prosiguiera. Recorrí unos dos tercios de la escalera y pude discernir la figura alta y delgada de un hombre al final. Vestía un hábito o túnica blanca y me tendía los brazos mientras sonreía. La brillante luz que lo cubría todo hacía casi imposible ver los contornos. Yo quería seguir subiendo, pero estaba muy cansado y me senté antes de continuar. Entonces, de pronto, todo se desvaneció y me encontré «congelado» en el coma, incapaz de comunicarme o moverme. No tengo ni idea de cuánto duró esta experiencia, pero mi madre dijo que los médicos no pensaban que pudiera sobrevivir más de una hora y les sorprendió mi resistencia. Pensaban que moriría esa noche o en la madrugada, y volvió a sorprenderles que mi estado se estabilizara, aunque seguí en coma.

Recibí esta carta en respuesta a uno de mis artículos:

Me interesa mucho su artículo porque creo que tuve una ECM a los 5 años de edad..., ¡hace 51 años! La historia me la contó mi mamá, que obviamente se quedó perpleja al escuchar lo que tenía que decir una niña tan pequeña. Al parecer yo estaba muy enferma debido a complicaciones de la escarlatina. En aquel momento estaba inconsciente. Al recuperar el conocimiento le conté a mi

*madre que había visto a una hermosa mujer vestida con una larga
túnica blanca flotando frente a una luz brillante. Me señaló con el
dedo y estuve a punto de irme con ella, como me pedía, pero entonces mi abuelo (que murió mientras yo estaba enferma, cosa que
supe después) me ordenó que volviera. No le vi, estaba más allá
de la luz; tan solo oí su voz. Su tono era severo (y era extraño que
me hablara así), así que obedecí. Evidentemente, mi mamá se alte-
ró mucho con esta historia, porque acababa de perder a su padre
y yo estaba muy enferma.*

El siguiente caso lo protagonizó una enfermera de Filipinas. Aunque me contó su ECM hace aproximadamente
diez años, hace poco que me proporcionó todos los detalles,
incluidos los efectos secundarios. La ECM ocurrió cuando
tenía 9 años y su bicicleta se estrelló contra un coche.

*El coche iba detrás de mí y golpeó la parte posterior de la bici-
cleta; me estrellé contra la luna delantera, que se rompió cuando mi cabeza golpeó contra ella. Todo lo que vi fueron… No vi es-
trellas, sino luces pequeñas. Pude ver a personas aquí y allí, pero
no sé si eran reales o no. Oí cómo hablaban, pero no pude recordar quién lo hacía; tan solo distinguí que me llamaban. Cuando
la gente me llamó, me sentí liberada del dolor y pensé que flotaba. Era como sentirse libre, en libertad. No se me ocurrió qué era
lo que iba a pasar. Era… algo nuevo. Pensé que tal vez me estaba
muriendo. Entonces «me desperté» y solo vi luz. Una luz brillante en la distancia. Intenté acercarme, pero la luz parecía alejarse.
Para llegar a la luz había que subir por una larga, larga escalera. Era muy larga y yo estaba cansada, pero quería llegar a la luz.
En la luz había sombras, y yo quería acercarme a ellas. Todo estaba oscuro, era como estar en el fondo de un pozo, en el fondo de
la cueva más oscura, y por eso yo quería alcanzar la luz… Quería
estar en la luz. Me asustaba no poder llegar hasta ella. Corrí in-*

tentando aproximarme, pensando que no quería estar sola. Estaba
tan asustada que solo quería reunirme con la luz. (Escribo esto
con el vello erizado; se me pone la carne de gallina de solo pen-
sarlo.) Intenté subir las escaleras; los escalones eran pequeños,
pero innumerables. Estaba cansada, pero perseveré para llegar
hasta la luz. Cuando estaba a punto de llegar a ella, alguien pro-
nunció mi nombre. Pensé que la voz estaba en la luz y me dispu-
se a llegar hasta ella.

Mi padre me dijo que yo había muerto, porque en urgencias se
dispararon todas las alarmas. Había dejado de respirar y tuve un
paro cardíaco.

Desperté en el hospital y todo lo que recuerdo es que tenía sed,
pero tenía algo en la boca. Vi a mi padre y a otras personas junto
a mí. Había sangre, porque me habían practicado una sutura en el
cráneo; de mi pecho pendían cosas pegajosas. No podía moverme.
Solo pude ver a mi padre; el resto de personas eran irreconocibles.
Mi padre empezó a llorar porque creyó que yo no volvería a respi-
rar. Permanecí dos días en el hospital para realizar el seguimien-
to de la herida en mi cabeza.

El siguiente fragmento no apareció en anteriores ocasiones. Al principio, esta mujer era reacia a comentar este aspecto porque ella misma no podía comprenderlo o explicarlo y le
preocupaba que los demás la tomaran por loca.

Volví a casa y empecé a soñar con una anciana que pasea por la
calle con una enorme bolsa de red que por alguna razón siempre
me inspira una gran curiosidad. Quiero saber lo que lleva en la
bolsa. Tiene el pelo blanco recogido en un moño y viste un vestido
blanco. Me da la impresión de observarla a través de una cortina.
Me da miedo y por eso le echo un vistazo, pero ella me mira y da
la impresión de que me ve. Sigue caminando y desaparece, se ha
marchado. Cada vez que tengo este sueño, al día siguiente muere

alguien que conozco. Ha sucedido desde el accidente y continúa pasando a día de hoy.

Por ejemplo, poco después del accidente murieron muchos miembros de una misma familia y yo soñé con la mujer antes de la defunción de cada uno de ellos. Se lo dije a mi madre porque eran amigos de nuestra familia. Fue aún peor, porque al visitar a los familiares de los fallecidos pude ver a «otras personas» en la habitación (nadie más podía verlos), pero no sé si estaban vivos o muertos. Estaban ahí, junto a los demás, observándome. Me miraban y me sonreían y nada más. Como si fueran espíritus o centinelas: se limitan a observar. Sabían que yo los veía. Creo que podrían ser ángeles. Yo era joven y no sabía qué estaba pasando; me aterraba. Aún veo a esos observadores, pero tiendo a bloquearlos; basta con mencionarlos y me duele la cabeza. Cuando los bloqueo, me duele la cabeza. Por eso vine a Gales, para alejarme de todo aquello, y es aquí donde te he conocido.

Sé si un paciente va a morir o no. Me siento pesada al entrar a una habitación. Percibo su sufrimiento, y cuando sufren mucho, les digo a los médicos que al parecer el paciente ya ha tenido bastante y que tal vez ha llegado el momento de hablar con la familia.

Mi sensibilidad eléctrica ha aumentado. En el trabajo, el monitor para medir la presión arterial empieza a funcionar sin ninguna razón, aunque no esté conectado a un paciente. El respirador se enciende en una cama vacía. Tengo mucha estática y las bombillas estallan a mi alrededor; las enciendo y explotan. La bomba intravenosa funciona perfectamente todo el día y en mi presencia se activa su alarma. Las radios se encienden a mi paso y los ordenadores se conectan y desconectan a mi alrededor. Hace poco hubo un fallecimiento durante mi turno y todas las bombillas y el sistema eléctrico dejaron de funcionar; se activó el generador de emergencia. Cuando llegaron los técnicos, el sistema volvió a funcionar y no pudieron descubrir qué había fallado. Murió mi paciente y yo sabía que eso iba a suceder.

> *La ECM sucedió hace 31 años, pero sigue viva en mi mente, aunque intento apartarla. No quiero recordarla mientras estoy en Gales. He intentado olvidarla. Vine a Gales para olvidar la experiencia y sus efectos secundarios. ¡Pero ahora te he conocido, conozco tu investigación y todo vuelve a mí, como si no hubiera escapatoria!*

También he recibido informes de ECM acontecidas durante circunstancias inesperadas, traumáticas o accidentales. Christine Stewart me envió un correo electrónico tras leer uno de mis artículos aparecidos en Internet hace unos años:

> *Tenía 11 años cuando sucedió. Ahora soy una abuela de 52 y la experiencia nunca me ha abandonado. Es lo más profundo que me ha pasado nunca y, lo más importante, aún me sigue afectando. No temo a la muerte y no me aflijo por los muertos o moribundos porque sé que han partido a otra dimensión.*
>
> *En pocas palabras, yo era como la mayoría de los niños de 11 años; ese día vagabundeaba de regreso a casa después de la escuela. Crucé la calle sin mirar y me interpuse en el camino de un coche, que me golpeó en la espalda. Fui lanzada a la carretera y recuerdo que pensé que el aterrizaje me iba a doler. Oí un «ruido» fuerte y vi un destello; en ese momento salí de mi cuerpo a gran velocidad. No sentí dolor mientras subía más y más alto; oscureció y yo seguía viajando a gran velocidad. Me invadió la abrumadora sensación de ser amada, como si todo el universo me amara. Me detuve ante lo que parecía una especie de barrera, similar a un seto. En el seto crecían enormes flores, más grandes que mi cabeza. Más allá del seto, una serie de personas me observaban; todas parecían muy interesadas en mí. Luego apareció la mujer. La llamo «la resplandeciente». Era tan hermosa. Inmediatamente supe que tenía cientos de años de edad, pero su rostro aparentaba el de alguien en la treintena. Estaba feliz de estar ahí, la sensación de*

paz y amor era hermosa. «Debes regresar», dijo la mujer, aunque no vi moverse sus labios. Iba a oponerme y en ese instante me encontré atravesada por un intenso dolor de espalda, a un lado de la carretera, rodeada por una enorme multitud y los camilleros de la ambulancia. Pronto aprendí a guardarme esta experiencia para mí misma, pues la gente me miraba con extrañeza si hablaba de ella. Sin embargo, nunca la olvidaré y a medida que me he me he hecho mayor me he dado cuenta de que otras muchas personas han vivido experiencias similares. Me ha ayudado a superar algunos de los episodios más oscuros de mi vida. ¡La muerte no es el final!

LOS EFECTOS SECUNDARIOS
DE LAS ECM INFANTILES

Vincularse a un amor incondicional trascendental y luego volver a la vida resulta confuso para buena parte de los niños que han experimentado una ECM.[94] Muchos pequeños aseguran querer regresar al lugar al que llegaron y que incluso estarían dispuestos a suicidarse para conseguirlo. En este caso, el suicidio no es una forma de hacerse daño, sino un medio para regresar a ese maravilloso lugar inundado de amor. En consecuencia, Atwater descubrió que la mitad de los niños de su estudio padecían graves episodios de depresión y que el 21 % había intentado suicidarse, mientras que el porcentaje en las ECM en adultos era de menos del 4 %.[95] También descubrió que una tercera parte abusaba del alcohol, lo que contradice los hallazgos del doctor Melvin Morse.[96] En su muestra de 30 niños, ninguno había recurrido al alcohol o las drogas. Sin embargo, esto puede explicarse por el hecho de que Morse investigó a todos sus sujetos a partir de su ECM. El hecho de que reconocieran este fenómeno y lo aceptaran poco después de que sucediera pudo facilitar que lo comprendieran e integraran en sus vidas. Asimilar la ECM experimentada durante la infancia es una asunto delicado y que hay que abordar con seriedad; sin embargo, es menos probable que los niños que han vivido este fenómeno reciban asistencia profesional.[97]

Algunos de ellos caen en la timidez y dejan de hablar de su ECM,[98] y a otros se los considera problemáticos o introvertidos.[99] Algunos empiezan a meditar después de este fenómeno.[100] Se da en ellos una reforzada propensión al conocimiento y el aprendizaje: a menudo estos niños presentan un brillante resultado escolar y desarrollan habilidades creativas. Es frecuente que superen a sus compañeros y manifiesten un elevado coeficiente intelectual. Muchos de estos niños son aficionados a los ordenadores y se convierten en inventores y físicos, o destacan en las artes y las humanidades.[101] Es probable que quienes experimentan una ECM desempeñen trabajos relacionados con la atención y la curación de los demás.

Según la investigación de Atwater, los sujetos que experimentaron una ECM en la infancia tienen más probabilidades de mantener relaciones afectivas duraderas en la vida adulta, en contraste con la elevada tasa de divorcios en las ECM en adultos. La sensibilidad eléctrica es mayor en los adultos que en los niños. Las relaciones entre padres y hermanos pueden deteriorarse a consecuencia de la ECM. Por ejemplo, después de vivir esta experiencia en la infancia, Nadia preguntó a su abuela por la hermosa mujer que había visto en su ECM. Su abuela le pidió que no hiciera esas preguntas y desde entonces creyó que la joven estaba poseída.

Algunas investigaciones han demostrado que en la vida adulta de los sujetos que experimentaron una ECM en su infancia el dinero y la posición social no son factores importantes; la estabilidad, en cambio, sí parece ser significativa:

el 80 % dijo estar satisfecho con su trabajo y el 68 % poseía su propia casa.[102]

Un elevado porcentaje de personas que vivieron su ECM en la infancia aseguran que su excelente salud es atribuible a una actitud espiritual ante la vida y a terapias complementarias. Curiosamente, la tolerancia a los productos farmacéuticos disminuyó con la edad. Otros aspectos relacionados con la salud parecen ser una baja presión sanguínea y la sensibilidad a la luz y el sonido.[103]

Martine Alexis, de Swansea, tuvo una ECM en la infancia:

> *Te ruego disculpes la extensión de este escrito, pero es la única forma que tengo de explicarme. ¡Escribirlo ha resultado muy terapéutico, por lo que te agradezco esta oportunidad!*
>
> *En 1967, cuando tenía 4 años, me ingresaron en el hospital con una grave enfermedad vírica que afectaba a mi cerebro. Básicamente había perdido la movilidad de mis extremidades y la capacidad de hablar. Mis padres se prepararon para «lo peor». Mi ECM solo cobró pleno sentido retrospectivamente, a una edad muy posterior, pero fue tan real que recuerdo cada detalle, incluso ahora que tengo 49 años. Esta es la descripción de mi experiencia exactamente como sucedió:*
>
> *Durante la noche, después de que se marcharan todas las visitas, el silencio inundaba el pabellón, habitado por unos pocos niños y el personal hospitalario. Yo estaba en la cama, incapaz de hablar o moverme. No me sentía bien, estaba asustada y tal vez podría describir mi situación como «inestable». En mi siguiente recuerdo me encontraba de pie y me alejaba corriendo del pabellón, para internarme después en un pasillo ascendente. Junto a mí había otra niña, que me daba la mano y corría a mi lado. Recuerdo que me sentía excitada y feliz. ¡Aún puedo ver y sentir el suelo de linóleo verde del pasillo!*

Seguimos corriendo y recuerdo vívidamente cómo nos despedíamos de los otros niños, que estaban en habitaciones laterales, en el propio pasillo. Muchos lloraban y parecían tristes y abatidos por estar allí. ¡Yo estaba muy contenta de marcharme! Llegamos al final del pasillo en pendiente; la otra niña aún me daba la mano. Al final había una puerta a través de cuyas jambas se filtraba luz. ¡Quería cruzar aquella puerta! Ardía en deseos de seguir adelante, pero en ese momento empecé a pensar en mi madre y a echarla de menos (ella vivía entonces y vive ahora, y nuestra relación es estrecha). Me inundó un pánico aterrador e insuperable. Supongo que podría describir mis emociones utilizando una analogía: era como si ansiara ir a una fiesta a la que había sido invitada y que me hacía mucha ilusión, pero no fuera capaz de ir si mi madre no sabía dónde estaba. Recuerdo cómo solté la mano de la otra niña y me disculpé. Nunca vi su rostro, pero sé que era una chica y que la quería mucho. Al fondo, una voz «de mayor» le decía algo así como: «Está bien, deja que se vaya, puede irse». Mi siguiente experiencia física consistió en despertar en la cama y que me engatusaran para tomar una «medicina» muy amarga.

Quiero añadir que la experiencia no me asustó en ningún sentido, ni antes ni ahora. De hecho, me resultó muy «reconfortante». Desde entonces la «muerte» no me ha inspirado ningún temor. Sin embargo, la experiencia me ha legado cierta tendencia a «implicarme» menos en la vida, como si tan solo estuviera «dejando pasar el tiempo». No es algo triste, pero me siento desapegada, feliz por ser solitaria y resistirme a los intentos por mantenerme en situaciones «permanentes» que puedan «anclarme» a la tierra, emocional y prácticamente (como la maternidad o relaciones a largo plazo).

Después de la experiencia desarrollé la capacidad para ver, oír y sentir cosas más allá del mundo físico. En otras palabras: poderes psíquicos. Sé que muchas personas son escépticas respecto a estas habilidades (cosa que me resulta molesta e insultante).

Sin embargo, el tiempo ha demostrado que yo tenía razón más veces de las que puedo contar. De hecho, llevo más de diez años trabajando como vidente profesional. Esto supone un inmenso alivio y me colma de gran alegría utilizar estas habilidades después de un itinerario profesional variado que incluye puestos en la universidad y en la enseñanza secundaria, ninguno de los cuales me hizo feliz. He encontrado un lugar de paz –o lo más cercano a la paz que puedo imaginar– hasta que realmente pueda «volver a casa» y alcanzar el final del pasillo por el que corrí hace cuarenta años.

Es evidente que las ECM ocurre a todas las edades, pero las que tienen lugar en la infancia son aceptadas con mayor facilidad. Al leer estos casos me sorprende hasta qué punto las ECM infantiles son consistentes con la información recabada a partir de las ECM adultas. Ninguno de estos relatos parece haber sido exagerado y todos han sido aceptados como acontecimientos normales por parte de quienes los experimentaron.

4. LAS VARIACIONES CULTURALES DE LAS ECM

Las ECM y similares estados alterados de conciencia tienen lugar en todas las culturas. Una investigación realizada en 1980-1981 por George Gallup y William Proctor estimó que unos ocho millones de estadounidenses han experimentado una ECM.[104] Desde entonces, con los avances en la tecnología médica, es probable que esa cifra haya aumentado considerablemente porque cada vez hay más personas que sobreviven a enfermedades críticas. Una investigación publicada en 2005[105] estimó que el 8 % de la población australiana había experimentado una ECM. Las ECM australianas concuerdan con las occidentales. Un estudio realizado en 2001 demostró que el 4 % de una muestra de población alemana había tenido una ECM, lo que ofrece la estimación de que tres millones de alemanes han vivido esta experiencia.[106]

En la literatura occidental de las ECM solo se han publicado unos pocos casos procedentes de otras culturas. Debe haber muchísimos más informes de ECM en culturas diferentes y en lengua no inglesa, por lo tanto el lector normalmente ha de ceñirse a la lengua en la que fueron escritos; aunque hay interés por traducir estos casos, se insertan en su contexto cultural.

Este capítulo resumirá algunos casos de otras culturas incluidos en la literatura dedicada a estos fenómenos. Desgraciadamente, estudiar las ECM de otras culturas y períodos de tiempo no resulta fácil y hay muchos aspectos de los que conviene ser consciente al comparar los diversos informes. En muchos de ellos no hay forma de determinar lo cerca que la persona estuvo de la muerte. También hay que tener presente que las diferentes culturas tienen distintas definiciones de la muerte y que en algunas de ellas se puede considerar muerto a quien ha perdido momentáneamente la conciencia; por ejemplo, en Melanesia. Otro factor que puede influir en el contenido de la ECM es la distinta esperanza de vida entre las culturas. En algunos países no tienen acceso a la atención médica y la muerte a una edad temprana es común. Por lo tanto, es más probable que estas personas afronten su propia mortalidad y presten atención a los relatos transmitidos por los ancianos de la tribu y que también acepten las experiencias descritas por quienes se acercan a la muerte.

Como hemos dicho, hay muchos menos informes procedentes de otras culturas y escritos en inglés, por lo que aquellos que presentamos podrían no ser representativos de las ECM en culturas individuales. Muchos de estos relatos son históricos,[107] no siempre se trata de relatos en primera persona[108] y algunos son transcripciones y no entrevistas originales.[109] Algunos tal vez derivan de la tradición oral y han sido transmitidos a lo largo de muchos años y, por lo tanto, pueden haber sido embellecidos o haber perdido su sentido. La mayoría de los informes de la literatura fueron recopilados por los primeros exploradores y antropólogos, que tenían intereses diferentes y registraron los relatos con propósitos diversos; algunos relatos son autobiográficos. Aquellos primeros investigadores no tenían presentes las actuales consideraciones metodológicas y los protocolos de las entrevistas no eran consistentes: los casos no se seleccionaron aleatoriamente y ninguno usó herramientas, como la escala Greyson de ECM, para determinar si había ocurrido un fenómeno de esta naturaleza. También se interpone la barrera lingüística: hay cosas que se pierden inevitablemente en la traducción. Debido al carácter inefable de la ECM, los informes están abiertos a la tergiversación, especialmente cuando se traducen de otra lengua.

El período histórico durante el que se experimenta la ECM influye profundamente en su contenido, como ha demostrado el trabajo de Carol Zaleski.[110] Los viajes medievales al otro mundo subrayan las diferencias históricas y culturales respecto a las ECM de hace siglos. Hay muchos puntos en común, como la barrera/punto de no retorno y el viaje propiamente dicho, pero parece que se interpretaban de forma distinta. Las ECM medievales se asociaban con escenas de aflicción y tormento, en contraste con las escenas bucólicas, apacibles y bellamente coloridas de las ECM contemporáneas.

Sin embargo, los informes ofrecen cierta perspectiva acerca de cómo se interpretan las ECM a través del filtro de los diversos condicionamientos culturales. Cada cultura posee influencias y puntos de vista ligeramente diferentes respecto a la muerte. Una investigación minuciosa de cada una de las creencias culturales está más allá del alcance de este libro, por lo que me limitaré a describir de forma breve las ECM recogidas en la literatura dedicada a estos fenómenos.

ECM INDIAS

En 1977 se realizó el primer estudio intercultural de visiones en el lecho de muerte en sujetos indios y estadounidenses.[111] Se entrevistó a las enfermeras y médicos que observaron a pacientes terminales por medio de un cuestionario y se cubrieron 1.000 casos de personas cercanas a la muerte. A medida que esta se acercaba, muchos pacientes se comunicaban con «personas» invisibles o comunicaban visiones o su encuentro con espíritus. Los indios aseguraban ver a figuras religiosas de la cultura hindú como Yamraj, el dios de la muerte, y a sus mensajeros, los *yamdoots*, cuyo propósito era llevarse a la persona a otro mundo.

Un elemento dominante en las ECM indias es un hombre llamado Chitragupta. Tiene un libro en el que están anotadas todos los actos de cada persona, cuyo destino lo decidirán los actos de su vida. Quienes han realizado buenos actos irán al cielo y quienes se hayan portado mal serán enviados al infierno.[112] Pero en ocasiones hay errores y se envía a juicio a la persona equivocada. Se ha dicho incluso que una persona inicialmente destinada a presentarse ante Yamraj o Chitragupta murió después de que otra persona revivió, como en el caso de Srinivasa Reddy, del que se hizo eco el investigador Satwant Pasricha.[113]

En los casos indios, la revisión de los episodios vitales parece haber sido sustituida por el libro de los actos. Otras diferencias entre las ECM indias y las occidentales son la ausencia de algunos componentes en las indias, por ejemplo los seres queridos que envían a la persona de regreso, el túnel, la luz y las experiencias extracorporales. Al regresar a la vida también hay informes que destacan las marcas corporales provocadas por heridas infligidas durante la ECM.

ECM TAILANDESAS

De los diez casos recogidos por Todd Murphy,[114] nueve incluyen encuentros con *yamatoots*, mensajeros enviados por Yama (el dios de los muertos) para llevar a las personas al infierno. Los *yamatoots* pueden compararse a los ángeles que aparecen en las tradiciones occidentales. Su apariencia variaba en los casos recopilados por Murphy, pero su papel consistía en guiar a la persona hasta Yama. Al igual que en los casos indios, hubo cinco ejemplos de identidad errónea, donde los *yamatoots* se llevaron a la persona equivocada; y, en consecuencia, el sujeto se recuperaba. En uno de los relatos de identidad errónea, el libro de Yama incluía el nombre de otra persona de la aldea, cuya fecha de defunción figuraba como tres días después: la persona volvió a la vida y, a los tres días, la otra persona, cuyo nombre estaba en el libro, murió. Una vez más, el destino del sujeto se decidió en función de las buenas o malas acciones acumuladas durante su vida y registradas en un libro. Los guardianes de los registros de Yama cumplían la función de contables de méritos. El buen karma anulaba el karma negativo.

Uno de los ejemplos describe una torre infernal donde se sucedían escenas de tortura.[115] Se obligaba a las personas a caminar sobre brasas ardientes, la lengua de los prisioneros era apresada por tenazas al rojo vivo y se les obligaba a beber ácido.

Hay diferencias y semejanzas entre las ECM occidentales y las tailandesas. El túnel estaba ausente en estas últimas, así como los sentimientos de felicidad y éxtasis. En Occidente, los familiares fallecidos aparecen constantemente y en estas ECM tailandesas solo se presentaron en cuatro casos y su propósito fue informar a los individuos de las reglas de la vida después de la muerte. Las ECM tailandesas eran fundamentalmente inquietantes y representaban escenas infernales y de torturas. La persona moribunda era obligada a observar las torturas, pero no las experimentaba en carne propia. Solo hubo un caso en el que el individuo accediera al cielo.

Una vez más, la revisión de los episodios fundamentales de la vida parece haberse sustituido por un libro de actos sometidos a escrutinio, a fin de sellar el destino del individuo. En las ECM tailandesas también hay errores administrativos y en ellas Yama se manifiesta como lo opuesto a un «ser de luz».

DELOGS TIBETANOS

Los *delogs* tibetanos suelen ser mujeres que, durante un período de inconsciencia o en un estado cercano a la muerte, dicen viajar al más allá junto a una deidad personal.[116] Hay que señalar que el concepto de muerte varía de una cultura a otra y que no todos los *delogs* tienen por qué haberse acercado a la muerte: algunos se sumen en la inconsciencia o en un breve desmayo, o han sido presa de un intenso agotamiento. Se ha considerado que algunos *delogs* son epilépticos. Sin embargo, la etnohistoriadora francesa Françoise Pommaret, especialista en la cultura tibetana, investigó diez casos históricos y entrevistó al menos a cuatro *delogs* vivos, lo que la convenció de su autenticidad.

Es común que lo *delogs* abandonen su cuerpo y lo observen desde lo alto. El *delog* es enviado al Señor de la Muerte y guiado a través del infierno, donde contempla la tortura de otros pecadores. Estos réprobos piden al *delog* que transmita mensajes a su familia, oficie rituales para redimir su sufrimiento y anime a los demás a vivir éticamente. Pueden encontrar a sus propios familiares difuntos, viajar al paraíso y volver junto al Señor de la Muerte. Tiene lugar un juicio de las almas por medio de un puente, una balanza o un espejo: el *delog* es juzgado. Si ha acumulado el suficiente buen karma, es enviado de regreso a la vida con un mensaje para los demás. Al recuperar la conciencia, transmite el mensaje y anima a todos a practicar fielmente su religión tibetana. Es frecuente que se considere a los *delogs* como reencarnaciones de *delogs* anteriores.

Curiosamente, para alcanzar el otro mundo, los *delogs* tienen que atravesar un largo puente que cruza un inmenso río, pero no se trata de un punto de no retorno, como en las ECM occidentales. Como resultado de su viaje a la tierra de los muertos, comprenden las torturas kármicas.

ECM JAPONESAS

Hasta no hace mucho había pocos informes de ECM en Japón en la literatura occidental. En ellos, los largos ríos oscuros y las flores hermosas adquirían una presencia dominante.[117] Durante una enfermedad, en la que le subió mucho la fiebre, Matsunojo Kikuchi, de Iide,[118] experimentó lo que parece ser una ECM. Atravesó un campo de amapolas en dirección al templo de la familia. Algunos componentes de ECM que aparecieron en su relato fueron: experiencia extracorporal, sensaciones agradables, la puerta de un templo más allá de la cual había una muchedumbre y familiares difuntos que le pidieron que regresara. Decidió volver con mucha tristeza y decepción. Recuperó la conciencia y descubrió a sus familiares echándole agua para reanimarlo.

La doctora Ornella Corazza[119] ha realizado un trabajo más reciente sobre las ECM en Japón y ha dejado constancia de tres casos bien documentados. En ellos aparecieron ríos, familiares fallecidos, niños ruidosos vestidos como monjes, un puente arcoíris, el hecho de que un familiar difunto enviara a la persona de regreso, distorsión temporal y un muro de luz dorada que había que cruzar.

Los tres negaron que su experiencia fuera un sueño e insistieron en que era real. Fue una experiencia agradable donde no hubo dolor o sufrimiento.

La doctora Corazza también prestó atención al trabajo de Yoshia Hata, que entrevistó a 17 pacientes que habían estado a punto de morir. Nueve de ellos no tenían recuerdo alguno, pero ocho recordaron haber tenido visiones de ríos o estanques. Sin embargo, cinco de los ocho recuerdos eran desagradables e incluían temor, dolor o sufrimiento.[120]

En un congreso dedicado a las ECM conocí a un médico japonés que me contó una historia muy interesante: la experiencia que su abuelo tuvo muchos años antes. Se le dio por muerto y fue enviado al tanatorio, donde más tarde se reanimó. Dijo haber viajado a su nueva casa, la cual aún estaba en proceso de construcción. Se le pidió que volviera a la vida; la casa estaría lista en un mes. Murió un mes después.

ECM CHINAS

Los primeros relatos de ECM chinas fueron descritos por monjes gravemente enfermos que acabaron recuperándose. Durante su enfermedad vivieron experiencias profundamente subjetivas que les motivaron a convertirse al budismo de la Tierra Pura.[121] En un relato, el monje tuvo una visión de sí mismo sosteniendo una vela y avanzando sobre un abismo hasta que el Buddha Amitabha lo colocó en la palma de su mano y la luz de la vela se extendió a todo el universo. Despertó y contó su visión, que tuvo un efecto reconfortante en quienes a su alrededor estaban afligidos. Daba la impresión de que su cuerpo se había recuperado y no había señales visibles de enfermedad. Más tarde vistió sus hábitos y sandalias y miró en determinada dirección, como si pudiera ver algo. Dijo que el Buddha estaba llegando y entonces murió.

Un análisis posterior de aproximadamente 120 visiones en el lecho de muerte mostraron tanto semejanzas como diferencias respecto a los casos occidentales.[122]

Un caso interesante es el de la esposa de un erudito confuciano del que se tuvo noticia hace un siglo.[123] La señora Jang había recibido una introducción a la fe cristiana y supuestamente se había convertido. Tras una larga enfermedad, murió, aparentemente. Prepararon su cuerpo para el funeral, pero pocas horas después la familia oyó un ruido procedente de su habitación. La encontraron sentada en su cama; se había quitado la túnica funeraria y vestía su ropa normal.

Dijo que había caminado con Jesús hasta unas puertas de perla que unos ángeles abrieron para dejarlos pasar. Vio casas de colores hermosos y recorrió calles doradas junto a Jesús. Vio a miles de ángeles rodeando un trono en el que se sentaba el Padre celestial, que le dijo que ahora ella tendría que volver por un tiempo, pero que debería regresar el día 12 del mes. Pasaron unos pocos días y el día 13 se puso su túnica funeraria, se echó en la cama y murió.

Aparentemente, la mujer solo había recibido una somera introducción al cristianismo y no se le habían enseñado ninguno de los elementos que describió al resucitar. Según el autor, fueron muchos los que se desplazaron para oír su experiencia. Puede haber una ligera exageración, porque el autor también era un misionero que pretendía convertir a los chinos al cristianismo.

Otro texto de la literatura china que describe experiencias similares a la ECM es *Cuentos fantásticos del estudio del charlatán*, del escritor chino Pu Songling.[124]

Once años después del terremoto de Tanghan, que tuvo lugar en China en 1976, el 40 % de 81 supervivientes informaron de una ECM.[125] Se habló de pensamientos acelerados, una eufórica sensación de paz, memoria panorámica y repaso de los principales acontecimientos de la vida. Los sujetos no fueron enviados de regreso a la vida y no vieron «seres de luz». Algunos describieron la experiencia como onírica y afirmaron no identificarse con su cuerpo, y otros sintieron que el fin del mundo había llegado.

ECM en Filipinas

En 2000 muchas enfermeras filipinas fueron contratadas para trabajar en mi hospital. En consecuencia, conocí a algunas que habían experimentado una ECM anteriormente. Me comunicaron dos historias de primera mano y una tercera narrada por la nieta del sujeto de la experiencia. La religión predominante en Filipinas es el catolicismo y los relatos se asemejaban a los occidentales.

La primera ECM aparece en las páginas 107-109 de este libro y tuvo lugar cuando la chica paseaba en bicicleta.

«Esther» tuvo su ECM durante complicaciones en el parto, en el que su bebé murió. Se encontró flotando fuera de su cuerpo, preguntándose qué estaba sucediendo. Trabajaba en el hospital en el que era atendida y conocía a parte del personal de servicio, cuya atención intentó llamar golpeándolos en los hombros para comunicarse con ellos. En cada intento, su mano atravesó sus cuerpos. Intentó llamarlos, pero no hubo respuesta, nadie podía oírla o sentir que ella le tocaba. Entonces todo se oscureció y vio un destello de luz en la distancia. Empezó a flotar suavemente hacia esa luz brillante al final del túnel. En el interior del túnel conversó con alguien a quien no pudo ver; sin embargo, estaba convencida de que se trataba de Jesús. Aunque mantuvieron una larga conversación, fue incapaz de recordar nada. Su mente fue invadida por el pensamiento de sus otros dos hijos, y eso la incitó a querer regresar. Tan pronto como pensó en sus dos hijos volvió a encontrarse en su cuerpo. Aunque cuando me la transmitió habían pasado 17 años, la experiencia seguía vívida en su mente.

Otra compañera compartió conmigo la historia de su abuela, que había oído muchas veces siendo niña y adolescente. Unos sesenta años antes, su abuela, que vivía en la remota campiña, se sintió mal y cayó inconsciente como consecuencia del agotamiento. Dejó de respirar y responder a estímulos externos; todos los testigos creyeron que había muerto. Al recuperar la conciencia dijo que había visto una enorme montaña en una de cuyas laderas se extendía el océano. Sabía que tenía que subir a la cima de la montaña. Tenía miedo y se sentía muy nerviosa porque le daba miedo el agua y si resbalaba por la montaña podría acabar en el océano. El viaje a la cima de la montaña fue largo y arduo, pero al final llegó a la cima, donde vio una casa y en ella encontró a un hombre barbudo que vestía una larga túnica blanca. Creyó que era Jesús. Él le pidió, firmemente, que regresara. A ella le molestó porque el viaje había sido muy difícil y le había costado un gran esfuerzo llegar hasta allí, por lo que le pidió que le dejara quedarse. Él replicó que tenía que volver porque su trabajo aún no había concluido.

ECM ABORIGEN

Hay un relato histórico de una ECM aborigen que forma parte de una larga tradición oral citada por muchas fuentes.[126]

Tras resucitar en su pira funeraria, un hombre dijo que había viajado en canoa a la tierra de los muertos. Allí se encontró con familiares difuntos y con el Espíritu del Hombre Tortuga. Supo que tenía que volver a la vida. Los espíritus danzaron para él, le mostraron regalos y le dijeron que aún no había muerto porque tenía huesos, pero que podía volver cuando hubiera muerto de verdad. Resucitó y contó su viaje, pero murió tres días después.

ECM MAORÍES

Se creyó que una mujer maorí había muerto; su cuerpo se tendió en el suelo y el pueblo se reunió para el funeral. Resucitó rodeada de sus afligidos allegados.

Les contó que había sentido cómo su espíritu abandonaba su cuerpo y planeaba sobre su cabeza antes de partir hacia el norte. Llegó a Te Rerenga Wairua, el lugar de partida de los espíritus.[127]

Realizó ciertos rituales de los muertos y se preparó para saltar desde una cornisa al inframundo o reino de los muertos. Una voz le dijo que no había llegado su hora, que debía regresar y que volvería a ser llamada.

ECM DE GUAM

En cuatro casos de ECM en el pueblo indígena chamorro se registraron los siguientes fenómenos: «volar» por el aire y visitar a familiares vivos en países remotos, reunirse con allegados difuntos y recorrer un camino.[128] También se mencionaron aspectos como recorrer un camino, viajar a través de las nubes y encontrar a otras personas que envían de regreso al sujeto. Una mujer incluso se encontró en la casa de su hijo, en América, pero nadie le prestó atención, salvo su sobrina, que afirmaba haberla visto. A continuación viajó a la casa de su hermano y lo observó.

ECM EN MELANESIA/
NUEVA BRETAÑA DEL OESTE

Debido a la limitada disponibilidad de la medicina moderna, la esperanza de vida es corta en Melanesia. Para los melanesios, el cielo es un lugar industrializado y de alta tecnología. En los tres casos documentados por Dorothy Counts[129] hay claras diferencias respecto a las ECM occidentales. Lo más notable es que las escenas de jardines hermosos eran al parecer sustituidas por fábricas, industrias y autopistas. Incluyen familiares difuntos o una figura religiosa y uno habla de un hombre barbudo y vestido de blanco. Eran reacios a volver a sus cuerpos; uno dijo no temer a la muerte como resultado de su experiencia. Muchos elementos de la ECM, como la experiencia extracorporal, la sensación de paz, la alegría y los túneles, no se dieron en estos casos. Sí se sucedían escenas de juicio y de castigo a los brujos.

ECM AFRICANAS

El doctor Nsama Mumwe, de Zambia,[130] describió quince casos de ECM africanas. Entre los temas comunes se incluía ser devuelto a la vida, encontrarse con personas vestidas de blanco, caminar en la oscuridad y tropezar con una barrera. La experiencia parece haber sido interpretada de forma supersticiosa y considerada como un presentimiento de fuerzas malignas o un mal presagio.

Recientemente se compararon ocho ECM de África Central, recopiladas en el Congo, y dos ECM del pueblo sotho en el sur de África.[131]

Los sujetos de las ECM[132] cristianas recopiladas en el Congo describieron temas como caminar hacia un destino en compañía de otras personas. Hubo dificultades al pie de una gran montaña, pero al invocar a Jesús el obstáculo fue fácilmente superado. El hombre se encontró frente a un grupo de personas que sostenían el libro de la vida y, aunque su nombre estaba escrito en él, aún no había llegado su hora. Volvió a la vida y se vio rodeado por sus afligidos familiares y amigos.

Los casos sotho eran ligeramente distintos.[133] Un hombre que vivía en una aldea remota aparentemente murió y resucitó. Estando muerto, vio un largo camino desconocido, que recorrió durante un tiempo. El camino se bifurcó y dudo qué opción tomar. Encontró a dos hombres, uno quiso llevarlo al infierno y el otro, con una cruz grabada en la frente, lo rescató. Le pidieron que volviera y encontrara un maestro. El hombre resucitó y buscó un catequista, que marcó su frente con una cruz. El hombre se acostó y aparentemente murió de nuevo; construyeron el ataúd, cavaron la tumba y enviaron al catequista para enterrarlo. Volvió a resucitar y explicó que la cruz había desaparecido y que su guía cristiano le dijo que tenía que bautizarse. Después del bautismo, murió.

El siguiente ejemplo me lo facilitó una enfermera africana que se encontraba entre el público en una de mis conferencias sobre mi investigación. Al principio era muy reacia a hablar de su ECM. Unos meses después me contó lo siguiente:

> *Hacía dos días que no me encontraba bien. No era nada concreto, tan solo estaba indispuesta, con un ligero dolor de cabeza. El día en que ocurrió mi madre me dijo que parecía cansada y me recomendó echarme un poco. Me pidió que no cerrara la puerta de mi cuarto. Tenía mi propio dormitorio y solía cerrar la puerta al irme a dormir. Me recosté y me deslicé hacia un sueño agradable. No supe durante cuánto tiempo dormí, pero desperté y mi madre, mi padre y mi hermana estaban en mi cuarto, llorando.*

Dormí plácida y cómodamente. Oía la voz de mi madre en la distancia. Era casi un susurro, pero estoy segura de que era la voz de mi madre..., y me llamaba. Discerní una silueta y supe que era mi madre, pero no la veía bien. Pude ver su figura, pero estaba borrosa y no distinguí nada más: tan solo sabía que era mi madre. No podía despertar ni responder a su llamada, lo intentaba, pero no podía. Pensé: «Tengo que levantarme, pero mi cuerpo no se moverá». Mi cuerpo era demasiado pesado como para moverlo. A continuación sentí que flotaba en dirección a mi madre. Todo era muy lento, el proceso se desarrolló a cámara lenta.

En el lugar opuesto al que ocupaba mi madre, oí la voz de mi abuela. Vi su rostro, pero no su cuerpo: parecía más joven que cuando murió. Miré a mi abuela y a mi madre y me dirigí hacia la segunda, que lloraba y me llamaba mientras mi abuela sonreía. Fui hacia mi madre porque estaba desesperada y parecía necesitarme más. Mi cuerpo luchaba por despertar y moverse; tenía que avanzar hacia mi madre, tuve la sensación de estar flotando y me dirigí hacia ella. No recuerdo que llegara donde estaba, tan solo cómo flotaba hacia ella.

No recuerdo nada más; desperté y mi padre se inclinaba sobre mí. Me había movido para despertarme. Para mi familia yo había estado completamente inconsciente. No me moví en absoluto, pero en mi mente sí tuve la sensación de desplazarme. Todos pensaron que estaba muerta.

Más tarde supe que mi madre fue la primera en venir y moverme; me llamó y me sacudió, pero no obtuvo respuesta. Llamó a mi padre; los dos me llamaron y memenearon, pero no hubo respuesta ni movimiento alguno.

Al despertarme me sentí muy cansada y solo quería volver a dormir. Ellos no dejaron que me durmiera, estaban demasiado asustados. Durante las tres noches siguientes mi madre durmió conmigo y me despertaba cuando me sumía en un sueño profundo. Cada vez que me despertaba, sabía, por mi respiración, si me iba a hundir en un sueño profundo. No sé si está relacionado con la experiencia, pero tuve sueños muy extraños. La primera vez estaba en una zanja y mi madre intentaba sacarme, luego estaba atrapada en un coche y mi madre me ayudaba a salir; ahora no recuerdo el tercer sueño. Cada vez que ella me meneaba, yo tardaba mucho en despertarme, más de lo habitual.

No he vuelto a pensar en ello hasta que asistí a su conferencia. Mi madre siempre me impide que hable de aquello porque la asusta mucho; nunca me han permitido hacerlo. La única persona a la que se lo he contado todo es mi hermana, pero eso fue años más tarde. Hablamos de la época en la que yo no me despertaba y ella dijo que asusté a toda la familia; entonces le conté lo que recordaba. Nunca le atribuí ningún significado; tan solo me pareció una experiencia extraña.

Curiosamente, la misma enfermera me habló de un paciente al que reanimó mientras trabajaba en África.

Cuando el hombre despertó, exhaló un gran suspiro de alivio. Le pregunté si estaba bien y me dijo que había estado en un lugar extraño, rodeado de taxis. Había taxis de colores diferentes y entre ellos uno de color rojo. La gente intentaba obligarlo a subir en él. Él se negaba, porque el rojo, para él, simbolizaba peligro. Quería subir a otro. Por último, entró a la fuerza en el taxi rojo. El interior del coche también era rojo y lo llevaron a un lugar completamente rojo. Luchó por salir del vehículo. Al despertar tuvo la sensación de que la gente lo había sacado del taxi rojo. Suspiró aliviado y dijo: «¿Qué me ha pasado? ¡Estaba en un coche rojo! Oh... oh... Estaba realmente allí. Me he esforzado por salir del coche rojo».

Me hizo recordar mi propia experiencia, pero no le dije nada, me limité a comentar que algunas personas tienen este tipo de experiencias.

ECM de los indios estadounidenses

La principal fuente de información sobre los indios estadounidenses procede de los primeros exploradores: informes
etnográficos y algunos relatos autobiográficos.[134] Es costum-
bre que los muertos sean enterrados con sus mejores ropas, y
mientras la familia los amortaja continúan hablándoles como
si estuvieran vivos. (Algo muy frecuente entre las enfermeras, mientras preparan el cuerpo.) Se avisa a los muertos de
los peligros que pueden encontrar, tales como ríos oscuros y
de rápida corriente.

Un detallado caso de ECM ocurrido entre 1900 y 1910
ha sido descrito por el indio hopi Don Talayesva.[135] Entre los
componentes descritos en su ECM, encontramos el abando-
no del cuerpo, sentirse liberado del dolor, ver a los familiares y que ellos no vean al sujeto, el encuentro con un hombre
que lo guió a la tierra de los muertos, la entrada en un agujero semejante a un túnel, una voz tranquilizadora, el lugar del
juicio y la presencia de Masau'u, el dios de la muerte. Se enfrentó a brujas desnudas y payasos con cuerpos pintados. La
aldea estaba custodiada por un espíritu que conducía a los
muertos: los virtuosos eran dirigidos a un sendero fácilmente
transitable, y las malas personas tenían que atravesar un te-
rreno accidentado. Se le dijo que tenía que regresar a su cuerpo antes de que cerraran su ataúd. Despertó y la enfermera le
dijo que había muerto durante la noche, pero que no lo habían
enterrado porque su cuerpo seguía caliente.

Un caso muy citado es el de Black Elk,[136] que tuvo una
ECM en su infancia, durante una enfermedad en la que estuvo a punto de morir. Hubo otros once informes[137] y se in-
cluyeron dos relatos de individuos que aparentemente resu-
citaron después de haber sido enterrados. Los componentes
consignados en casi todos ellos fueron los siguientes: ob-

servar e intentar comunicarse con familiares vivos, recorrer caminos arduos o fáciles, y asentamientos densamente poblados con paisajes hermosos y grandes animales. No hubo repaso a los acontecimientos fundamentales de la vida, no se dijo que la experiencia fuera agradable ni hubo «seres de luz» o experiencias extracorporales comparables a las occidentales. La oscuridad no era un componente dominante y el agujero en forma de túnel y el pasaje subterráneo aparecieron en pocos casos. Se habló de guías con una función protectora. Algunos regresaron a sus cuerpos para decir a los demás cómo vivir.

ECM HAWAIANAS

Hay un único informe documentado en la edición de 1907 de *Hawaiian Folk Tales*, de Thomas Thrum.[138] Después de una aparente muerte, el cuerpo de una mujer fue amortajado, pero resucitó durante los funerales y relató entonces su ECM. Su relato incluía una experiencia extracorporal, recorrer un camino hacia un volcán, el encuentro con personas fallecidas y el regreso a la vida.

ECM DEL PUEBLO MAPUCHE EN CHILE

En Chile vive el pueblo mapuche o «pueblo de la tierra». Un hombre mapuche que llevaba dos días muerto resucitó y describió una ECM.[139] Describió el viaje a un volcán al que solo acceden las almas muertas. Otros componentes de su ECM fueron el encuentro con familiares difuntos, la barrera (en este caso, una serie de puertas) y el regreso a la vida. Contó a todos que los muertos estaban juntos y en un lugar muy feliz.

ECM MUSULMANAS

Un primer estudio sobre las ECM musulmanas pareció indicar que, pese a los muchos meses de investigación y trabajo duro, no pudo encontrarse un solo caso.[140] Sin embargo, investigaciones posteriores han confirmado que las ECM ocurren entre la población musulmana y se han registrado un total de 27 casos.[141]

Un chico de 12 años llamado Muktar quedó inconsciente después de caer de un árbol. Al recuperar la conciencia relató una ECM que incluía escenas de verdes praderas (atípicas en su entorno desértico), la presencia de una música extraña, la visión de una luz brillante que no hería la mirada y el encuentro con familiares difuntos con los que se comunicaba telepáticamente.[142]

Mustafá cayó al mar en su peregrinaje a la Meca y aparentemente se ahogó. Recordó haber visto una luz brillante pero no cegadora, recorrer un túnel y revivir detalladamente los episodios más importantes de su vida.[143]

RESUMEN

En internet hay otros informes de ECM ocurridas en diferentes culturas; una fuente especialmente útil es la página web de la Fundación para la Investigación de las Experiencias Cercanas a la Muerte (NDERF, por sus siglas en inglés), actualizada y mantenida por el doctor Jeffrey Long y Jodie Long, en www.nderf.org.

Es evidente que las ECM son un fenómeno mundial; se ha sugerido que son producto de un cerebro moribundo.[144] Sin embargo, en algunas culturas aparecen algunos elementos que no están en otras culturas, lo que podría descartar algunas explicaciones materialistas.[145] Como algunos elementos se interpretan en función de la cultura, es razonable conjeturar que los diversos componentes se interpretan simbólicamente a través del filtro de la cultura de cada individuo. Esto podría sugerir la existencia de una conciencia colectiva subyacente, como explicó el doctor Carl Jung.[146] Por lo tanto, no habría causas fisiológicas que expliquen la experiencia, sino interpretaciones psicológicas de una serie de símbolos.

Aunque este capítulo ha ofrecido ejemplos diversos de experiencias acontecidas a sujetos de otras culturas, hay que reiterar que son muy pocos y que, por lo tanto, podrían no ser representativos de todas las ECM que suceden en una cultura específica. Hasta que se realice una exhaustiva investigación multicultural utilizando los mismos protocolos de investigación y entrevista no podrán establecerse conclusiones firmes y los casos registrados en la literatura habrán de considerarse meras guías. Sin embargo, este capítulo ha confirmado que las experiencias subjetivas cercanas a la muerte o durante un período de inconsciencia asociado a la enfermedad ocurren en diferentes culturas, aunque varía el contenido de la experiencia.

5. EXPERIENCIAS AL FINAL DE LA VIDA Y COMUNICACIÓN DESPUÉS DE LA MUERTE

«... y ahora a la siguiente sección. "Billy", en la cama seis, sigue su camino, se habrá ido al final de la mañana. Lleva hablando con su difunta madre desde las tres de la madrugada.» Aparto la vista de mi libreta. ¿Acaso las otras enfermeras intentaban asustarme o gastarme algún tipo de broma porque era mi primer día en planta como enfermera en prácticas? Todo el mundo actuaba como si no se hubiera dicho nada extraordinario. Nadie me miró.

Después de la entrega me acerqué a la cama de Billy; estaba echado y parecía dormir. Pocos minutos después su brazo se alzó, como si llamara a alguien. Me aproximé y oí cómo susurraba algo a alguien invisible para mí; a continuación, volvió a recostar la cabeza en la almohada y cerró los ojos. Me habían pedido que realizara el seguimiento de un paciente. Durante toda la mañana seguí observando cómo Billy hacía gestos a alguien invisible y empezaba a llamar a su madre. Entonces sonrió, colocó la cabeza en la almohada y cerró los ojos por última vez. Como predijo la enfermera en el turno de noche, murió antes de que acabara la mañana.

Este fue mi primer encuentro con la muerte siendo una joven enfermera; no pude quitarme de la cabeza la exactitud con la que la enfermera del turno de noche predijo la muerte de Billy. Pensé mucho en ello después de acabar mi turno ese día. Ese acontecimiento se quedó grabado en mi mente, pero solo pensé seriamente en la muerte unos años después. A medida que avanzaba mi trabajo como enfermera me di cuenta de que los pacientes que llamaban, hablaban o hacían gestos a personas invisibles se hallaban próximos a la muerte y que este hecho era aceptado por muchas de las enfermeras con las que trabajaba.

En el siglo XIX, miembros de la Sociedad para la Investigación Psíquica (SPR, por sus siglas en inglés)[147] documentaron las visiones en el lecho de muerte; otro tanto hizo James Hyslop en 1908, y en 1926 sir William Barrett escribió un libro, *Death Bed Visions*, inspirado en la visión experimentada por uno de los pacientes de su esposa obstetra. En los años setenta se llevó a cabo un amplio estudio intercultural centrado en las visiones al final de la vida en pacientes indios y estadounidenses; los resultados mostraron que los sujetos veían a familiares difuntos, amigos o animales que se acercaban a ellos con el propósito de guiarlos a la muerte. Hay que señalar que los pacientes solían morir entre dos y cinco días después del inicio de las visiones.[148] Los niños pequeños viven experiencias similares.[149] Recientemente se han multiplicado las publicaciones sobre este fenómeno,[150] y se han puesto en marcha investigaciones en centros de cuidados paliativos y asilos en el Reino Unido.[151]

Al final de la vida son muy comunes los sueños vívidos de familiares difuntos,[152] el uso de un lenguaje simbólico, hablar de un viaje próximo o hacer la maleta.[153] A menudo los pacientes parecen comunicarse con una persona invisible cuando el fin de su vida parece inminente. Las personas que han observado o vivido una de estas experiencias suelen ser reacias a hablar de ellas por miedo a ser consideradas locas o extrañas;[154] los pacientes tienden a comunicarlas más a las enfermeras que a los médicos.[155] Aunque han sido consideradas alucinaciones, los profesionales de la salud aseguran que estas experiencias son diferentes de las alucinaciones inducidas por medicamentos y que ocurren en estados normales de conciencia.[156] Las visiones en el lecho de muerte inducen la aceptación pacífica de la muerte; las alucinaciones, en cambio, pueden derivar en ansiedad y confusión.[157]

Brayne y Fenwick[158] han señalado dos tipos de visiones (o experiencias al final de la vida) en el lecho de muerte: las transpersonales y las que apuntan a un sentido final. Los profesionales de la sanidad y los familiares han informado de las visiones transpersonales, que incluyen:

- Un cambio de temperatura en la cama del paciente moribundo.
- Ver cómo los pacientes sostienen conversaciones con familiares difuntos.
- Ver una luz alrededor del cuerpo justo antes de la muerte.
- La aparición del moribundo a un familiar que no está presente en el lecho de muerte.
- Fallos en el equipo eléctrico.
- Relojes que se paran en el momento del fallecimiento.

A veces los informes incluyen otros fenómenos como rotura de cristales en el momento de la muerte o la presencia de pájaros junto al moribundo.[159]

Las experiencias de fin de vida que atribuyen un sentido final se relacionan con la motivación de la persona que está a punto de morir a la hora de acabar tareas incompletas y resolver asuntos familiares. A veces un paciente confundido recupera un instante de lucidez que le permite despedirse de sus seres queridos, algo que resulta más notorio en pacientes que padecen alzhéimer.[160]

Ayudé a mi abuela a cuidar del abuelo paterno en casa hace 18 años. En los días anteriores a su muerte, recuerdo que solía señalar a una puerta y susurrar: «Mira quién ha venido, están en la puerta». A mi abuela no le gustaba que dijera estas cosas y solía salir de la habitación. Él le dijo que el difunto padre de ella estaba allí, junto a él. En aquel momento yo no había oído hablar de las visiones en el lecho de muerte, por lo que no se me ocurrió explorarlas en más detalle.

La enfermera de un asilo me hizo partícipe de estos dos casos:

Hace unas semanas atendí a una mujer en la unidad de cuidados paliativos. Estaba inconsciente y serena. Llevaba cinco días allí y su familia había permanecido junto a ella sin apenas descansar. Durante el turno de noche hablé con el yerno y me dijo que una semana antes la paciente miró fijamente un punto en el techo y dijo que estaba viendo a su marido y a su hermano sentados en un pub, *con bebidas en las manos, y que la llamaban. Ella les dijo que aún no estaba lista. En ese momento pronunció un nombre y miró en dirección a las cortinas de la habitación. Su cuñado la tranquilizó diciéndole que estaba allí, pues ella había pronunciado su nombre. La paciente le dijo que llamaba a su hermano (que tenía el mismo nombre que el cuñado). Dijo que su hermano estaba junto a las cortinas.*

El verano pasado atendí a un hombre de sesenta y pocos años. Hablando con el paciente y su mujer, descubrí que solían visitar una iglesia espiritualista. Él empeoró y empezaron a asaltarlo imágenes vívidas de personas que se acercaban a su cama. El equipo médico afirmó que se trataba de alucinaciones y redujo su dosis de morfina, aunque no mostraba otras señales de toxicidad a los opiáceos. Una mañana en que aseaba al hombre, saqué a colación el tema de su espiritualidad. Me dijo que su padre era capaz de comunicarse con los muertos y que él también tenía esa capa-

cidad, aunque en los últimos tiempos se había debilitado y llevaba años sin ir a la iglesia espiritualista. Cuando le pregunté por las figuras que veía junto a su cama, admitió que era la misma experiencia que cuando se comunicaba con los muertos. No temía las apariciones, pero creía que eran una señal de que su vida tocaba a su fin. Parecía que le aliviaba que alguien le escuchara y no atribuyera su experiencia a la medicación.

Tamsin, de 14 años, se acercaba a la muerte después de una grave enfermedad. Esto es lo que contó su madre:

Una vez Tamsin describió cómo sintió que se estaba muriendo (semanas antes de su verdadera muerte) y que su (difunta) abuela le mostró el cielo y le dijo que era un lugar maravilloso donde se sentía muy feliz. Tamsin dijo que había un pozo muy profundo en cuyo borde podía sentarse; desde allí, desde el cielo, podía comunicarse con nosotros, en la tierra. Dibujó su visión: un motivo típicamente africano.

En otra ocasión, Tamsin dijo sentir que se estaba marchando y cómo avanzaba hacia la luz maravillosa en la que se sentía feliz, pero acabó por regresar. Una de estas visiones tuvo lugar en el hospital, donde estuvo muy enferma; quería volver a casa porque no quería morir en el hospital.

Luces que rodean el cuerpo
cuando se acerca la muerte

Algunas personas aseguran haber visto luces o una niebla rodeando el cuerpo en el momento de la muerte. Hazel Cornwell me contó la experiencia de su abuela, publicada en un pequeño cuadernillo.[161]

Por desgracia mi padre murió de cáncer en 1934, pero algo maravilloso ocurrió en el momento de su muerte. Mamá y yo fuimos a verlo a un antiguo hospital en Fulham, donde colocaban a los pacientes en grandes camas; encima de la cama de papá había un ventanuco. Siempre creí que era un milagro porque estábamos allí sentadas, y el dolor surcaba su rostro cuando de repente vi que una luz brotaba de su pecho, flotaba sobre su cabeza y salía por la ventana. Cuando volví a mirarlo, su rostro era hermoso: todas las arrugas habían desaparecido. Al volver a casa esa noche le dije a mi madre: «Hoy a papá le ha pasado algo extraño», y antes de que pudiera continuar ella me interrumpió: «Sé lo que vas a decirme porque yo también lo he visto».

Hazel continúa:

Mi abuela conocía muchas historias como esta. Recuerdo que me contó que una vez se quedó junto a un familiar en su lecho de muerte. Creo que era su madre. De pronto su madre empezó a cantar, pese a encontrarse gravemente enferma y muy cerca de la muerte. Cuando su familia le preguntó por qué cantaba, respondió que cantaba con los ángeles que estaban al pie de su cama.

PREMONICIONES DE MUERTE

Una mujer escribió:

Ocurrió en 1966. Había ido a ver a mi abuela, como hacía todos los días al pasear a los perros. Esa mañana ella estaba muy inquieta por algo que había pasado durante la noche. Dijo que era como un sueño sin ser un sueño: así es como lo explicó.

Dijo que se encontró en un lugar desconocido donde había un puente, y que a un lado del puente estaba «el papaíto»: así era como llamaba a mi abuelo, que murió en los años cincuenta. Ella cruzó el puente en dirección a él, pero él alzó la mano y dijo: «No, tú no. Vuelve». Este episodio le resultó inquietante, pero yo le quise quitar hierro y dije: «Seguro que en la cena comiste algo que te sentó mal».

Lo que ocurrió esa noche, más tarde, fue terrible. Mi madre, que tenía 61 años y gozaba de buena salud, y que ese día había visitado la ciudad para ver a su hermana, sufrió una apoplejía masiva. Quedó inconsciente y a las tres de la madrugada tuvo otros dos ataques y murió. Mi abuela dijo que era a mi madre a quien mi abuelo esperaba esa noche. Mi abuela tenía 86 años y una salud excelente; no era dada a pensamientos fantasiosos. Siempre he creído que ahí pasó algo. Por cierto, vivió hasta los 97.

Tamsin, cuyas visiones después de la muerte hemos descrito anteriormente, también se apareció a su hermana después de morir; así es como lo cuenta su madre:

Cuando nuestra hija pequeña tenía 11 años, un día que estaba sentada junto al televisor y conversando conmigo, de pronto enmudeció, miró asombrada al estudio a través de la puerta entreabierta y dijo que veía a alguien. Entonces sonrió y exclamó: «Oh, es Tamsin, flota cerca de la jaula de los jerbos», y dijo que su hermana «desafiaba a la gravedad». La visión duró solo un momento antes de desvanecerse.

Le pedí que describiera con más detalle lo que había visto y dijo que Tamsin parecía neblinosa e ingrávida y llevaba un vestido de color rosa claro y parecía más alta de lo habitual. Media hora más tarde, mi marido salió del baño y nos preguntó si nos habíamos dado cuenta de que el jerbo de Tamsin había muerto. Esa mañana estaba vivo, pero no se encontraba bien. Vinculando ambos acontecimientos, daba la impresión de que Tamsin acudió a la muerte del jerbo par llevarse su espíritu con ella. Suena muy ex-

traño, pero de no haber visto el rostro de mi hija al observar la escena, habría dudado de que vio a Tamsin.

Otro:

Hace casi diez años estaba en Estados Unidos, en Virginia, con unos amigos. Durante la noche desperté y en mi habitación pude ver a mi anciana abuela, a la que no había visto desde hacía muchos años, aunque nos escribíamos en los cumpleaños, etc.

En la vida real tenía más de 80 años, pero en la visión era atemporal y estaba rodeada por una luz intensa y brillante. Me sonrió, extendió la mano y me dijo, telepáticamente, que estaba bien. Yo me quedé anonadada y permanecí despierta. A la mañana siguiente dije a mis anfitriones que creía que mi abuela había muerto. Ese mismo día volví a casa en Florida y lo conté a mi familia. Más tarde, ese mismo día, uno de mis primos me llamó desde Inglaterra para comunicarme el fallecimiento de la abuela. Mi asombro fue ilimitado. Nunca he soñado algo semejante. Solo puedo decirte que me ha infundido una gran confianza en el futuro. Me dejó algo de dinero, pero su mensaje telepático fue el verdadero legado.

Shelley E. Parker, la autora de cuentos para niños, contactó conmigo después de leer uno de mis artículos. Está muy interesada en estos temas porque ha tenido premoniciones desde la infancia, y recientemente experimentó una ECM; nunca lo ha contado por temor a que no la crean o la consideren loca. Le diagnosticaron un linfoma de Burkett y fue tratada con quimioterapia. Después de las sesiones, Shelley estuvo al borde de la muerte y tuvo una ECM. Cuando tenía 19 años, tuvo la premonición de que mediada la treintena tendría cáncer.

En el sueño que tuve a los 19 años aparecía un joven médico inter-no que me atendió años después, en la vida real, durante mi trata-miento contra el cáncer. En el sueño él me sacaba sangre pinchán-dome en la muñeca derecha; un procedimiento que yo ignoraba que existiera en la realidad. El mismo procedimiento se materiali-zó en el tratamiento contra el cáncer: el mismo médico, el mismo procedimiento. Consiste en que extraen sangre oxigenada de una arteria para evaluar los niveles de oxígeno en la sangre; me pin-chó en la muñeca derecha, tal como hiciera en mi sueño 20 años antes.

Al calcular su edad en el sueño supe que tendría cáncer en la treintena: parecía tener unos 23 años, por lo que imaginé que yo tendría unos 35. En realidad, él tenía 25, por lo que yo era dos años mayor y me diagnosticaron a los 37. El sueño me hizo sa-ber que definitivamente enfermaría de cáncer; no sé cómo lo supe, pero también tuve la certeza de que lo superaría. Saberlo facilitó que me enfrentara a ello cuando fui diagnosticada. Oír cómo una voz invisible gritaba «¡No!» cuando pregunté a uno de mis médi-cos si iba a morir también contribuyó a tranquilizarme.

El profundo impacto de este tipo de experiencias queda subrayado en la siguiente premonición, que ayudó a Shelley a afrontar la pérdida de su prometido. Su caso demuestra cómo este tipo de experiencias pueden ayudar a superar vi-vencias tan traumáticas.

Mi novio Steven y yo hemos estado 24 años juntos. Estábamos ena-morados desde la infancia. Supe que solo estaríamos juntos du-rante un período determinado debido a algo que ocurrió (una pre-monición) cuando nos conocimos. Una semana antes del accidente yo estaba muy enferma de neumonía como consecuencia de la qui-mioterapia. Mientras me recuperaba, «percibí» a la muerte y pen-sé que me llegaba la hora. Empecé a prepararme, pero un día des-

pués la sensación empezó a desplazarse y a señalar a Steven. No le hice caso, pero era una sensación persistente.

La noche anterior al accidente tuve un sueño. Soñé que estaba en una casa hermosa y que caminaba hacia la habitación que se abría a la derecha del salón. En esa habitación se alzaba el altar de mi iglesia local. Steven estaba junto a mí, pero parecía catatónico y no intervenía en el sueño. A la izquierda del altar estaba Dios (sé que suena a locura, pero es así). Era humano hasta el cuello, y su cabeza era una masa de danzantes garabatos grises y plateados; así era como imaginaba a Dios cuando era más joven. Dios dijo que, tal como yo sabía, Steven moriría antes que yo y que había llegado la hora. Protesté y pedí irme yo en primer lugar; tenía cáncer, por lo que mi petición tenía sentido. Dios se negó y dijo que yo aún tenía cosas que hacer aquí; se mostró severo conmigo. Parecía decepcionado conmigo, algo que ahora comprendo mejor.

Dios dijo que Steve moriría al día siguiente, o al otro, en función de qué ocurriera en su vida. Dijo que estaba bien así porque cada vez que yo me sumía en este estado onírico el tiempo transcurría más rápidamente; Él dijo que yo ya sabía que había un más allá al que Steven estaba destinado. En el otro extremo de la habitación se abrió una puerta y pude ver un hermoso cielo azul. Esto me hizo sentir mejor y estuve de acuerdo en dejar marchar a Steven, comprendiendo que lo vería pronto y que él estaría conmigo todo el tiempo. Supe que no se me permitiría decirle que iba a morir y no lo hice. Ahora me pregunto si podría haber evitado su muerte de habérselo contado, pero no creo que pudiera haberlo hecho.

Me mostraron cómo iba a morir. Sentí una bocanada de aire y caí al suelo. Recuerdo que me ofendió que me lo mostraran, porque sabía que iba a morir en un accidente de helicóptero. Sentí que, de no subir a un helicóptero, sería un accidente de coche; iba a morir en todo caso. Creo que tiene que ver con el libre albedrío. Cuando lo vi a la mañana siguiente, fue muy difícil dejar que se *marchara. Me quedé con una bolsa de plástico que había llevado al hospital (yo estaba en casa el fin de semana) para al menos sostener algo que hubiera estado en contacto con él. Murió alrededor del mediodía.*

Sé que esto puede sonar increíble. Es cierto, y no puedo explicarlo, pero este acontecimiento me ha dado fuerzas. Siento que hay una razón que me prepara para afrontar estos grandes desafíos de la vida. Espero que me creas. Soy autora de cuentos para niños, como he dicho antes, y podría inventar algo más espectacular si mi intención fuera mentir respecto al más allá. Espero de corazón que estas experiencias ayuden a la gente a reconciliarse con la muerte y tal vez a comprender que, al menos en lo que a mí respecta, hay sin duda una vida después de la muerte, porque la he visto. Creo que se trata de algo que cada cual puede experimentar por sí mismo y me pregunto si mi cercanía a la muerte contribuyó a que mi experiencia fuera tan vívida y profética. Soy sincera al decir que no estaría aquí de no ser por ese sueño sobre Steven: en modo alguno yo habría podido vivir sin él si no me hubieran preparado para su muerte y me hubieran prometido que volvería a verlo.

En otra conversación, Shelley me reveló que anteriormente había experimentado algo parecido:

Soñé con una niña pequeña hará diez años. Era la hija de un conocido y tenía unos 3 años cuando sucedió aquello. Era una niña preciosa, alegre y encantadora, y gozaba de buena salud. No la conocía bien, pero la había visto en varias ocasiones. Estuve fuera, viviendo en Estados Unidos, durante cinco meses, y al regresar tuve un vívido sueño. Me encontraba en Bala, en el norte de Gales (aunque en mi mente sabía que eran «las afueras del cielo»), caminaba por un sendero y frente a mí estaba la niña con su tía. No sé si la imagen de la tía era muy precisa porque no llegué a conocer-

la ni he visto fotografías de ella, solo sabía que había muerto hacía unos veinte años. No miré a mi espalda porque «supe» que solo encontraría espacio vacío. La tía dijo que ella estaba allí para llevar a la pequeña al cielo. La niña llevaba un vestido rosa, un cubo y una pala de color rosa y purpurina en la cara. Estaba muy alegre y excitada ante la idea de ir al cielo y le frustraba no haber llegado ya. Bailaba con expectación. La tía dijo que llevaba todo el día con ella y que estaba agotada. La pequeña tenía que irse primero y la tía estaría con ella. Yo sabía que las dos irían al cielo, pero tenían que hacerlo una tras otra. Había montañas al fondo y pude oler la arcilla de la tierra; el olor de la tierra era muy intenso. Entonces el sueño terminó.

Desperté al día siguiente y me sentí muy intranquila. Pensé en llamar al padre de la niña, pero lo pensé mejor, en un intento por racionalizar que se trataba solo de un sueño. Ese sentimiento de ansiedad duró todo el día, no podía liberarme de él. Salí a cenar con la familia y en el restaurante miré la hora: eran las 22.10 horas y de pronto la inquietante sensación de ansiedad se desvaneció y creí que empezaba a relajarme. Al día siguiente mi madre me llamó para decirme que la pequeña había muerto inesperadamente la noche anterior. No dieron la noticia hasta más tarde porque el personal hospitalario se ocupaba de ella, pero tuve la sensación de que murió a las 22.10 horas.

La experiencia de la muerte empática o compartida

Un fenómeno menos conocido es el de la experiencia de la muerte compartida o muerte empática.[162] En la literatura sobre este tipo de fenómenos hay un caso en que se describe que Louisa, que permanecía junto a la cama de su esposo moribundo,[163] sintió de pronto que salía de su cuerpo y vio

que estaba acompañada por su marido, que parecía mucho
más joven y radiante. Viajaron hacia un túnel oscuro, pero
un muro de luz evitó que ella fuera más lejos. Su marido la
miró brevemente y avanzó hacia la luz. Entonces Louisa sintió que volvía a su cuerpo y descubrió que sostenía la mano
de su marido muerto. Aunque su muerte le provocó un intenso dolor, esta experiencia la ayudó en el proceso de duelo,
algo que también me han contado quienes vivieron las situaciones que expondré a continuación.

Dos casos independientes de experiencias de muerte compartida me fueron comunicados por familiares presentes en el
lecho de muerte de la persona en cuestión. También me contaron un caso en el que una hija se vio inundada por una sensación de alegría cuando su madre murió a cientos de kilómetros de distancia y la extraña experiencia que me transmitió
un médico presente mientras su paciente moría. En los dos
primeros casos, los miembros de la familia también experimentaron visiones y formaron parte del viaje del moribundo.
En las visiones los familiares solo pudieron acompañarlo hasta cierto punto; a partir de ahí el paciente avanzó solo hacia
la luz, lo que coincidió con el momento de la muerte. Los familiares dijeron que los inundó una gran sensación de dicha,
euforia y felicidad al saber que su ser querido estaba en paz.

Los informes de experiencias empáticas siguen siendo
dispersos. El primer ejemplo me vino de la mano de un hombre que contactó conmigo después de leer un artículo mío sobre mi investigación. A continuación ofrezco la transcripción
de dos conversaciones telefónicas independientes que tuve
con él y con su hija:

Marido: *Es un acontecimiento muy extraño que me resulta muy
difícil describir. Ni siquiera estoy seguro de lo que sucedió, pero
fue algo muy «inusual», a falta de una palabra mejor. Mi mujer*

murió en 2004. Yo estaba con ella, así como nuestro hijo y nuestra hija; estuvimos con ella 24 horas al día. El día de su muerte yo supe que el desenlace se acercaba. Mi hijo y yo sosteníamos sus manos y mi hija había puesto la suya en la frente de mi mujer.

Mi hija dijo: «Mamá camina con un grupo de personas. No, se ha parado, está volviendo; no, se va con esa gente...», entonces vi esa luz intensamente brillante y a un hombre alto emerger de la luz. Lo vi como si viera a través de los ojos de mi mujer. El hombre alto había extendido los brazos como si quisiera recibir a mi mujer. Ella siguió caminando hasta que llegó donde él estaba. Él la esperaba con la aparente intención de darle un abrazo; la sensación era de paz y amor. No puedo explicarlo. De hecho, las enfermeras quizá pensaron que éramos insensibles al sentir toda ese júbilo y felicidad. Lo que debería haber sido un acontecimiento triste para los tres nos dejó con una enorme sonrisa en el rostro y una sensación de alegría, conscientes de que ella se había ido a otro lugar, por así decirlo. No me malinterprete, a todos nos apenó que muriera, pero esa experiencia eliminó toda la tristeza y la sustituyó por una inefable sensación de éxtasis y felicidad.

Hija: *Mi padre y yo tuvimos una experiencia levemente distinta. Él «vio» a través de los ojos de mamá, pero yo no estoy del todo segura de lo que me pasó. No sé si lo vi o solo fue una imagen en mi mente. Mamá estaba inconsciente y mi mano se posaba sobre su frente. Mi hermano y yo deseábamos que se marchara. De pronto la vi recorriendo un camino en la distancia. Avanzaba justo en mitad del camino. Parecía una tarde de verano y en torno a ella brillaba el sol. A su derecha distinguí las siluetas de algunas personas. Durante todo este tiempo, mi madre permaneció con los ojos cerrados. Papá sollozó, yo miré atentamente y vi al hombre alto; no sé quién era. Ella se acercó a él. Él la estrechó entre sus brazos en un cálido y amoroso gesto de acogida. La respiración de mamá se hizo más entrecortada, luego cesó y la imagen o escena desapa-*

*reció. No sé qué ocurrió, pero papá también lo vio; mi hermano
no percibió nada. Todo fue muy vívido. Me serené y acepté mejor
la muerte de mamá. Como resultado de esta experiencia, la muerte ya no me asusta tanto.*

Recibí una carta de una mujer que había estado junto al lecho de muerte de su madre:

> *He leído su artículo en una revista. Yo tuve una experiencia justo
> antes de que mi madre muriera. Tres días antes de fallecer cayó en
> coma. Yo estaba muy unido a mi madre. Lo que sucedió cuando en-
> tró en coma me dejó perplejo. Toda mi familia estaba en la habita-
> ción, yo estaba junto a ella, sosteniendo su mano, sostuve su mano
> contra mi mejilla. Entonces vi que caminaba delante de mí; se giró
> y parecía encontrarse tan bien, tan feliz. Me dijo: «Vuelve, aún no
> es tu turno». Cuando me soltó la mano, yo regresé de un salto a la
> realidad. Mamá había caído en coma. Se lo conté a un médium,
> porque lo que había sucedido me había dejado muy confundido;
> creí que solo le pasaba a alguien en el momento de fallecer. El mé-
> dium me dijo que debía sentirme honrado ante tal acontecimiento,
> que mi madre me había mostrado que estaba bien.*
>
> *Le estaría muy agradecido si pudiera explicarme lo sucedido.*

En septiembre de 2011 participé en la Conferencia Anual
de la Sección Transpersonal de la Sociedad Psicológica
Británica. Durante el desayuno hablé de mi investigación
con algunos de los participantes, y la psicóloga transpersonal Hara Willow contó una experiencia que tuvo el día en que
murió su madre. Esto es lo que dijo:

> *Hace veinte años, a finales de abril, desperté repentinamente de
> un profundo sueño, a las 6.45 de la mañana. Eso en sí mismo era
> extraño, porque dos meses antes me había mudado de la ciudad*

costera de Hoylake en Merseyside a las colinas de Gales, a unos
300 metros sobre el nivel del mar. No creo que se puedan sentir
los efectos de la altitud a 300 metros sobre el nivel del mar, pero
parece ser que para mi novio y para mí pasar de una ciudad junto al mar a una granja en las montañas nos dejó completamente
para el arrastre. Dormimos unas doce horas cada noche, durante
un año, antes de aclimatarnos al aire de las montañas y al trabajo
físico que implica llevar una granja. Normalmente, nos acostába-
mos entre las ocho y las nueve de la noche, y rara vez nos desper-
tábamos antes de las 8.30.

Esa mañana del 27 de abril de 1991 me desperté antes de lo
habitual. Me senté, miré el reloj y a mi pareja dormida, y al sol
que se filtraba entre las hojas de las hayas fuera de la ventana, y
me sentí bien. La sensación de bienestar se hizo más profunda y
llegó a convertirse en un inimaginable sentimiento de paz, amor
y ecuanimidad. Recuerdo que me dejé llevar por la sensación y
dejé de estar en la habitación: sencillamente, me entregué a la experiencia. De pronto supe que no había nada por lo que preocuparse; me sentí inmersa en el amor más profundo, puro, extático
e incondicional, un amor como no había sentido antes. Era total,
me recorrió completamente y me llenó de alegría. Supe que estaba a salvo, que siempre lo había estado y que siempre lo estaría;
que todo era como debía ser; que nunca hubo razones para tener
miedo; que todo era PERFECTO y nunca podría ser más perfecto.
Que el universo evolucionaba exactamente como debía. Era como
si pudiera ver la vida y el universo desde una perspectiva nítida
y distante, desde fuera de mí misma, y que esta perspectiva era la
VERDAD, y que me era conocida. Aunque nunca antes había sentido nada parecido. (Sin embargo, desde entonces he alcanzado de
nuevo ese lugar durante unos preciosos instantes, durante la meditación profunda.)

La sensación se desvaneció de forma gradual hasta alcanzar
un estado de bienestar normal y la habitación se fundió conmigo;

sonriendo, me eché y me volví a dormir junto a mi futuro marido. A las ocho de la mañana sonó el teléfono. Era mi hermana: me dijo que a las 6.45 mi madre había fallecido súbita e inesperadamente.

Solo unos meses después, cuando aún estaba sumidad en el duelo por mi madre, pude relacionar su muerte con la maravillosa experiencia que me sobrevino aquella mañana. Estaba en el jardín, escuchando una conferencia de Elisabeth Kübler-Ross, en aquella época la principal experta mundial en el proceso de la muerte y la transición. En la conferencia ella compartió las historias de varias personas que habían vivido experiencias similares. Tan solo eran un pequeño ejemplo de las muchas personas cuyas experiencias habían sido registradas. Cada una de ellas había sentido una variación de ese amor, esa paz, esa alegría y esa perfección puros en el momento de la muerte de un ser muy querido. Normalmente, se trataba de relaciones muy cercanas, como un padre y un hijo o dos esposos, que habían llegado de repente a su fin cuando el ser amado murió en otro lugar. Al escuchar esto lloré mucho y sentí que dentro de mí nacía la posibilidad de avanzar en mi duelo. Recordé lo que había sentido, que no había nada que temer ni de lo que preocuparse y que todo estaba bien, y supe que ella también se sentía así y que había querido compartirlo conmigo. Me sentí increíblemente conmovida y agradecida a mi madre por compartirlo conmigo; en ese momento empecé a salir de mi duelo.

Hara también parece haber cambiado a raíz de su experiencia, tal como ocurre con los sujetos de las ECM:

Desde entonces la muerte o el hecho de morir han dejado de inspirarme temor. Desde ese momento, y a partir de otras experiencias que he tenido, sé que la muerte no es el fin de nuestra conciencia. He tenido innumerables experiencias que así me lo demuestran. Por ejemplo, muchas veces he percibido la presencia de espíritus a mi alrededor, entre ellos el de mi madre y el de mi abuela, cuyos espíritus también vi durante un retiro en Estados Unidos, el día de mi cumpleaños. Incluso he visto al espíritu de un niña que era la hermana gemela de una chica que conozco: el espíritu caminaba detrás de la madre. Vi a esta niña con tanta claridad que creí que era la gemela viva, que en realidad estaba a cientos de kilómetros. Hasta que no le conté a la madre lo que había visto, no supe que había tenido gemelas y que una de ellas había fallecido. Fue entonces cuando supe que la niña que había visto era un espíritu y que había crecido y tenía la misma edad que su hermana viva. También soñé con el funeral de un vecino al que conocía desde hacía 35 años, antes de que me dijeran que había muerto.

He de añadir aquí que desde la muerte de mi madre he meditado, cantado, practicado yoga y realizado otras prácticas espirituales con gran abnegación, y un querido maestro me dijo que tal vez estas experiencias psíquicas eran siddhis: los conocidos efectos secundarios de la práctica espiritual. Sin embargo, puesto que en realidad empezaron después de la muerte de mi madre, me pregunto si esa experiencia me despertó a una mayor fe y conexión espiritual y si eso está vinculado a las frecuentes y profundas experiencias que me han sobrevenido desde entonces.

En los últimos veinte años he vivido muchos sucesos maravillosos y sorprendentes, pero la experiencia más hermosa, supongo que puede definirse como «paranormal», ocurrió durante mi embarazo. En aquel momento estaba embarazada de 12 semanas. Conocía mi estado desde hacía poco. Una noche tuve un sueño y en él vi el rostro de un niño muy hermoso. Tendría 3 o 4 años y se parecía a mi madre y a mi abuelo materno. Me habló y dijo: «Mamá, somos dos aquí dentro». Al despertar, recordé el sueño como si fuera una vivencia de la vigilia y supe que se trataba de una verdadera conversación con el espíritu de mi hijo aún no nacido. Pocos días después fui a la clínica de maternidad para mi primera revisión y les dije que posiblemente iba a tener gemelos. Me

hicieron una resonancia y, en efecto, estaba embarazada de geme-
los. Ahora tienen 19 años. Los dos son chicos. Uno de ellos, Kris,
era el niño que se comunicó conmigo. Llegó a ser el rostro que vi
en mi sueño cuando tenía 3 años de edad. Se parece a mi madre
y a mi abuelo. Los dos compartimos experiencias sobrenaturales.
Cuando mis dos hijos cumplieron 2 años, empecé a formarme
como sanadora espiritual en el Instituto de Sanación de Malvern,
y descubrí que tengo una natural predisposición para ello. Kris
también ha nacido sanador, y lo hace de forma natural. Canalizo
la energía de la fuente que alcancé cuando mi madre murió. Amo
la vida y amo vivir, pero miro al futuro con confianza, fe y aper-
tura, y deseo sumergirme plenamente, una vez más, en ese lugar
puro, dichoso y pacífico, y volver a estar con mi madre.

Por lo general, una vez que las personas conocen mi investigación, me cuentan sus experiencias. Hace poco conversaba con un médico que me reveló lo siguiente:

Uno de los pacientes de mi práctica como médico generalista era
una mujer que se estaba muriendo de cáncer. Con los meses le
hice muchas visitas y llegué a conocerla bien a ella y a su mari-
do. Un día él me enseñó una fotografía de su mujer cuando tenía
unos 9 años, posando junto a su padre y un enorme perro negro;
era una fotografía muy antigua.

El día en que la mujer murió, yo estaba presente. Mientras mo-
*ría tuve la abrumadora sensación de que todo iba a ir bien, **supe***
que su padre y el perro negro habían ido a buscarla. Fue una ex-
periencia muy extraña y no puedo explicarla. Tengo 18 años de
experiencia como médico y he atendido a muchos pacientes ter-
minales. Ni antes ni después he tenido una sensación tan intensa
con un paciente. Fue una sensación agradable; sentí que la mu-
jer estaba a salvo y se iba a reunir felizmente con su padre y el pe-
rro de su infancia.

Estas experiencias a duras penas pueden desdeñarse o considerarse como el producto de un cerebro confundido, porque les ocurren a personas que no están al borde de la muerte. Ejercen un poderoso efecto en quienes las experimentan, pero nuestras actuales creencias científicas no pueden explicarlas.

Lucidez terminal: experiencias al fin de la vida en personas con Alzhéimer

Otra área de interés son las experiencias de algunas personas con alzhéimer a medida que se acercan a la muerte. Aunque es un nuevo tema de investigación, recientes publicaciones sugieren que las personas enfermas de alzhéimer recuperan su lucidez al borde de la muerte.[164]

Michael Nahm ha estudiado muchos casos de personas que padecen desequilibrios mentales, casos registrados en la literatura histórica inglesa y alemana.[165] Estos casos destacan cómo personas que padecen dolencias como la demencia y otras formas de enfermedad mental recuperaron la lucidez y la coherencia poco antes de su muerte, lo que resultó una gran sorpresa para quienes los trataban.

Voy a presentar dos ejemplos muy interesantes que me han enviado diferentes amigos. El primero es de Lyon White, de Sussex:

> En la última fase del alzhéimer, mi madre Peggy ya no era capaz de conversar de forma coherente. Su conversación consistía en lo que podemos describir como un «guirigay». Estuvo una temporada en el hospital. En una visita, la vi echada en la cama dando la espalda a la puerta. Al entrar lentamente en la habitación escuché claramente cómo hablaba con los ojos cerrados […]. Escuché

atentamente y descubrí que mantenía una conversación con su padre, que había muerto muchos años antes. Él fue un policía muy querido en Kent y murió en acto de servicio; mamá quedó devastada, porque estaban muy unidos. La oí decir: «Sí, papá, sé cuánto te quería Bobby»; Bobby era mi padre, que había muerto hacía seis meses. Fue entonces cuando mamá se dio cuenta de que había alguien más en la habitación, abrió los ojos y volvió a su estado, en el que le resultaba imposible comunicarse con palabras inteligibles.

Tal vez estoy formulando una mera hipótesis, pero para mí es evidente que estaba en otra dimensión, con mi abuelo. Mamá solía decirme que ella podía «ir» si yo iba con ella. Cuando hablaba de volver a casa, yo sabía que no se trataba de volver a nuestro hogar físico.

Una buena amiga, la doctora Ayesha Ahmad, me relato la siguiente experiencia, de la que fue testigo:

Agatha padecía alzhéimer y tenía más de 70 años. En sus últimos años, sus hijos la habían atendido de una forma no muy distinta a su experiencia maternal de años anteriores. Cada día Agatha se adornaba con hermosos collares de perlas y paseaba por el asilo, conversando con el personal y los internos con su habitual dulzura. Tras unos años de salud relativamente estable, Agatha cambió. La transición fue rápida. En unos pocos días, perdió peso y se sintió terriblemente cansada; se hizo evidente la cercanía de la muerte.

Agatha pasó sus últimas horas en una gran serenidad, junto a su familia, que sostenía sus manos. De vez en cuando se despertaba e intentaba expresar algunas de las últimas palabras que pronunciaría. Durante uno de estos episodios, empezó a repetir el nombre «Jane». Para el personal que la había atendido durante tantos años y que conocía los nombres y referencias que Agatha usaba en su frenética conversación, «Jane» no significaba nada.

Sin embargo, era evidente que los sentimientos asociados a ese nombre tenían mucho sentido para ella.

Al descubrir que Agatha repetía este nombre, la familia quedó anonadada. De algún modo este nombre se vinculaba a una experiencia compartida, algo que afectaba a todos ellos. Su hija lo explicó con dulzura: Jane fue la primera hija de Agatha. Por desgracia, murió en su primer año de vida y dejó un legado de tristeza tan intensa que Agatha no pronunció su nombre desde entonces.

Sin embargo, en este nuevo hogar de Agatha, que no era el hogar que había construido con su familia, y a merced de su cuerpo decrépito –y no floreciente como lo fuera antaño, cuando dio la vida a cuatro hijos–, ella recuperaba el recuerdo, recuperaba el nacimiento y la muerte de su hija. La trajo a la habitación para que estuviera con el resto de sus hermanos y así completar la unidad de la familia bajo la mirada atenta de su madre, la mirada que les dio la bienvenida a la vida y la mirada que permitió a su madre sobreponerse tras la muerte de Jane mientras recibía el apoyo del amor de sus otros hijos; un recuerdo que jamás olvidaría.

CONTROL SOBRE EL MOMENTO DE LA MUERTE

En el transcurso de mi trabajo se me ha hecho evidente que en realidad los pacientes tienen más control del que pensamos en lo que respecta al momento en que se producirá la muerte. Me di cuenta de esta realidad después de pensar en un caso que nos afectó especialmente a mis compañeros y a mí.

Era un domingo por la mañana y la alarma del monitor de seguimiento cardíaco conectado a una paciente estalló por un bajada de la presión sanguínea. «Jean» llevaba diez años enferma y su marido la había cuidado en casa. Había ingresado en la UCI la semana anterior, llegamos a conocerla muy bien a ella y a su familia y nos sorprendió que hubiera estado tan bien atendida en casa. Al no estar acostumbrado a estar lejos de Jean, a su marido le costó acostumbrarse a la soledad. Como el estado de su mujer era estable, sus amigos y familia lo convencieron para que se relajara un poco y acompañara a su anciana madre a un viaje de un día planeado por su iglesia local. La mañana del viaje llamó para comprobar el estado de Jean. Le dijimos que estaba estable, que se encontraba bien y que podía marcharse y disfrutar del día con su madre.

Una hora más tarde, la presión sanguínea de Jean bajó repentinamente y, a pesar del tratamiento, en 30 minutos su estado se desestabilizó completamente. Llamamos al marido para informarle del repentino deterioro y le aconsejamos que volviera al hospital. De camino, él llamaba cada media hora. Entonces, el ritmo cardíaco de Jane se ralentizó y acabó por detenerse. Treinta minutos después su marido irrumpió en la unidad de cuidados intensivos en un estado terrible: inconsolable, se culpaba por no haber estado allí. Para nosotros fue terrible y nos culpamos por animarle a salir de viaje. Se quedó un rato junto a la cama y luego se marchó, muy afligido, con el resto de la familia. Esta situación afectó a todo el equipo, y cuando llegaron los del turno de la tarde, instintivamente supieron que algo iba mal.

He pensado en otros pacientes a los que he atendido y que también murieron cuando su familia estaba ausente y he sopesado la situación en su conjunto. Lo he racionalizado así: el hecho de que la familia no se encuentre cerca del paciente puede facilitar su transición a la muerte. Tengo la impresión de que el amor de la familia mantiene vivos a los pacientes y que su ausencia física hace que morir sea mucho más fácil.

A lo largo de los años he visto cómo otros pacientes morían mientras sus familias se tomaban un breve descanso. «Sam» tenía más de 80 años y estaba en la fase final de su enfermedad. Su familia estuvo con él de forma casi constante a lo largo de toda la semana. Mientras lo atendía, me di cuenta del agotamiento de la familia y les sugerí que se marcharan y descansaran un rato en la cantina: eran las dos de la madrugada y llevaban junto al lecho del enfermo desde las ocho de la mañana. Agradecieron la sugerencia y se marcharon. Seguí atendiendo a Sam y de pronto el monitor me indicó que su frecuencia cardíaca estaba bajando. No se recuperó, por lo que mi compañera se ocupó de él mientras yo corría a la cantina para avisar a su familia. Al regresar a la UCI, Sam había muerto, para desesperación de los suyos. Se trata de un acontecimiento muy común y que he observado en numerosas ocasiones. En todos los hospitales se tiene noticia de experiencias similares.[166]

El doctor John Lerma, especialista en cuidados paliativos, ha informado de que entre el 70 y el 80 % de sus pacientes esperaron a que sus seres queridos abandonaran la habitación para morir.[167] También afirma haber observado a pacientes considerados muertos que han regresado a la vida cuando el dolor de sus seres queridos los ha arrancado de un lugar inundado por la paz y el amor.[168]

Por otra parte, algunos pacientes parecen esperar a la llegada de un familiar distanciado o a un acontecimiento especial como una boda o un cumpleaños. Se ha informado de un caso en el que un paciente varón permaneció inconsciente durante días, mucho más allá de su esperanza de vida. Murió el día en que una póliza de seguros cobró validez, asegurando así recursos económicos para su mujer.[169]

Comunicación después de la muerte

La comunicación después de la muerte es un fenómeno relativamente conocido.[170] En los días, semanas o meses posteriores a la muerte de un ser querido no es extraño que las personas afirmen haberlo visto, haberlo oído o haber aspirado su perfume. A veces experimentan un sueño lúcido y muy vívido. Estas experiencias atenúan la sensación de pérdida y ayudan a la persona en el proceso de duelo. Aunque en 1971 se admitió su existencia en la literatura médica,[171] sigue siendo un fenómeno predominantemente ignorado.

En los años recientes se han diseñado técnicas para inducir la comunicación después de la muerte[172] y en las terapias de duelo se han descubierto otras.[173] Mientras trataba a pacientes aquejados por el trastorno de estrés postraumático, el psicólogo Allan Botkin descubrió casualmente que algunos pacientes afirmaron haberse encontrado con sus seres queridos fallecidos. Utilizando la técnica de desensibilización y reprocesamiento por movimientos oculares, los pacientes experimentaron una completa resolución con sus seres queridos por medio de una nueva vinculación con ellos.

Hazel Cornwell, cuya experiencia con su abuela se ha descrito anteriormente en este libro, informó de lo siguiente:

> *Mi madre me telefoneó para hacerme saber que mi abuela había muerto en paz. Era julio de 2008 y mi abuela estuvo muy enferma durante un mes, a los 95 años decía que ya había tenido bastante y que era hora de marcharse.*
>
> *Después de que llamara mi madre no quise quedarme sola y llamé a una amiga y fuimos a tomar café. Estaba tranquilamente sentada y muy relajada leyendo una revista, aunque era consciente de mi malestar ante la muerte de mi abuela. A mi derecha percibí una pequeña bola de energía, del tamaño de un pomelo, a medio metro del suelo (soy practicante de reiki y vidente y estoy acostumbrada a percibir energías); empezó a crecer lentamente hasta un determinado punto. No pude concentrarme en nada más durante este proceso, y solo puedo describirlo diciendo que se tra-*

taba de un aura humana sin la persona en su centro... ¡Era pura energía! Me sentí colmada de amor y felicidad, y al instante supe que era mi abuela. En mi mente la vi dando volteretas y muy feliz, diciéndome: «¡No estés triste, estoy en casa!». La energía se quedó junto a mí durante un tiempo y a continuación se acercó y entró en mí. Mis manos se hicieron muy pesadas; en ellas la energía era vibrante. Fui al baño del bar porque sentí que necesitaba estar sola. A mi abuela le encantaba el reiki y siempre me pedía que lo practicara con ella; sentí que esto era una confirmación tácita de su presencia.

Es difícil decir cuánto duró esta experiencia, pero probablemente solo fueron unos minutos, aunque pareció mucho más larga. Mi abuela creía profundamente en el más allá y sentí que esta era su forma de despedirse. Fue una hermosa experiencia que nunca olvidaré. Mi madre, mi tío y mi tía estaban con ella cuando murió, y mi madre dijo que poco antes de la defunción la habitación se vio invadida por una sensación de paz y calma, y supo que mi abuelo estaba allí...

Al parecer Tamsin también se comunicó con su familia después de la muerte. Su padre dijo:

Tamsin murió a primera hora del lunes 8 de agosto de 2008. El miércoles fuimos a pasear tras visitar su cuerpo en la capilla y la hermana de Tamsin se quedó rezagada. Entonces mi mujer oyó un sonido de pasos corriendo detrás y se giró esperando ver a la hermana de Tamsin, que se había entretenido mucho más lejos. Los pasos sonaban como los de Tamsin cuando corría en zapatillas, con su típico ritmo marcado, pero al volver la cabeza no había nadie a la vista.

La madre dijo:

Más tarde, mientras paseaba al perro, mi marido caminaba solo cuando vio una encantadora luz filtrándose entre los árboles y oyó el sonido de la risa de Tamsin. Es algo que no puede explicarse y él es muy escéptico respecto al más allá, pero sintió que en aquella luz había oído la voz de nuestra hija.

Antes hemos ofrecido el relato de la premonición de la muerte del novio de Shelley. Poco después de su muerte contó lo siguiente:

Lo que me ocurrió es largo de explicar. Sucedió unos 12 días después del accidente. Steven y yo nos enviábamos frecuentes mensajes a lo largo del día, por lo que yo siempre tenía cerca el teléfono. Yo estaba en el hospital, era un domingo por la noche y daban Dirty Dancing *en televisión. La historia de amor que cuenta la película me puso histérica y me sumió en un profundo dolor, hasta el punto de que empecé a preocuparme porque no podía controlar mis emociones. Por suerte estaba en un pabellón de cancerosos, rodeado de mujeres mayores (y más sordas) que yo, por lo que me dejé llevar y lloré. Las enfermeras me vieron llorar, pero les dije que estaba bien y se ocuparon de otros pacientes.*

Repetía una y otra vez: «Te quiero». Cuando llegué al momento en que pensé que iba a enloquecer de dolor, como suele decirse, mi teléfono emitió tres pitidos, algo que no había pasado antes. El sonido no era un aviso que indica la recepción de un mensaje de texto: me sobresaltó y me sacó de mi tristeza por un segundo; comprobé el teléfono, pero no había recibido ningún mensaje ni ninguna llamada. Empecé a llorar otra vez y a decir: «Te quiero». Cada vez que lo decía, el teléfono pitaba tres veces. Durante un tiempo no fui consciente de ello, porque dejaba de llorar y luego volvía a sumergirme en la emoción. Cuando me di cuenta de lo que estaba sucediendo, el proceso duraba ya un cuarto de hora. El teléfono solo sonaba cuando yo decía: «Te quiero». Empecé a hablar en dirección al aparato, que descansaba en mi mesilla. No pregunté si era Steven.

Eso me calmó y después de un rato me sentí cansada. Recuerdo que le dije al teléfono que el sueño de apoderaba de mí y que sin duda él también iba a dormir. Repetí: «Te quiero». El teléfono emitió los tres sonidos y enmudeció. El fenómeno no volvió a repetirse y, tres semanas después de dejar el hospital, el aparato dejó de funcionar mientras hablaba con el hermano de Steven. Aún conservo el teléfono. Quedan cosas por contar, pero tendría que pasarme toda la noche escribiendo; si le interesa, seguiré en otra ocasión.

Shelley se lo contó a una de las primas de Steven:

Extrañamente, le conté a una de las primas de Steven lo de la «llamada telefónica» y dijo que, después del accidente, las luces de su casa se encendían y apagaban intermitentemente, sobre todo las de su cuarto, y solo cuando leía aterradores libros de vampiros y estaba un poco asustada. Esto me hizo reír porque siempre he tenido fobia a los vampiros (¡es triste, pero cierto! Poca gente lo sabe –de hecho, solo tres personas, y ahora usted, por lo que sois cuatro– y ciertamente ningún miembro de la familia de Steven), cosa que a Steven le parecía hilarante, por lo que resulta curioso que sus luces parpadearan cuando leía este tipo de libros. Ella y su hijo llegaron a gritar «¡Para, Steven!», porque llevaban diez años en esa casa y este episodio se manifestó precisamente a partir del accidente. Apenas conocí a la prima de Steven hasta después del accidente y ahora nos estamos conociendo, por lo que me limito a acoger sus experiencias.

Ella y su madre (la tía de Steven) también han visto cómo sus teléfonos móviles emitían sonidos no programados en momentos inapropiados después de su muerte; en realidad, sucedió durante la última semana después del funeral del padre de un amigo.

Mientras llevaban el ataúd a la nave, la tía de Steven estaba fuera de la iglesia cuando su teléfono empezó a tocar una canción de marineros, lo que le pareció profundamente embarazoso. Ha intentado reproducir el sonido, pero su teléfono ni siquiera tiene esa melodía. Por suerte, todos creyeron que formaba parte del servicio religioso, porque sonaba muy fuerte y la tía tardó bastante en lograr que dejara de sonar. El hombre cuyo funeral se celebraba había sido marinero la mayor parte de su vida, razón por la que los presentes creyeron que aquella música formaba parte del funeral. Steven habría pensado que era gracioso, y por eso todos se convencieron de que era obra suya.

Steven tenía un perverso sentido del humor y están convencidos de que fue él el que hizo que sonara aquella música. En otra ocasión, el teléfono de su hermano reprodujo la canción «Mr. Blue Sky» en la última cena de cumpleaños de su padre; yo estaba sentada a su lado. A Steven siempre le había gustado esa canción y a su hermano le pilló por sorpresa, porque su teléfono no estaba configurado para reproducir ninguna melodía. Todos se convencieron de que era Steven. El libro que publiqué y le dediqué, porque me ayudó a aclarar mis ideas mientras lo escribía, solía caerse de las estanterías de sus padres, cosa que no hacía antes de su muerte.

Estas experiencias parecen ser más comunes que lo que suponemos. Mientras comentaba mi investigación con una compañera enfermera de Nigeria, ella me interrumpió para decirme:

Oh, qué interesante, algo parecido pasó cuando mi padre murió en Nigeria. Mi hermana mayor se había mudado más al norte y mi padre se le apareció el día de su muerte. Estaba bien vestido, como si se dispusiera a emprender un viaje. Le sonrió. Su aspecto era más juvenil y saludable, y estaba rodeado por una luz bri-

llante. En aquel momento mi hermana ni siquiera sabía que se encontraba indispuesto. Lo vio justo en el momento de su muerte; ¿cómo explicar eso?

En 2006, Bev Newcombe me envió un correo electrónico tras leer un artículo que yo había publicado en prensa:

Tengo 48 años y esto pasó cuando tenía 22. Mi madre padeció durante muchos años un cáncer intestinal. Al abandonar este mundo me prometió que si había alguna manera de hacerme saber que hay vida después de la muerte, me lo demostraría. Una semana después de su muerte me fui a dormir y tuve una visión en la que partía de viaje (y por favor, antes de que alguien diga que estoy soñando, quiero que se sepa que no fue así).

Recorrí un largo túnel blanco, me acerqué a una maravillosa luz brillante y me sentí inundada por una sensación de paz como nunca antes había experimentado en este mundo. Me encontré en una habitación amplia y brillante: en su centro había una mesa al estilo de la última cena, en uno de cuyos extremos estaba mi madre, con mejillas sonrosadas y un precioso cabello rubio (muy diferente a como dejó este mundo, como podéis imaginar); me miraba y me sonreía, y parecía encontrarse tan bien y tan feliz. Nos comunicamos con nuestras mentes y todo lo pude preguntarle fue: «¿Estás bien, mamá?».

Ella respondió: «Oh, sí, me encuentro bien y muy feliz, pero tienes que irte ahora, no puedes quedarte».

«Pero mamá, quiero quedarme aquí contigo.»

Y ella insistió: «No, no puedes, tienes que marcharte», y así fue como regresé gradualmente al estado de vigilia.

Poco después de este acontecimiento, «algo» me despertó una noche, y mientras abría lentamente los ojos vi algo que cambió el resto de mi vida y me llevó a un viaje que incluso a día de hoy me fascina y me excita.

Frente a mí, una luz brillante pero no cegadora caía como una telaraña del techo de mi habitación. El poder, ESTA cosa, me dijo que nosotros/la raza humana no somos más que granos de arena en comparación a la fuerza y energía de esta imagen; se desvaneció enseguida y nunca supe por qué se me apareció: quizá para darme fuerza para los años venideros, porque ciertamente la necesitaba –no he vuelto a experimentar algo así, pero sé lo que vi y lo que sentí–; desde entonces he visto a muchos seres espirituales, pero en ningún caso me considero una médium.

Todo lo que sé es que estas experiencias no son casuales ni se explican por la medicación, etc. Yo era una joven sana de 22 años, con una actitud extrovertida ante la vida. ¿Me da miedo morir? La respuesta es no, porque sé que ahí afuera hay algo mucho más grande de lo que podamos conocer o imaginar; tampoco creo que se nos permita descubrirlo antes de que llegue nuestra hora.

Otro fenómeno común es ver o percibir a los cónyuges después de su muerte.[174] De hecho, mi abuela paterna solía sentir a mi abuelo de noche, en la cama. Describió la sensación física de su presencia junto a ella; esto la reconfortó durante los muchos años que le llevó superar su muerte.

Otro ejemplo:

Mi esposa murió hace dos años y medio, a los 76; yo tengo 78. A veces, de noche, aparece junto a la cama e incluso se acuesta tal como solía hacerlo. Todo ocurre estando yo despierto; ¿hay alguna explicación a estos fenómenos?

RESUMEN

A partir de estos relatos puede deducirse que muchas personas experimentan sensaciones agradables cuando se acercan

a la muerte. Al prestar atención a lo que los enfermos terminales intentan comunicarnos de forma sutil podemos contribuir a satisfacer sus necesidades espirituales y asegurarles
una muerte pacífica. Desdeñar estas experiencias espirituales
y trascendentales por parte de quienes no han experimentado ese estado puede actuar en detrimento de quienes mueren
e incluso hacer que su muerte sea más traumática. Es importante que quienes mueren puedan expresar sus experiencias
y que nosotros podamos ofrecerles el apoyo que necesitan,
asegurándoles que esas vivencias son comunes, independientemente de las creencias de quien los está cuidando. Las
visiones en el lecho de muerte tienen una virtud curativa,[175]
reconfortan, permiten que la gente examine su vida y otorgan
un gran sentido a la muerte. Los pacientes que experimentan
visiones suelen realizar una transición pacífica a la muerte.[176]
Hace unos años mantuve una conversación con una especialista en cuidados paliativos que había aconsejado a muchos
pacientes a lo largo de su carrera. Creía que aquellos cuyas
muertes eran más serenas eran los que habían experimentado una ECM.

Cuidar a pacientes terminales a menudo genera ansiedad
en el personal sin experiencia. Cuidar a un moribundo no es
algo que pueda aprenderse en la universidad o en un libro
de texto. A través de estos medios puede lograrse un conocimiento valioso, pero el aprendizaje empieza realmente cuando uno afronta el trabajo cotidiano con los pacientes terminales. Por eso es importante que todos los trabajadores de la
sanidad estén preparados para determinados acontecimientos
que pueden encontrarse en su trabajo.

Las visiones en el lecho de muerte son un fenómeno común, pero como sociedad no parece que queramos hablar
mucho de ello. Y no porque no formen parte del proceso de
la muerte, sino porque no estamos tan expuestos a ellas como

hace años. En el pasado, los moribundos eran atendidos en los hogares y la muerte era un acontecimiento social en el que la familia, los amigos, los vecinos y los niños estaban presentes. A partir de 1880 empezaron las visitas regulares a los médicos y las técnicas quirúrgicas, lo que derivó en el traslado del lecho de muerte del hogar al hospital en la década de los 1930.[177] Desde entonces estamos a resguardo de la muerte, que ha dejado de ser parte de la vida. Los últimos avances tecnológicos han aumentado el número de personas tratadas en unidades de cuidados intensivos. La mayoría de los pacientes que mueren en cuidados intensivos han sido conectados a diversas máquinas y acaban en estados de coma inducido, lo que no deja espacio para las visiones en el lecho de muerte. Incluso los pacientes que mueren en un pabellón hospitalario común o en cuidados paliativos no están bajo la observación de su familia las 24 horas al día, por lo que no siempre están presentes si tienen lugar este tipo de fenómenos. Por lo tanto, no es que no ocurran: simplemente, nuestro grado de exposición es sensiblemente inferior.

6. POSIBLES EXPLICACIONES FISIOLÓGICAS Y PSICOLÓGICAS DE LAS ECM

«Una nueva verdad científica no triunfa convenciendo a sus oponentes y logrando que vean la luz, sino más bien triunfa porque sus oponentes acaban muriendo y crece una nueva generación familiarizada con las nuevas ideas.»

MAX PLANCK[178]

A continuación ofrecemos una breve exposición de las teorías materialistas más conocidas que se han propuesto para explicar la ECM. Hay otras muchas, como el receptor NMDA en el cerebro, procesos neurobiológicos, epilepsia del lóbulo temporal, psicosis, esquizofrenia, mecanismo de defensa, despersonalización, trastorno de personalidad múltiple y reminiscencia de nacimiento. He seleccionado solo las más populares por razones de extensión. Estas explicaciones son una forma lógica de intentar explicar qué causa una ECM, pero tras una investigación más profunda no explican suficientemente muchos aspectos de las experiencias. La ECM es un fenómeno muy complejo y con muchos factores, lo que hace que resulte increíblemente difícil encontrar una explicación adecuada.

Anoxia e hipoxia

Una de las explicaciones materialistas más populares de la ECM afirma que su origen está en la anoxia y la hipoxia. La anoxia tiene lugar cuando el oxígeno no llega al cerebro y la hipoxia es una reducción de los niveles de oxígeno en la sangre.

Los primeros estudios sobre los efectos de la hipoxia mostraron una reducción de la función mental y física, irritabilidad, falta de concentración y dificultad para recordar.[179] Cerca de la muerte, la hipoxia puede ser gradual, de modo que el cuerpo intenta compensar la falta de oxígeno, o repentina, dependiendo de las circunstancias. Por ejemplo, en un paro cardíaco se produce una inmediata interrupción del flujo sanguíneo al cerebro, mientras que, en una persona con dificultades para respirar, el cuerpo puede compensar la falta de oxígeno volviéndose cada vez más hipóxico. Cuando el flujo sanguíneo hacia el cerebro se detiene, la conciencia se pierde en diez o veinte segundos.[180] El daño cerebral es irreversible si el flujo sanguíneo de detiene entre cinco y diez minutos.[181]

A medida que progresa la hipoxia, la función cerebral se torna cada vez más desorientada, confusa y desorganizada, acabando en la inconsciencia. Lo he comprobado muchas veces en mi trabajo como enfermera.

Las ECM las relatan personas con gran claridad mental: son experiencias lúcidas, estructuradas. Las personas aseguran tener una reforzada sensación de conciencia y el recuerdo de ellas permanece vívido en su mente en muchos casos durante el resto de su vida. No es lo que podríamos esperar de un cerebro desorganizado con un reducido flujo sanguíneo o ninguno en absoluto. He atendido a cientos de pacientes inconscientes (que no han informado de una ECM), y recuperar la conciencia es un proceso gradual, en el que normalmente están confundidos y desconcertados.

La pérdida de conciencia inducida por la gravedad es un reconocido fenómeno que pueden experimentar los pilotos expuestos a elevados niveles de aceleración.[182] Durante su entrenamiento, muchos pilotos han quedado inconscientes porque su corazón ha sido incapaz de bombear sangre eficazmente a todas las partes del cuerpo. Se ha comparado a las ECM, porque algunos componentes, como las visiones, la sensación de euforia, las emociones positivas y las experiencias extracorporales, parecen ser los mismos. Sin embargo, también hay diferencias: estas experiencias son difíciles de recordar, son bastante azarosas y ninguno de los pilotos parece haber experimentado los cambios vitales que siguen a las ECM. Existe el caso de un piloto que tuvo una ECM y que también había experimentado las consecuencias de una hipoxia a una altitud elevada, y este hombre creía que las dos experiencias eran completamente diferentes.[183]

Se ha sugerido que el túnel y la luz se deben a la hipoxia y a los medicamentos administrados durante la reanimación.[184] Cuando se administra adrenalina o atropina, las pupilas se dilatan, lo que se cree que explica el túnel y la luz brillante.[185] Si alguna vez alguien ha intentado iluminar sus pupilas directamente con una linterna, sabrá que la primera reacción es cerrar los ojos, porque molesta. La luz que aparece en las ECM no molesta. Las pupilas se dilatan en una habitación oscura y al exponerse a una luz brillante los ojos se cierran, por lo que es improbable que esa luz se describa como brillante, pero indolora. Tampoco explica esta teoría las ECM que sucedieron cuando estos medicamentos no se administraron y no se llevaron a cabo procedimientos de reanimación tras una hipoxia. No todas las culturas incluyen el túnel de la ECM y se ha dicho que este elemento no es más que una representación simbólica de las ECM occidentales,[186] lo que también invalidaría esta teoría.

Por otra parte, si la ECM se debiera a la anoxia, entonces todos los pacientes que han sufrido un paro cardíaco deberían informar de una ECM, pero aproximadamente el 80 % de los supervivientes a esta dolencia no señalan la manifestación de este fenómeno. A lo largo de mi carrera he atendido a cientos de pacientes hipóxicos y solo unos pocos han experimentado una ECM. Si la ECM se debiera a la falta de oxígeno, lo lógico sería que la mayoría de estos pacientes informaran de este fenómeno.

HIPERCARBIA

Los efectos secundarios de niveles elevados de dióxido de carbono en la sangre fueron descubiertos por el psiquiatra estadounidense Charles Meduna,[187] que experimentó con este gas para tratar los trastornos psiquiátricos. Los efectos secundarios incluyen experiencias extracorporales, recuerdos del pasado, colores brillantes, sensaciones beatíficas, sueños vívidos, patrones geométricos y sensación de haber realizado grandes descubrimientos; algunas de estas experiencias eran aterradoras. Aunque algunas de ellas parecían típicas de la ECM, los pacientes de Meduna también manifestaban disfunción neurológica y ninguno experimentó los efectos secundarios característicos de las ECM.

Cuando he atendido a pacientes de hipercarbia, he visto que sus músculos se sacudían y retorcían espasmódicamente, algo que no ocurre en las ECM. Si la hipercarbia fuera la causa de la ECM, habría que esperar un mayor número de casos en este trastorno.

Drogas

El consumo de drogas como LSD (dietilamida de ácido lisérgico), psilocibina, DMT (NN-dimetiltriptamina-130), ketamina, cannabis y mescalina puede inducir estados eufóricos, beatíficos y alucinatorios. Bajo la influencia de estas drogas psicotrópicas, los individuos han informado de una expansión de la conciencia, de una sensación de serenidad y de visiones cósmicas.[188] Sin embargo, las experiencias con drogas pueden ser azarosas y no manifiestan el patrón de la ECM. Aunque las personas afirman haber sido transformadas por su experiencia con las drogas, se ha descubierto que su comportamiento no corrobora esas afirmaciones,[189] tal como sí ocurre con quienes han vivido una ECM.

Al consumir estas drogas la intención suele ser inducir un estado alterado de conciencia. Por lo tanto, también hay que tomar en consideración el marco psicológico, el entorno y el contexto. El marco se refiere a las características individuales del sujeto, tales como estado de ánimo, experiencias pasadas, personalidad y expectativas. El entorno tiene que ver con el ambiente y las personas presentes. El contexto alude a las experiencias en las que se inserta la experiencia: ¿tuvo lugar con un guía? ¿Fue para evadirse de algunos problemas? ¿Para experimentar? Todos estos factores pueden influir en el desarrollo de la experiencia. Si las drogas se toman con un propósito determinado, la ECM es repentina e inesperada, y por lo tanto se experimenta en un contexto muy diferente. En ambos casos, el individuo accede al mismo estado de conciencia, pero lo interpreta en función de las circunstancias en que ocurría.

Un reciente estudio que compara las similitudes entre las ECM y las experiencias con ketamina[190] subrayó muchas semejanzas entre ambos tipos de experiencia. Quienes tomaron ketamina comunicaron los mismos elementos de la ECM (tal como los define la escala ECM de Greyson):[191] encontrarse con amigos y parientes difuntos, la sensación de paz, ver una luz, destellos de la vida pasada y el acceso a otro mundo.

Pero hubo algunas diferencias entre el grupo ECM y el grupo ketamina. Un porcentaje superior de miembros del grupo ECM mencionó el encuentro con familiares fallecidos y visiones de figuras religiosas, especialmente de Jesús. El grupo ketamina tan solo informó de una presencia o un ser de luz de naturaleza irreconocible. Un porcentaje aún mayor de miembros del grupo ECM se refirió a una luz brillante. Sin embargo, un porcentaje superior de integrantes del grupo ketamina habló de la sensación de armonía y unidad con el universo. En este grupo pocos mencionaron una barrera o punto de no retorno, algo muy común en el grupo ECM.

Como señaló la autora del estudio, la doctora Ornella Corazza, no todas las experiencias con ketamina se parecen a las ECM. Las experiencias de tipo ECM eran más notables la primera vez que se usaba la ketamina, y tendían a disminuir con su consumo prolongado. Evidentemente, quienes tomaron ketamina lo hicieron con algún tipo de propósito y determinadas expectativas.

El organismo segrega dimetiltriptamina de forma natural y se ha sugerido que esto puede desempeñar un papel en las ECM.[192] No obstante, los experimentos controlados con esta droga han revelado que las experiencias de los sujetos son un tanto diferentes a las ECM. Muchos individuos hablan de encuentros con seres extraterrestres. Una persona relató una experiencia en la que aparecían algunos temas típicos de la ECM, como el túnel o el canal de luz brillante y pulsante. El túnel era muy grande y en él esa persona encontró pequeños duendes con alas y colas.[193] Son evidentes las semejanzas con la ECM, pero también hay que tener en cuenta que esa persona estaba leyendo los libros que sobre este tema han escrito Betty Eadie[194] y Dannion Brinkley,[195] ambos sembrados con prolíficos relatos imbuidos por esta imaginería.

Es de sobra conocido que las sustancias anestésicas y los medicamentos analgésicos como la morfina pueden provocar experiencias alucinatorias. Sin embargo, las experiencias inducidas por drogas pueden ser subjetivas y objetivas. He observado a muchos pacientes que han sufrido alucinaciones tras la administración de estos fármacos; su comportamiento extraño era claramente observable. Podían caer en la irracionalidad o en la paranoia, podían intentar arrancarse el gotero o levantarse de la cama; incluso podían llegar a mostrarse agresivos con el personal sanitario. En cambio, la ECM suele ocurrir cuando el paciente está inconsciente e insensible.

Los efectos de los anestésicos pueden tardar un tiempo en disiparse y en el postoperatorio los pacientes suelen estar varias horas en un estado soñoliento. En el seguimiento que he llevado a cabo para mi estudio, la mayoría de mis pacientes no recordaban o apenas recordaban haber estado en cuidados intensivos. Esto vuelve a establecer un profundo contraste con el vívido recuerdo de las ECM. Además, también se producen ECM sin que medie la administración de fármacos de ningún tipo.

ENDORFINAS

El organismo puede fabricar sus propios opiáceos, las endorfinas. Su función es reducir el dolor, inducir estados de serenidad, placer y calma, y contribuir a la supervivencia como respuesta en tiempos de estrés. Las endorfinas se liberan en estados en los que puede sobrevenir una ECM y se ha comprobado que se producen en los cerebros y cuerpos de perros conscientes en el momento de su muerte.[196] Sin embargo, si las endorfinas se liberan en el momento de la muerte, no se explica por qué no todas las personas informan de una ECM cuando sobreviven a la muerte.

No obstante, se ha afirmado[197] que en los corredores de fondo hay altos niveles de endorfinas y ellos no suelen experimentar ECM. También se ha sugerido que las endorfinas no son unos alucinógenos lo suficientemente potentes.[198] Los efectos de estas sustancias pueden durar unas 22 horas,[199] pero las ECM son muy breves y el dolor regresa en cuanto la persona recupera la conciencia.

La producción de endorfinas viene seguida de estados soñolientos y oníricos.[200] Se liberan endorfinas durante una convulsión epiléptica, pero normalmente la persona se sume en la confusión y el agotamiento[201] inmediatamente después. Ambas cosas contrastan con el estado hiperalerta de la ECM.

PROCESOS NEUROBIOLÓGICOS

Se ha sugerido que los procesos neurobiológicos pueden ser la causa de las ECM y hay muchas teorías que describen esos procesos en detalle.[202] La mayoría de estas teorías se han propuesto desde la premisa de que el cerebro crea la conciencia. Sin embargo, sigue sin explicarse cómo la experiencia de la conciencia surge de las estructuras neurológicas y acompaña los procesos neurológicos.[203] A falta de más investigaciones en el área clínica, es más plausible pensar que esos procesos neurológicos no son responsables de *crear* la conciencia, sino que son meros *mediadores* de la conciencia. Futuras investigaciones sobre las ECM podrían aportar elementos para sostener que esos procesos neurológicos no son agentes causantes, como afirma la popular creencia materialista, sino consecuencias. Esto revolucionaría completamente el modo en que comprendemos la conciencia.

LA EXPERIENCIA EXTRACORPORAL

Paul y Linda Badham sugirieron que en mi investigación incluyera la verificación de la experiencia extracorporal como componente de la ECM.[204] La razón de querer verificar el componente de experiencia extracorporal de la ECM procede de experimentos realizados en las décadas de los 1970 y 1980.[205] Sujetos que aseguraban ser hábiles a la hora de abandonar sus cuerpos también se proyectaron con éxito en habitaciones experimentales donde descansaban sus animales de compañía. En el momento de la supuesta proyección, los animales se movían y actuaban como si su propietario estuviera presente. Una mujer leyó correctamente un número situado en una caja colocada en el techo del laboratorio donde dormía.[206] También se identificaron correctamente objetos ocultos en cajas suspendidas.[207] Sin embargo, estos estudios son pocos y no han sido repetidos.

AUTOSCOPIA Y HEAUTOSCOPIA

Las experiencias autoscópicas[208] tienen lugar cuando un segundo cuerpo es percibido sin cambios en la autoconciencia corporal. La mente se identifica con el cuerpo, un fenómeno que no es típico de la percepción mente-cuerpo alterada registrada durante una experiencia extracorporal.[209] Las experiencias heautoscópicas[210] suceden cuando un individuo percibe un fantasma de sí mismo mientras su mente y su cuerpo permanecen identificados uno con el otro. Durante la experiencia heautoscópica hay una identificación con el cuerpo fantasmal y a menudo la persona afirma percibir y existir en dos lugares diferentes al mismo tiempo. El fantasma normalmente está en movimiento, es transparente y solo es visible su rostro o una parte de su cuerpo. En cambio, durante la experiencia extracorporal en una ECM la mente existe completamente aparte del cuerpo físico y lo reconoce como algo independiente y no solo como una imagen.

LA EXPERIENCIA EXTRACORPORAL
Y ATAQUES EPILÉPTICOS, PSICOSIS, ETC.

Se ha hablado de experiencia extracorporal durante ataques epilépticos, psicosis y epilepsia del lóbulo temporal.[211] Algunos casos pueden parecerse a experiencias del tipo ECM, pero también exhiben un comportamiento extraño que indica que los individuos han perdido el contacto con la realidad. La mayoría de las semejanzas con las experiencias epilépticas se limitan a la autoscopia,[212] que es muy diferente a las definidas, precisas y nítidas experiencias extracorporales que suceden en las ECM, donde la persona cree existir más allá de su cuerpo. Otras investigaciones han descubierto que estos acontecimientos son imprecisos, y otras han descrito cómo los sujetos se sentían desapegados, como si estuvieran en una película o soñando.

Los ataques del lóbulo temporal inducidos por estimulación eléctrica del cerebro son fragmentarios y variables,[213] a diferencia de las ECM, nítidas e integradas. Muchos detalles de las alucinaciones se olvidan tres o cuatro minutos después del estímulo.[214] A pesar de acumular 30 años de experiencias en el tratamiento del lóbulo temporal en epilépticos, Rodin[215] declaró que nunca había tratado a un paciente que informara de una experiencia semejante a la ECM durante un ataque. Algunos ataques pueden derivar en la alteración de la imagen corporal, el espacio, el tiempo y la experiencia de *déjà vu*, pero de forma muy desordenada. Algunos componentes de la ECM pueden manifestarse de forma confusa y fragmentaria debido a las descargas anormales del lóbulo temporal.[216] Es muy probable que un trastorno cerebral tan devastador que produce ataques pueda provocar una ECM, que tienden a ser muy estructuradas. Además, mientras que las ECM tienen un efecto positivo en la vida de quien las experimenta, las experiencias epilépticas y psicóticas pueden ejercer un efecto opuesto.

La experiencia extracorporal
y la estimulación eléctrica

En la década de los 1980 el neurocientífico canadiense Michael Persinger inventó un «casco divino» que transmitía campos magnéticos de diversa intensidad a la cabeza del sujeto, con el propósito de inducir experiencias místicas. El casco se usó para inducir ataques leves en el lóbulo temporal, lo que, según Persinger, provocaría experiencias extracorporales, místicas y religiosas. Los resultados de los experimentos mostraron que dos tercios de los sujetos percibieron una presencia tras la activación de los campos magnéticos, pero, curiosamente, una tercera parte del grupo de control aseguró haber percibido el mismo efecto, aunque no había ningún campo magnético activado.[217] Ninguna de las experiencias magnéticas se parecían a una ECM y los relatos de los sujetos eran inconsistentes unos respecto a otros.

La repetición de los mismos experimentos arrojó resultados bastante diferentes y los únicos dos sujetos que manifestaron fuertes experiencias espirituales estaban en el grupo de control y no habían sido expuestos a los campos magnéticos. Los investigadores concluyeron que los resultados de Persinger se explicaban por sugestión psicológica.[218]

Los fenómenos extracorporales también se han producido en experimentos que implican la estimulación eléctrica del cerebro.[219] A primera vista parecen idénticos a las experiencias extracorporales en los contextos cercanos a la muerte, pero un análisis más atento revela muchas diferencias entre los dos tipos de experiencia. Algunos pacientes han descrito la experiencia como algo sobrevenido a su conciencia al margen de todo contexto.[220] Al analizar la investigación, quienes están familiarizados con la experiencia extracorporal descubren que estos casos, aunque similares, son muy distintos a las minuciosas y nítidas experiencias acontecidas en un contexto de ECM.

En 2002 y 2004 se publicaron investigaciones[221] que sugerían que la estimulación eléctrica del giro angular, en el interior del cerebro, podría suscitar experiencias extracorporales, lo que reforzó la creencia de que estos fenómenos son creados por el cerebro. Leí los artículos con interés. Por desgracia, estos se escribieron desde la creencia a priori de que la conciencia es un subproducto del cerebro: los investigadores creían que la experiencia extracorporal era generada por el cerebro. Los autores ofrecieron los informes de sus seis sujetos de investigación: pacientes neurológicos, cuatro de los cuales padecían ataques epilépticos, uno con hipertensión arterial y otro con migraña hemipléjica. Todos los pacientes fueron sometidos a electroencefalogramas y resonancia magnética, con el objetivo de llevar a cabo una «descripción del fenómeno autoscópico/extracorporal».

Lo que cada paciente contó fue muy diferente a las precisas y nítidas experiencias extracorporales que aparecen asociadas a las ECM. Los sujetos del estudio de Blanke y sus colaboradores dijeron haber visto a personas desconocidas, y hablaron de vagas «impresiones oníricas», dijeron que solo se veían las piernas y la parte inferior del tronco y que estaban en dos lugares a la vez sin tener la sensación de abandonar el cuerpo. Asimismo, tenían la sensación de un movimiento corporal distorsionado, podían percibir el rostro y la parte superior del torso, pero no podían ofrecer detalles del área que circundaba el cuerpo. No eran los detalles precisos y nítidos típicos de una experiencia extracorporal durante una ECM. Quienes quieran todos los detalles pueden consultar los dos artículos publicados.

Tuve conocimiento de otro caso (véase también el paciente 10 de mi estudio en el capítulo 7). Esta mujer informó de una experiencia extracorporal durante una operación quirúrgica:

> *Soy madre y abuela y fui a la universidad después de mi experiencia extracorporal, que tuve hará unos ocho años. Tengo una licenciatura en psicología y un máster en estudios psicoanalíticos; ¡no está mal para una abuela disléxica!*
>
> *Tuve una serie de problemas que, resumiendo, acabaron en una operación que tenía previsto finalizar entre las 16.30 y las 17 horas. A mi marido le dijeron que llamara al cirujano a las 17 horas y que este le contaría cómo había ido.*
>
> *Lo primero que sucedió es que fui consciente de estar despierta en una habitación de un amarillo intenso; sentí que los muros estaban cubiertos de baldosas amarillas y que las luces eran muy brillantes. Inmediatamente supe que estaba en un hospital. Me sentía tranquila y muy bien; miré a la izquierda y vi el reloj en el muro: eran las 18.50 horas. Sentí pena por mi marido porque supe que estaría aterrorizado al no habérsele comunicado que todo había ido bien. Miré hacia abajo y pude ver mis brazos y la*

parte inferior de mi cuerpo. En la mano izquierda sostenía un bote de doble abertura (que permitía acomodar dos jeringuillas). Era consciente de que había gente detrás de mí, aunque no pude ver a nadie. Intenté mirar a la derecha, pero no pude ver esa parte de la habitación.

En la habitación se había desencadenado una sensación de pánico, que asombrosamente a mí no me preocupaba; yo pensaba en mi marido. La persona que estaba detrás de mí, a la derecha, era una mujer; informó a mi cirujano, a quien reconocí (aunque llevaba unas botas blancas Wellington, una gorra Blue Jays en la cabeza y una mascarilla que le caía más allá de la mandíbula), de que mi presión sanguínea estaba cayendo; repitió esta información a intervalos regulares. Mi cirujano parecía confundido y nervioso, algo que me sorprendió porque nunca lo había visto así. Empezó a gritarle al hombre del abrigo blanco que había irrumpido en la habitación por la derecha, y a quien yo reconocí como la persona que me había hecho las pruebas de sangre. Llevaba una carpeta que miraba de vez en cuando; el tono que el cirujano empleaba con él le ponía nervioso. El cirujano preguntó cuántas unidades de sangre me habían suministrado; él respondió que dos y el cirujano explotó: «No lo has hecho, había al menos tres vacías en el suelo». Caminaba de un lado a otro, muy preocupado. Otro hombre vestido con ropa de calle entró por la derecha: lo reconocí, era el anestesista. El cirujano también se enfrentó a él, pidiéndole que hiciera algo. El anestesista ignoró la diatriba y se dirigió en tono sosegado a la mujer que había a mi espalda. Le preguntó cuánto había descendido mi presión sanguínea y miró tranquilamente la carpeta que el hombre del abrigo blanco sostenía en sus manos. La dejó y caminó hasta el pie de la cama. Observé cómo levantaba mi mano izquierda; no me reconoció. Llevaba una jeringuilla; destapó uno de los botes e introdujo una jeringuilla en él.

Todo se tornó negro y regresé a mi cuerpo; me sentía muy, muy cansada. Intenté sentarme y conversar con el cirujano, pero me lo impidieron y me sacaron la «cosa» de la boca. Tuve arcadas y empecé a decir: «No prueben con los demás». Quise seguir hablando, pero la náusea me lo impidió. Miré el reloj, que marcaba exactamente la misma hora, las 18.50; miré a la derecha y vi el extremo de la habitación (camas y una pared). Quería comprobar que no lo había soñado. ¡Definitivamente, no había sido así! Era una habitación de postoperatorio y no era brillante o amarilla, pero era la misma habitación. El cirujano se sentía tan aliviado que me besó en la mejilla, se quitó la gorra azul de la cabeza, también la mascarilla y dijo: «Ahora puedo irme a casa». Bajé la vista mientras se marchaba y vi unas botas de goma blancas.

El cirujano vino a verme al día siguiente; me preguntó si recordaba algo de la noche anterior. Le dije que había habido problemas con mi presión sanguínea, que bajaba constantemente. Se quedó boquiabierto, creo que anonadado. Me dijo que, en efecto, había ocurrido así y que todo había ido bien después de que me administraran adrenalina. Hubo complicaciones y la operación duró más de lo esperado.

Supe, sin género de dudas, que la experiencia había sido real: el reloj, la hora, la vestimenta del cirujano y todo lo que vi fue real.

Hay grandes diferencias entre esta experiencia y las inducidas por estimulación eléctrica. Los casos de los que se tiene noticia durante la estimulación no son muy específicos y no se relacionan con acontecimientos que suceden en el mismo contexto. Por ejemplo, una de las experiencias extracorporales tuvo que ver con la esposa del sujeto y transcurrió en su casa. Aunque existen vagas similitudes entre una experiencia extracorporal durante una ECM y las consignadas durante la estimulación eléctrica, esto no ofrece evidencias de que las experiencias extracorporales sean generadas por el cerebro. Es probable que las áreas del cerebro asociadas con estas experiencias estén correlacionadas y no produzcan una relación causal. Para una respuesta más completa a esta investigación, véase el artículo de Holden, Long y McClurg.[222] Las nítidas experiencias extracorporales de las que se tiene constancia durante las ECM son muy diferentes a las inducidas por estimulación eléctrica, lo que sugiere que los autores se arriesgan un tanto al afirmar que «Estas observaciones indican que la experiencia extracorporal y las ilusiones somatosensoriales complejas pueden inducirse artificialmente por medio de la estimulación eléctrica del córtex».[223]

LA EXPERIENCIA EXTRACORPORAL EN LA INVESTIGACIÓN PROSPECTIVA

En la literatura dedicada a este tema hay informes de pacientes que han vivido una experiencia extracorporal y han descrito correctamente objetos que no podían ver desde su campo de visión durante la emergencia.[224]

Otros estudios han intentado establecer la veracidad de la experiencia extracorporal durante una ECM.[225] Una serie de tarjetas marcadas que solo podían verse desde una perspectiva extracorporal se colocaron en la sala de emergencias y las unidades coronaria y de cuidados intensivos. Estos estudios han sido replicados en mi propio estudio y en el del doctor Sam Parnia.[226] Ninguno de estos estudios ha sido concluyente, pero el paciente 10 de mi estudio describió con exactitud las acciones de la enfermera, el médico y el fisioterapeuta presentes durante su situación de emergencia.[227] Sé que su relato es exacto porque yo soy la enfermera que estaba allí en aquel momento. El actual estudio AWARE[228] también incluye el mismo experimento de veracidad.

Hipnagogia y hipnopompia, sueños, intrusión del REM

La hipnagogia es el estado que se da al principio del sueño y la hipnopompia es el estado en el que nos despertamos del sueño. Durante estos estados puede desencadenarse cierta imaginería visual.[229] Son fases en que pueden «experimentarse» iluminaciones repentinas. Se considera que estos estados pueden inducir una experiencia extracorporal en un contexto distinto al de la ECM.[230] Los individuos que experimentan estos estados afirman sentirse serenos, tranquilos, relajados, indiferentes y desapegados. Sin embargo, quienes informan de una experiencia extracorporal inducida por el estado hipnagógico se sienten observadores pasivos y carecen de pensamiento analítico.

Las experiencias extracorporales a menudo se categorizan como sueños, pero hay diferencias específicas.[231]El movimiento ocular rápido (REM) tiene lugar durante cada ciclo de 90 minutos. Viene acompañado de parálisis motora, tensión muscular y explosiones periódicas de actividad. La poca investigación sobre las experiencias extracorporales y los electroencefalogramas[232] ha mostrado diferencias entre estos fenómenos y la fase REM. Del mismo modo, los movimientos oculares característicos de la fase REM no se dan en las experiencias extracorporales. Estas últimas se recuerdan bien, mientras que el recuerdo de la fase REM es neblinoso, confuso y muy difícil. Al despertar, la persona descubre que ha estado soñando, mientras que quienes han vivido una experiencia extracorporal sienten la intensidad de su realidad. Estas experiencias cambian la vida; los sueños no producen cambios en la personalidad y la forma de vivir.

Se ha sugerido que la intrusión del REM es una explicación de las ECM. Este estado se asocia a la fase de sueño

REM e incluye movimientos oculares rápidos, descenso del tono muscular y sueños. Ocasionalmente, la fase REM puede presentarse cuando alguien se despierta o está a punto de dormirse. Esto recibe el nombre de intrusión del estado del REM y puede experimentarse como alucinaciones en los estados hipnagógicos e hipnopómpicos, o manifestarse como parálisis del sueño. En este último caso, la persona puede estar completamente despierta, pero ser incapaz de hablar o moverse. En 2006 y 2007 se publicaron dos artículos que concluyeron que había una relación entre las ECM y la intrusión del REM. Los dos artículos se publicaron en *Neurology*, una de las revistas médicas más prestigiosas dedicadas al estudio del sistema nervioso.[233] Hubo una gran cobertura mediática que dio la impresión de que las ECM eran atribuibles a estos procesos neurológicos. Sin embargo, esta afirmación fue refutada en una respuesta de 34 páginas publicada en el *Journal of Near-Death Studies*.[234]

Más allá de esta respuesta, me gustaría añadir lo siguiente en relación con mis propios descubrimientos. Los investigadores[235] han hablado de la actitud de «enfrentamiento o evasión» como una respuesta psicológica normal al peligro o a una situación que amenaza la vida. Las vías neuronales asociadas con el «enfrentamiento y evasión» también se asocian con la intrusión del REM. Se ha afirmado que las vías nerviosas relacionadas con el miedo y asociadas a la intrusión del REM pueden activarse merced a un acontecimiento que amenaza la vida, tal como ocurre en las ECM. Esto apoyaría una posible asociación entre las ECM y la intrusión del REM. Algo que no parece haber ocurrido en mi estudio. Durante el primer año entrevisté a todos los pacientes que sobrevivieron a su ingreso en la UCI. Todos ellos permanecieron en un entorno cerrado de cuidados intensivos, y en la mayoría de los casos su vida peligraba. Incluso aquellos que no se encontraban en una situación crítica estaban expuestos a situaciones complicadas de otros pacientes que se hallaban cerca de ellos. He visto a pacientes tan asustados por lo que habían oído o entrevisto que intentaron saltar de la cama y huir. La mayoría de los pacientes entrevistados durante el primer año pudo estar al tanto de estas situaciones, pero menos del 1 % experimentó una ECM. Si estos fenómenos son atribuibles a la intrusión del REM, sería de esperar una mayor incidencia de los relatos de ECM.

El examen vital
como proceso psicológico de reminiscencia

A medida que envejecen, las personas dedican más tiempo a recordar.[236] La reflexión y revisión del pasado pueden asegurar al individuo que su vida ha sido plena, fomenta la sabiduría y mejora la comprensión, y por lo tanto otorga un sentido a la vida, y ese sentido nos prepara para la muerte.[237] El examen vital parece una forma acelerada de reminiscencia y es un importante proceso psicológico.

Los escaladores que han sobrevivido a caídas mortales hablan de cómo los invadió una sensación de calma, paz y lucidez, a la vez que contemplaban toda su vida mientras caían.[238] Estos escaladores no se estaban muriendo, pero la muerte era una posibilidad real. Parece que la reminiscencia se acelera en mayor grado cuando el individuo afronta situaciones inesperadas que amenazan su vida. No está claro por qué es necesario aprender de nuestras acciones pasadas si la conciencia se extingue con la muerte del cuerpo físico. De hecho, después de un estudio sistemático de las ECM desde el punto de vista del examen vital, se ha sugerido que este último solo es comprensible si consideramos que la vida continúa de algún modo; hasta tal punto sus consecuencias son trascendentales.[239]

MECANISMOS PSICOLÓGICOS DE DEFENSA

Las ECM y las experiencias extracorporales han sido comparadas con los síndromes psicológicos de desrealización, disociación y despersonalización. La desrealización se describe como la sensación de percibir elementos oníricos y no reales. La disociación se ha definido como una separación estructurada de los procesos mentales respecto al entorno de la persona y, en casos extremos, como la separación respecto a las experiencias físicas y emocionales.[240] Una situación aterradora o peligrosa puede desencadenar este síndrome, que, según se ha demostrado, surge en la infancia.[241] También es común en personas previamente expuestas a grandes niveles de estrés.[242] No se siente ansiedad o dolor físico porque el sujeto se ha disociado a otra realidad en la que no percibe una unidad con su cuerpo. Aunque algunas ECM manifiestan cierta tendencia a la disociación, en estos casos no es patológica.[243]

Entre los rasgos de la despersonalización, se encuentra la sensación de desapego, irrealidad, autopercepción[244] alterada y un estado exacerbado de alerta.[245] El yo operativo y el yo observador se perciben de forma independiente,[246] pero la persona no necesariamente se siente «fuera del cuerpo»[247] y puede sentirse entumecida. La experiencia adquiere una tonalidad onírica y a menudo surge una barrera entre el yo que observa y el yo operativo como característica de la despersonalización.

Alucinaciones

Muchos pacientes ingresados en la UCI tienen alucinaciones o desarrollan psicosis típica de la UCI. Las principales razones son la privación de sueño, el aumento de los estímulos sensoriales, el descenso del ritmo cardíaco, los niveles de ruido y la conversación del personal sanitario, los prolongados períodos de exposición a entornos iluminados, el constante «ruido blanco» y los medicamentos administrados.[248]

Los pacientes hablan de una imaginería vívida y aterradora y de experiencias extrañas y oníricas. Aunque parezcan coherentes y respondan apropiadamente, más tarde se descubre que en aquel momento los pacientes estaban alucinando.[249] Las alucinaciones son aleatorias y, con el tiempo, los pacientes pueden racionalizarlas; las ECM, sin embargo, son estructuradas, siguen un patrón, y en el seguimiento quienes los han experimentado aseguran que han sido reales.

Keith Augustine[250] ha realizado aportaciones importantes y muy interesantes que sugieren que las experiencias extracorporales pueden ser alucinatorias, a lo que se ha respondido con contraargumentos. Remito al lector interesado a que lea las ediciones de verano, otoño e invierno del *Journal of Near-Death Studies* de 2007 para conocer todos los argumentos y respuestas.

Ilusiones y expectativas

Es lógico inferir que, puesto que la mayoría de las ECM son agradables, podrían explicarse simplemente por las ilusiones o lo que deseamos que ocurra al morir. Pero la mayoría de las ECM ocurren en situaciones inesperadas y la persona no tiene tiempo para pensar en lo que está sucediendo, y menos aún para construir un elaborado guión en un momento en el que su cerebro sufre una grave conmoción. Muchas ECM se han manifestado en el parto o en las complicaciones del nacimiento; sin duda la muerte es lo último que ocupa la mente de una futura mamá. En mi estudio no he descubierto que las ECM sean consistentes con la insatisfacción de los deseos; lo comentaremos en el siguiente capítulo.

Se ha dicho que los sujetos que han experimentado una ECM son propensos a la fantasía.[251] Sin embargo, el profesor Bruce Greyson no está de acuerdo y subraya que no hay evidencias que apoyen esta idea.[252] Los sujetos ECM pueden puntuar más alto en medidas estándares de predisposición a la fantasía que el resto de las personas, pero estas puntuaciones no bastan para que sean categorizados como personalidades propensas a la fantasía.

A pesar de que las ECM son populares en los medios, se ha descubierto que los informes sobre ECM son idénticos después de la publicación del libro de Moody en 1975. Los informes posteriores a ese año no han sido embellecidos ni son sustancialmente diferentes.[253]

Es evidente que las teorías materialistas no pueden explicar todo el espectro de complejidades asociadas a las ECM. Después de más de 30 años de investigación de este fenómeno, ninguna de estas teorías proporciona una explicación adecuada. Hay cientos de casos de ECM de los que se ha informado anecdóticamente, pero que no se han explicado en serio porque se ha asumido que las teorías materialistas daban cuenta de ellos. Evidentemente, otra crítica muy extendida es que los informes de los equipos de investigación no son correctos. Sin embargo, llegar a esta conclusión exigiría una gran conspiración del personal médico, los equipos de enfermeras, los pacientes y los investigadores; ahora, cuando la investigación se realiza en áreas clínicas, los resultados no son tan fáciles de desdeñar.

Así pues, ¿pueden estudiarse estas experiencias en entornos clínicos? ¿Apoyan los datos de los estudios prospectivos el argumento materialista de que la conciencia es un subproducto de la actividad cerebral? El siguiente capítulo presentará brevemente los resultados del estudio de cinco años del que he sido responsable.

7. ECM: ESTUDIO PROSPECTIVO DE CINCO AÑOS

En 1997 el Comité Local de Investigación Ética me dio permiso para realizar un proyecto de investigación de cinco años para estudiar las ECM en la UCI en la que trabajaba. La planificación del protocolo de investigación llevó unos dieciocho meses. También recibí permiso del director de enfermeras y de todos los especialistas del hospital (a excepción de tres del departamento de neurocirugía) para entrevistar a los pacientes a su cargo. Cada paciente fue invitado a participar en la investigación y se obtuvo su consentimiento escrito. No se utilizaron nombres y cada paciente fue codificado con un número.

No hubo financiación ni permiso para reducir mi horario y dedicarme al estudio: lo hice todo en mi tiempo libre y encargándome yo misma de los gastos. Sin embargo, fui muy afortunada porque Fundación Lifebridge de Nueva York, a la que siempre estaré agradecida, financió mis tasas universitarias durante los ocho años que tardé en completar mi doctorado. Aunque busqué financiación en muchas agencias británicas, ninguna estuvo interesada en la investigación.

A continuación presento un breve resumen del estudio; en mi libro anterior he publicado una descripción completa.[254]

EL ESTUDIO

Tras examinar atentamente la literatura disponible antes de empezar el estudio, quise profundizar en la investigación de muchos aspectos y añadir otros a los trabajos anteriores. Quise centrarme en diez preguntas específicas, entre las que se incluyen las siguientes: ¿cómo son las ECM?, ¿pueden explicarse a partir de pruebas sanguíneas anómalas?, ¿están causadas por la medicación administrada?, ¿son alucinaciones o ilusiones?, ¿ocurren solo durante los paros cardíacos? Un componente potencialmente verificable de la ECM era la experiencia extracorporal.

¿PUEDE VERIFICARSE LA EXPERIENCIA EXTRACORPORAL?

A fin de investigar si la experiencia extracorporal era verídica decidí replicar una investigación anterior que la profesora Janice Holden,[255] y más tarde la doctora Madeleine Lawrence,[256] llevaron a cabo en la década de los 1980. Escribí símbolos aleatorios en papel fluorescente para llamar la atención. Recorté los símbolos y los coloqué en la parte superior de monitores cardíacos situados a cada lado de la cama del paciente. Los monitores estaban a algo más de dos metros del suelo. Alrededor de cada símbolo se alzaba una corona que aseguraba que cada símbolo solo pudiera contemplarse desde una perspectiva extracorporal.

El estudio piloto
Se llevó a cabo durante el verano de 1997 y fue muy útil porque pude identificar errores en la planificación y modificar el protocolo. Durante el estudio piloto descubrí que mis com-

pañeros sentían mucha curiosidad por los símbolos ocultos y que, en mi ausencia, algunos subieron a unas escaleras para verlos. Entonces mostré los símbolos a todo el personal y los sustituí por otros nuevos. Se repitió a todos la importancia de no conocer los símbolos; si por casualidad los mencionaban cerca de los pacientes, eso podría invalidar la investigación. Cuando empezó la investigación formal, mis compañeros ya habían dejado de sentir curiosidad por los símbolos.

Empieza el estudio
Durante el primer año entrevisté a todos los pacientes ingresados en cuidados intensivos al margen de lo cerca que habían estado de la muerte, porque quería determinar hasta qué punto las ECM son comunes y qué dolencias médicas se asocian predominantemente a ellas. También quería asegurarme de que no me perdería una ECM porque no me la comunicaran voluntariamente. Entrevistar a todos los pacientes también ayudó a investigar si las ECM podían provocarse a partir de mecanismos de defensa psicológica si los pacientes se percibían a sí mismos como más enfermos de lo que estaban.

Al acercarme a cada paciente me limitaba a preguntar: «¿Recuerda algo del tiempo en que estuvo inconsciente?». Explicaba la investigación y les invitaba a participar. Se obtenía su consentimiento por escrito y su caso se codificaba con un número. La mayoría de los pacientes no recordaba nada, pero si recordaban algo la entrevista recurría a la escala Greyson de ECM y un cuestionario semiestructurado y en profundidad.

Al final del año yo estaba agotada y me parecía muy difícil sostener la práctica de entrevistar a cada paciente. El seguimiento lo hacía en mi tiempo libre, lo que significaba que tenía que llegar temprano al trabajo, quedarme después de mis turnos e incluso ir en mis días libres para seguir la pista a los pacientes destinados a los pabellones en los que yo no trabajaba. Pasaba más tiempo en el trabajo que en casa, hasta el punto de que se me hizo evidente que tenía que modificar mi investigación porque no podría seguir con ese grado de compromiso otros cuatro años.

Durante los siguientes cuatro años decidí seguir solo a los pacientes que habían sobrevivido a un paro cardíaco y a aquellos que me comunicaran voluntariamente una ECM asociada a otra dolencia médica. No me quedó otra opción que reducir mi horario de trabajo a fin de dedicar más tiempo a la investigación.

Tras el primer año había entrevistado a 243 pacientes, pero solo dos me contaron una ECM (0,8 %) y dos me relataron una experiencia extracorporal (0,8 %). En realidad, investigué a muchos más pacientes, pero algunos no eran adecuados para el estudio por su estado de confusión, el deterioro de su enfermedad, etc. No esperaba encontrar muchos relatos de ECM, porque pocos de estos pacientes habían estado al borde de la muerte.

Me pareció interesante comparar esta muestra con los pacientes que habían padecido un paro cardíaco. Cuando los supervivientes a esta dolencia fueron entrevistados en el curso de los cuatro años posteriores, descubrí que, aunque la muestra era mucho más pequeña, había una mayor incidencia de ECM. Así que, al final de los cinco años, de los 39 pacientes que sobrevivieron al infarto, siete me contaron su ECM (17,9 %).

Mientras me centraba en estos pacientes, otros individuos, aquejados de diversas dolencias (no relacionadas con la insuficiencia cardíaca), me comunicaron voluntariamente su ECM. Así que, en total, en cinco años, me encontré con 15 pacientes y sus relatos de ECM y ocho experiencias extracorporales.

El elemento más común de la ECM era el encuentro con familiares difuntos; sucedió así en 11 de los 15 casos. Otros elementos frecuentes fueron la entrada en otro mundo, la visión de una luz brillante, sentimientos de alegría, paz y calma, distorsión temporal, sentidos agudizados, el regreso a la vida, la visión de un ser de luz y el encuentro con una barrera. Curiosamente, ninguno de los pacientes habló de un examen vital completo o de visiones del futuro.

La ECM de dos pacientes fue perturbadora: una era normal, pero fue interpretada desde un punto de vista inquietante y la segunda era una experiencia infernal. Durante el tiempo en que estuvo inconsciente como resultado de un paro cardíaco, la paciente 4 creyó estar mirando el infierno y quedó traumatizada por su recuerdo.

Un caso interesante

Recopilé 15 ECM con muchos aspectos interesantes. Sin embargo, la ECM del paciente 10 fue la más profunda del estudio: una ECM con muchos elementos notables. Para un examen detenido del caso, véase un artículo de 16 páginas escrito por Sartori, Badham y Fenwick.[257] No tuvo lugar durante un paro cardíaco, sino en un período de profunda inconsciencia en el que no respondía a estímulos verbales o estímulos dolorosos. Es un caso único y yo misma era la enfermera que le atendió aquel día y estuvo presente durante el tiempo en que se desarrolló la secuencia de acontecimientos.

El paciente se recuperaba bien de una enfermedad crítica y aún recibía la asistencia de un respirador en el momento de su experiencia. Cuando sentamos al paciente en la silla al lado de la cama, su estado empeoró rápidamente y perdió la conciencia. En el verano de 2013 volví a entrevistar al paciente 10 para investigar si su ECM había inducido grandes cambios en su vida. Este incidente ocurrió en noviembre de

1999, y pesar del tiempo transcurrido, la experiencia conti-
nuaba vívida en su mente, como muestran las siguientes palabras:

*Oh, sí, aún lo recuerdo. Es muy vívido, lo veo claramente en mi
mente. Lo primero que recuerdo es sentarme en una silla. Lo siguiente es que flotaba hacia el techo de la habitación. Miré hacia abajo y vi mi cuerpo en la habitación. Era agradable, me sentía muy tranquilo y no experimentaba ningún dolor. El dolor había
desaparecido.*

*Entré en una habitación rosa y vi a mi padre junto a un hom-
bre. Dije que podría ser Jesús, pero cómo iba a saberlo si nunca lo había visto. Su cabello era desaliñado, necesitaba un cepi-
llo. Sus ojos eran amables, sin embargo; recuerdo que miré sus
ojos. Recuerdo que mi padre hablaba pero no con la boca, es difícil de explicar.*

*Entonces sentí que alguien me tocaba el ojo, miré hacia abajo
y vi mi cuerpo y al médico y te vi a ti, Penny. El médico dijo algo
de mi ojo. Entonces me introdujiste ese pirulí rosa en la boca para
limpiarla. La otra chica estaba allí, se ocultaba tras las cortinas,
estaba preocupada por mí y observaba mi evolución.*

*Entonces oí a alguien decir: «Tiene que volver». Lo dijo el
hombre con aspecto de Jesús. Pero yo quería quedarme allí, se estaba tan bien, me encontraba muy a gusto. Entonces floté en dirección contraria y me introduje en mi cuerpo. El dolor que sentí al
entrar fue terrible, espantoso. Siempre lo recordaré de forma muy
vívida. Si cierro los ojos, lo veo todo otra vez, aunque pasó hace
años. No pude ver lo que habías escondido en el armario, solo lo
que estaba alrededor de mi cuerpo en la cama.*

*Era muy claro, no como esas alucinaciones que tuve cuando
me suministraron morfina. Aquellas alucinaciones eran terribles,
no las recuerdo claramente, pero recuerdo que la habitación gira-
ba y unas arañas correteaban por los muros y parecía que la cama*

se movía y atravesaba las paredes. No, la experiencia al borde de la muerte fue muy diferente a eso.

El paciente 10 olvidó algunos detalles menores, como el nombre del fisioterapeuta, pero su descripción de la ECM coincidía con la que había hecho la primera vez. La ECM tuvo un efecto duradero en él y le ayudó a afrontar situaciones difíciles como la muerte de su esposa.

Oh, la experiencia tuvo un gran efecto en mi vida. Creo en Dios y definitivamente no temo a la muerte. Si el médico me dijera que voy a morir mañana, me limitaría a sentarme y disfrutarlo. No quiero decir que quiera morir, sino que no tendré miedo cuando me vaya. A todos mis conocidos les digo que no teman a la muerte.

Creo que de no haber tenido esa experiencia cuando mi mujer murió hace unos años habría querido morir con ella. No imaginaba la vida sin ella antes de mi experiencia. Cuando llegó el momento, yo estaba con ella en el hogar de ancianos; abrió los ojos y dijo: «Gracias por venir a verme, ahora me voy con mi madre». Murió poco después y sé que ahora está con su madre y que es feliz. Lloré su muerte, claro, pero sé que dondequiera que esté es feliz.

Para mí el aspecto más interesante de este caso es que una anomalía congénita se curó espontáneamente después de la ECM. El paciente 10 tiene parálisis cerebral, por lo que su mano derecha estaba permanentemente contraída desde su nacimiento. Algo que la hermana del paciente, que firmó una declaración, nos confirmó.

Sin embargo, cuando le pregunté al paciente 10 sobre el problema de su mano, él no entendió bien mi pregunta y abrió la mano. No me di cuenta de lo que este gesto significaba hasta que lo comenté con los médicos y fisioterapeutas. Fisiológicamente, no se podía explicar que hubiera podido abrir la mano porque sus tendones estaban en una posición permanentemente contraída. De no haber entendido mal mi pregunta, es muy probable que este aspecto hubiera sido pasado por alto porque yo no esperaba encontrarlo como parte de mi investigación. Cuando volví a entrevistarlo en 2013, sentí curiosidad por saber si aún podía abrir la mano.

> Bueno, sigo abriendo la mano, pero a lo largo del año pasado me ha ido costando cada vez más. Ya no puedo recoger monedas de una mesa. Puedo recoger notas y lápices, pero cada vez me cuesta más trabajo, al menos este último año. Empeora con el frío y creo que tengo artritis. Pero aún puedo abrirla.

Este caso es muy interesante porque el paciente identificó correctamente qué médico le había examinado y describió las acciones de la enfermera y del fisioterapeuta mientras estaba inconsciente. Todo lo que dijo ocurrió y lo relató con gran precisión; lo sé porque yo estuve presente en todo el acontecimiento, pero solo cuando recuperó la conciencia me di cuenta de que él había experimentado una ECM y una experiencia extracorporal en ese momento.

Otros casos interesantes
En un turno de noche mis compañeros y yo atendimos a un paciente que tuvo una visión en su lecho de muerte después de que su estado empeorara. Todos los testigos concuerdan en la felicidad que desprendía el paciente. Su familia había oído hablar de mi investigación y a la mañana siguiente quisieron conversar conmigo porque el sujeto les había dicho que durante la noche le habían visitado no solo su madre y su abuela fallecidas, sino, curiosamente, también su hermana. Él no sabía que su hermana había muerto la semana anterior, porque la familia se lo había ocultado para no perturbar

su recuperación. Siguió recibiendo muchas visitas de sus familiares difuntos en los días previos a su muerte y cada vez que esto ocurría le inundaba la felicidad.

Otro caso interesante me fue comunicado por el familiar de un paciente que tuvo un paro cardíaco en casa. En ese momento, el paciente se le apareció a su madre, que también estaba en un hospital, a más de sesenta kilómetros de distancia. Ella describió un «sueño simpático» en el que su hijo apareció junto a su cama vestido de blanco y rodeado de una luz blanca. Habló con ella y le explicó que no se encontraba bien. Ella sintió que él se estaba despidiendo. En la literatura dedicada a estos fenómenos hay muchos otros casos así.[258]

Después de su ECM, que tuvo lugar en un período de profunda inconsciencia, el paciente 11 se comunicó con un familiar difunto que le entregó un mensaje para uno de sus familiares vivos. Cuando recuperó la conciencia, entregó el mensaje a este familiar, que se quedó anonadado ante el hecho de que conociera esa información. En un estado de profunda inconsciencia, esta hombre llegó a saber algo que desconocía previamente; ¿cómo era posible? Si, como se afirma, la conciencia es un producto derivado del cerebro, esto no debería ser posible. Sin embargo, así lo ha consignado un estudio prospectivo.

Verificar la experiencia extracorporal
En el curso de los cinco años hubo ocho informes de experiencias extracorporales. Sin embargo, ninguno de los pacientes pudo ver el símbolo oculto. Algunos no se elevaron a una altura suficiente, otros se desplazaron a posiciones en las que era imposible ver los símbolos y dos estuvieron tan ocupados observando lo que sucedía alrededor de su cuerpo que olvidaron buscar los símbolos situados encima de los monitores cardíacos. Un paciente estaba tan convencido de

su experiencia que me dijo que de haber sabido que había un símbolo oculto le habría echado un vistazo para decirme cuál era.

Curiosamente, una paciente informó de una experiencia extracorporal y describió con minuciosidad los acontecimientos que habían ocurrido en el quirófano. Sin embargo, también dijo haber visto una joya prendida a su bata de hospital; esto era incorrecto: no se permite entrar ninguna joya a un quirófano, hay controles estrictos para evitarlo. Esta paciente también estuvo sedada varios días después de la operación y durante ese tiempo sufrió alucinaciones, por lo que no puede descartarse que los medicamentos influyeran en su experiencia o en el recuerdo de su experiencia.

Realizar esta investigación en el hospital permitió un examen minucioso de cada ECM y de cada experiencia extracorporal. Una mujer (paciente 55) informó de una experiencia más bien típica de la autoscopia.[259] La investigación evidenció que su relato era poco más que una experiencia relacionada con la confusión que sobreviene en la recuperación tras la anestesia. Se construyó un modelo mental a partir de la visión residual y la estimulación táctil a medida que recuperaba la conciencia. Pudo percibir y ver parte del equipo utilizado en su tratamiento. No se encontró ningún otro elemento típico de una ECM.

Grupo de control de la experiencia extracorporal

La investigación previa utilizó un grupo de control de pacientes con afecciones cardíacas que estaban familiarizados con procedimientos hospitalarios para investigar si la experiencia extracorporal fue imaginaria o un modelo mental construido a partir de lo que los pacientes oían a su alrededor.[260] En el estudio se preguntó a los pacientes qué creyeron que se había hecho para reanimarlos y se descubrió que las suposiciones eran erróneas. Esto fue criticado por la doctora Susan Blackmore,[261] que señaló correctamente que no todos los pacientes habían sufrido un paro cardíaco. Apoyándome en esta investigación, pregunté a todos los pacientes de mi estudio que habían sufrido un infarto si sabían qué procedimientos se habían llevado a cabo para reanimarlos, pero no informaron de ninguna experiencia extracorporal a través de la cual hubieran podido obtener esta información.

La mayoría de los pacientes no saben cómo han sido reanimados. Los pocos pacientes del grupo de control de mi estudio que fueron capaces de formular conjeturas respecto a su proceso de reanimación cometieron errores. Algunos asumieron que se había utilizado un desfibrilador cuando en realidad solo habían recibido reanimación cardiopulmonar y medicamentos. Los pocos pacientes desfibrilados no señalaron la posición correcta de las palas en el cuerpo. Si la experiencia extracorporal es una creación del cerebro en respuesta a lo que el paciente oye y percibe durante el procedimiento de reanimación, sería de esperar que el grupo de control produjera informes exactos de estos procedimientos.

Calidad de la experiencia extracorporal

Hay que ser cautos a la hora de interpretar los relatos sobre experiencias extracorporales. Aunque hubo ocho casos, la mayoría no fueron de una calidad análoga a los descritos en la literatura dedicada a estos fenómenos. Esto no quiere decir que los informes existentes en la literatura previa hayan sido embellecidos; tan solo subraya que solo las experienicas extracorporales de una calidad e impacto suficiente han sido recogidas en las investigaciones. Al estudiar prospectivamente este fenómeno, logramos comprender con mayor exactitud la frecuencia de las experiencias extracorporales y su diversos grados de calidad.

Lo anterior también subraya las dificultades que surgen cuando se investigan estos fenómenos. Parece que las experiencias extracorporales de gran calidad, en las que el paciente afirma haberse separado claramente del cuerpo y observar la situación de emergencia, son muy raras. Tal como he descubierto, incluso quienes viven un experiencia extracorporal especialmente intensa están tan centrados observando lo que sucede alrededor de su cuerpo que no tienen tiempo de buscar símbolos ocultos en la parte superior de los monitores.

Por otro lado, no puede descartarse que este tipo de investigación arroje resultados positivos, porque se han documentado casos en los que los pacientes han salido de sus cuerpos y han sido capaces de leer las líneas y números en las pantallas de los monitores cardíacos.[262] Recibí una carta de una enfermera que tuvo una ECM hacía muchos en la que me explicaba que al salir de su cuerpo «flotó» ante el monitor cardíaco, pero fue incapaz de descifrar nada en la pantalla.

Por lo tanto, es importante tener presente que cuando se lleva a cabo este tipo de investigación, especialmente con el proyecto AWARE actualmente en proceso, el hecho de que los símbolos que colocan los investigadores no se identifiquen no quiere decir necesariamente que la experiencia extracorporal no se haya dado. Tan solo puede querer decir que quienes experimentan estos fenómenos no han podido descifrar los símbolos; pues para ello es necesario que el paciente se eleve a gran altura, se sitúe en el lugar en que se encuentran esos símbolos y tenga la fuerza mental para mirar otra cosa que no sea su cuerpo. No es fácil, pero es algo que quizá podrá realizarse con tiempo y paciencia. Si no investigamos, nunca lo sabremos y, evidentemente, estoy segura de que muchos nos criticarán por no hacerlo.

Hay que señalar que algunos de los pacientes que han informado de una experiencia extracorporal estuvieron sedados durante un período de tiempo posterior a la situación de emergencia. No puede descartarse que la sedación haya interferido de algún modo en el recuerdo de la experiencia. Es algo que han señalado otros investigadores.[263] Más tarde abordaré la posibilidad de que los medicamentos contribuyan a crear experiencias confusas, pero estas nada tienen que ver con las ECM claras, lúcidas y bien estructuradas.

¿Son ilusiones las ECM?

Parece improbable que las ECM sean ilusiones. Dos pacientes comunicaron ECM inquietantes. La primera fue una ECM, pero interpretada de forma inquietante. La segunda fue una experiencia infernal y recordarla era algo tan aterrador para el paciente que tuve que finalizar la entrevista. Estas experiencias difícilmente pueden ser el resultado de una ilusión. Además, algunos pacientes se encontraron con familiares difuntos a los que no esperaban ver y algunos tuvieron reacciones inesperadas ante estos familiares, mientras que otros no experimentaron aquello que esperaban. Parece que no se cumplieron las expectativas y surgieron algunos factores inesperados.

¿Las ECM son equiparables a las alucinaciones?

Sin lugar a dudas, muchos pacientes ingresados en la UCI sufren terribles alucinaciones. De hecho, cuando la paciente a la que atendía me contó su ECM siendo yo una enfermera novata, lo primero qué pensé fue que había padecido alucinaciones. Sin embargo, tras realizar esta investigación, y con un mayor conocimiento de las ECM y mi experiencia atendiendo a pacientes con cuadros alucinatorios y a otros que comunican ECM, mi perspectiva es muy diferente. Cuando las alucinaciones y las ECM se comparan y se examinan en profundidad, se descubren grandes diferencias entre ellas y se ve claramente que no son el mismo tipo de experiencia.

En el primer año de recopilación de datos entrevisté a todos los supervivientes tras su ingreso en la UCI. Encontré 12 casos de alucinaciones, que también investigué. Once de estos pacientes habían recibido grandes dosis de potentes analgésicos y sedantes (o una combinación de los dos). Un paciente tuvo alucinaciones a causa de una grave privación del sueño. La investigación estableció que las experiencias relatadas por los pacientes con alucinaciones resultaron ser sucesos reales: acontecimientos que ocurrían en el trasfondo: ruidos y conversaciones de personal sanitario que los enfermos podían oír a medida que iban despertando. Sus cerebros crearon experiencias extrañas y confusas en un intento de atribuir un sentido a la información sensorial que recibían mientras recuperaban la conciencia.

Los siguientes puntos describen el tipo de cosas extrañas y aleatorias descritas por los pacientes. Las alucinaciones documentadas saltaban de una cosa a otra incluían:

- Ser perseguidos y apuñalados con agujas manejadas por traficantes de drogas.
- Ser llevados a un presidio en California en un helicóptero pilotado por el especialista de la UCI.
- Visitar Vietnam y luego partir de crucero tras haberse hecho la cirugía plástica.
- Atravesar Bosnia en un tren y disfrutar de hermosos paisajes campestres y, a continuación, encontrarse en un hospital en Palestina. Había habido un accidente, una mujer había sido asesinada y su marido y su bebé fueron llevados al hospital palestino.
- Encontrarse en una pelea en la que eran golpeados por bolas de luz de gran potencia, que estrellaban sus cuerpos contra la pared.

- Regresar al bombardeo de Swansea y luego convertirse en un explorador africano de la década de los 1880; convencerse de estar muerto porque mujeres africanas frotan el cuerpo con hierba.
- En su funeral, celebrado en una capilla que ya no existe; detrás de la capilla, en una esquina, una tienda de la que surge un tintineo constante (la alarma del monitor cardíaco). Convencerse de que la enfermera que los cuida es una india americana disfrazada; desconfiar de las enfermeras.
- Asombro al asomarse a la ventana junto a la cama y descubrir un hermoso paisaje de Gales, una cuerda y un puente de cables. Cuando su enfermera descorrió las cortinas para lavarlo, pudo ver dos enormes hogazas de pan francés y le dijo a la enfermera que si tenía hambre podía comérselas.

Unos pocos casos demuestran bien hasta qué punto acontecimientos reales fueron percibidos como alucinaciones:

Una mujer (paciente 58) recordó alucinaciones muy vívidas. Una de las cosas que recordaba era que la habían cubierto con cortinas y eso le hizo pensar que iba a morir. Todo era muy confuso y no tenía sentido, pero también recordó estar en un teatro en el que se representaba su funeral, con el ataúd en mitad del escenario. Y luego creyó embarcar en un ferry rumbo a Irlanda y pudo sentir que su cuerpo se mecía al ritmo de las olas.

La investigación posterior reveló que todo esto guardaba relación con acontecimientos que sucedieron realmente porque estaba despertando de su sedación y su enfermera tenía un fuerte acento irlandés. Para explicaciones adicionales, véase mi primer libro.[264]

Una vez, mientras atendía a un paciente sedado, empezó a agitarse extrañamente. Intentó saltar de la cama y quitarse

todo el equipo adherido a su cuerpo. Cinco compañeros corrieron a ayudarme para evitar que se hiciera daño.

Cuando entrevisté a este paciente después de su recuperación, recordó terribles pesadillas. Repitió las palabras del
médico que intentaba calmarlo: el paciente creyó, errónea-
mente, que la voz del doctor era la que alguien que pretendía hacerle daño.

También puede ocurrir que algunas alucinaciones se con-
fundan con una ECM, tal como demuestran los casos de los
que hablaremos a continuación. Por esta razón es importante
que quienes investigan estas experiencias lo hagan minuciosamente y con un buen conocimiento de las ECM para distinguir entre estos fenómenos y las alucinaciones.

Un paciente recordó estar en el infierno, ensartado en
un asador. Mi primera reacción fue pensar que se trataba de
una ECM inquietante. Sin embargo, al investigar con más
detenimiento me di cuenta de que estas visiones se explicaban por cosas que sucedieron realmente mientras el paciente salía de la anestesia. Lo sacaron del quirófano y su temperatura corporal era baja, por lo que lo envolvieron en una
manta térmica y en otra de aire caliente, y como sus heridas
supuraban, las enfermeras le daban la vuelta constantemente para cambiar las vendas. La enfermera que lo atendía recuerda que despertó aterrado mientras ella cumplía estas tareas.

En una alucinación, una paciente se vio viajando a través de un túnel en dirección a una luz roja. Mi compañera
me avisó porque pensó que se trataba de una ECM. Sin embargo, al investigar el caso descubrí que las declaraciones de
la paciente se basaban en una experiencia real: un escáner o
tomografía computerizada. El paciente que se somete a este
tipo de pruebas tiene la sensación de entrar en un enorme túnel; en su línea de visión aparece una luz roja.

Cuando los pacientes sufren alucinaciones, a menudo manifiestan un comportamiento irracional. A veces no quieren seguir el tratamiento y se muestran agresivos con las enfermeras o quieren saltar de la cama y escapar, y en casos extremos incluso llegan a ser un peligro para sí mismos y para los demás. A menudo se arrancan las inyecciones intravenosas, los drenajes, los catéteres o sondas que los conectan a los monitores, y sangre o fluidos sanguíneos acaban derramados sobre los pacientes vecinos o el personal que trata de calmarlos. Su extraño comportamiento es claramente observable y confuso para el equipo médico; sin embargo, los pacientes están convencidos de la realidad de sus impresiones subjetivas. A pesar de todo, cuando se recuperan, o bien carecen de todo recuerdo, o bien admiten que se trataba de alucinaciones, lo que los hace sentir profundamente avergonzados.

Otras investigaciones sobre informes de alucinaciones demostraron que son atribuibles a acontecimientos reales, ruido de fondo y conversaciones del personal sanitario en el momento en que el paciente despertaba de la sedación. Con el seguimiento, los pacientes llegan a reconocer que estaban alucinando, mientras que quienes viven una ECM siguen insistiendo en que esta es real. Además, los sujetos que padecen alucinaciones no experimentan un cambio vital análogo al de quienes viven una ECM.

Algunos pacientes del estudio experimentaron tanto alucinaciones como ECM y fueron capaces de distinguir entre las dos. El paciente 10 se refirió a ello anteriormente, en este mismo capítulo. Describió sus alucinaciones como irreales y como «un mal sueño errático».

Es interesante señalar el comentario del profesor Bruce Greyson:[265]

ECM

¿Por qué los científicos que han llevado a cabo las principales investigaciones sobre ECM creen que la mente no se aloja de forma exclusiva en el cerebro, mientras que quienes consideran que las ECM son alucinaciones en general no han dirigido estudios sobre estos fenómenos?

¿Las ECM se deben a la anoxia o la hipercarbia?

Durante la investigación descubrí que había muchos factores que tomar en consideración al examinar los análisis de sangre en busca de una explicación de las ECM. No siempre era posible comprobar en qué parte de la situación de emergencia se tomó la muestra de sangre. Por otra parte, en muchos casos no fue posible verificar si la ECM tuvo lugar en el momento en que se extrajo la sangre. Por lo tanto, los análisis de sangre han de tratarse con suma cautela ya que solo aportan una guía y una estimación provisional.

Sin embargo, en mi estudio hubo dos pacientes (los números 11 y 17) a los que se sacó sangre mientras experimentaban su ECM con experiencia extracorporal. Ninguno de los casos se asociaba a un paro cardíaco y ambos pacientes estaban conectados al respirador y recibían oxígeno. Sus niveles de oxígeno en el monitor cardíaco eran normales y estables, así como todas sus constantes vitales, como el pulso y la presión sanguínea. Estos dos casos no avalan las teorías de la anoxia y la hipercarbia, pero no pueden extraerse conclusiones firmes porque la muestra es muy pequeña. Sin embargo, estos resultados sugieren que los análisis sanguíneos anormales no pueden explicar plenamente las ECM.

¿La administración de medicamentos origina las ECM?

Para un completo examen de los medicamentos suministrados, véase mi primer libro. No obstante, cabe señalar que la mayoría de los pacientes entrevistados durante el primer año del estudio recibieron potentes analgésicos o sedantes, pero muy pocos informaron de una ECM. Si los medicamentos fueran la causa de las ECM, habría sido razonable esperar una incidencia mayor en esta muestra.

Muchos de los pacientes que sufrieron un paro cardíaco recibieron sedantes y analgésicos, pero no experimentaron una ECM. En este grupo también hubo muchos pacientes que experimentaron una ECM, pero que no recibieron ningún medicamento.

De los 15 pacientes que vivieron este fenómeno, el 20 % no había recibido analgésicos o sedantes. El paciente 10, que tuvo una ECM con una intensa experiencia extracorporal, no recibió ningún medicamento.

Un paciente dijo a sus visitantes que había visto ángeles al lado de su cama mientras estaba inconsciente. Su estado empeoró después de esto y requirió más sedación. Sin embargo, al recuperarse por segunda vez no recordaba haber visto ángeles o haberle contado eso a sus familiares. Parece que los sedantes tuvieron un efecto amnésico.

Curiosamente, cuando la administración de medicamentos se considera en el grupo que experimentó alucinaciones, 11 (casi el 92 %) de ellos recibió medicamentos sedantes y analgésicos. Esto parece sugerir que los medicamentos contribuyen a las alucinaciones confusas y extrañas, en duro contraste con las claras, lúcidas y bien estructuras ECM que han sido documentadas.

OTROS HALLAZGOS INTERESANTES

Cuanto más se acerca a la muerte una persona, más probable es que informe de una ECM. Quienes tuvieron un paro cardíaco registraron una mayor incidencia de ECM.

La ECM es un fenómeno infradocumentado. De los 15 pacientes que experimentaron una ECM, solo dos comunicaron voluntariamente la información.

Las ECM son raras. Aproximadamente unos 3.000 pacientes fueron ingresados en la UCI durante los cinco años de recogida de datos, pero solo se descubrieron 15 ECM y de ellas solo dos eran ECM profundas y similares a las descritas en la literatura previa sobre el tema.

Se ha señalado las endorfinas como una causa común de las ECM. En el caso del paciente 10, no sintió dolor durante la ECM, pero en cuanto regresó a su cuerpo le invadió un dolor insoportable. Las endorfinas tienen un efecto duradero,[266] por lo que si estos fenómenos se deben a estas sustancias sería de esperar un regreso gradual del dolor, en lugar de la presencia inmediata del dolor, como se ha descrito en este caso.

Las ECM no parecen ser una respuesta a la amenaza psicológica de la muerte.[267] La UCI donde se llevó a cabo la investigación es un lugar abierto en el que los pacientes están cerca unos de otros, así que es frecuente que perciban las situaciones de emergencia de otros enfermos. Así pues, si las ECM fueran de una respuesta psicológica, sería de esperar una frecuencia mayor.

Quienes informaron de las ECM más profundas dejaron de temer a la muerte después de la experiencia.

No todas las ECM de este estudio adoptan la forma de relatos, tal y como estos fenómenos suelen documentarse en la literatura. Algunas estaban compuestas por fragmentos que los pacientes no comprendían o a los que no prestaron atención. Esto sugiere la posibilidad de un subconjunto de ECM que no tienen un significado que motive a comunicarlas a quien las experimenta.

LIMITACIONES DEL ESTUDIO

Como ocurre con toda investigación, hubo algunas limitaciones. La mayor dificultad es la imprevisibilidad de las ECM. Las situaciones de emergencia y los paros cardíacos suelen ocurrir con muy pocos avisos. Como investigadora entusiasta, me habría gustado pasar más tiempo entrevistando a los pacientes, pero la realidad era que a menudo estaban demasiado agotados para participar en una entrevista larga. Afortunadamente, se imponía mi experiencia como enfermera y ponía fin a la entrevista si resultaba evidente que era muy cansada para el paciente.

En una fase temprana del estudio aprendí que era esencial recabar toda la información posible en los primeros momentos porque en unos pocos casos el estado del paciente empeoraba y moría antes de que yo pudiera entrevistarlo a fondo. Otros investigadores han mencionado esta realidad ineludible.[268] Realizar las entrevistas también era frustrante porque a veces eran interrumpidas por los familiares que iban a visitar al enfermo.

Lo más duro fue el seguimiento de los pacientes, especialmente cuando se les había dado el alta. Es posible que un seguimiento a largo plazo de todas las ECM hubiera servido para recabar más información. Sin embargo, era muy difícil realizar este seguimiento, sobre todo porque yo tenía que hacer todo el trabajo y no podía recoger los datos, analizarlos, redactar informes y cumplir con mi trabajo como enfermera a tiempo completo a la vez que intentaba realizar el seguimiento de los pacientes a los que se había dado el alta. Intenté hacerlo, pero descubrí que muchos murieron después de haber sido enviados a casa, otros no querían volver a entrar en contacto conmigo y algunos se mudaron, de modo que les perdí la pista. No obstante, he logrado mantener el contacto con el paciente 10.

Recomendaciones

PARA LA INVESTIGACIÓN FUTURA

La investigación futura será más fácil si cuenta con un equipo con un buen conocimiento y comprensión de las ECM y no una sola persona para recopilar los datos. Una vez acabada la investigación, me di cuenta de la enorme tarea que había emprendido y como resultado me sentí agotada y extenuada al final del doctorado.

Idealmente, este tipo de investigación ha de realizarlo un grupo de personas que trabajen por turnos, y de forma permanente, en una unidad cardíaca o una unidad de cuidados intensivos a fin de consignar todos los casos potenciales de ECM. Así se podría entrevistar a todos los pacientes antes de que los pasaran a planta, donde recibirían una visita para una segunda entrevista. Esto contribuiría a reducir la falibilidad de la memoria y facilitaría la doble comprobación de las experiencias extracorporales tan pronto como fuera posible.

También es esencial que los futuros investigadores tengan un buen conocimiento de las ECM. En el curso de mi investigación, muchos de mis compañeros me avisaron de pacientes que creían que habían experimentado una ECM, pero al investigar esos casos resultaron ser acontecimientos reales malinterpretados.

También sería importante que el equipo incluyera a personas escépticas respecto a las ECM. Así se aseguraría el escrutinio minucioso de todos los posibles aspectos y la investigación exhaustiva de todas las explicaciones posibles. En lugar de que los investigadores de las ECM y los escépticos trabajen unos contra otros, tiene más sentido unir fuerzas y diseñar un protocolo sin fisuras que amplíe nuestra comprensión de la conciencia.

Hay muchas personas que niegan la validez de los relatos ECM. Cuando estos casos se documentan anecdóticamente, no hay forma de determinar si son reales, sobre todo la experiencia extracorporal. Es difícil saber si la persona ha estado realmente al borde la muerte, si su corazón se ha parado, si en verdad ha estado inconsciente, qué medicamentos se le han suministrado o si su presión sanguínea se ha visto alterada. Sin embargo, ahora que la investigación prospectiva en hospitales ofrece estos detalles, es mucho más difícil desdeñar las ECM y limitarse a señalar que su causa es la anoxia o los medicamentos.

Cuando las teorías materialistas se consideran en relación con los hallazgos de la investigación, no ofrecen una explicación completa de las ECM coherentes, lúcidas y plenamente estructuradas, que en muchos casos derivan en una transformación de los valores y la vida de la persona. El mío es un pequeño estudio, pero concuerda con otros estudios prospectivos sobre ECM que han arrojado resultados similares.[269] Después de lograr un conocimiento exhaustivo de las ECM y trabajar en un entorno donde los pacientes son propensos a comunicar sus experiencias, y después haber llevado a cabo esta investigación, resulta evidente que los argumentos materialistas no bastan para explicar las ECM de cierta complejidad. Es fundamental que los futuros investigadores tengan la mente abierta y exploren todos los caminos. Parece que la única opción es considerar estas experiencias desde una perspectiva diferente y la explicación más lógica parece ser que la conciencia se produce por *mediación* del cerebro, en lugar de haber sido *creada* por él. Si se investiga este aspecto, podremos acceder a una comprensión completamente diferente de la conciencia o se demostrará que los argumentos materialistas son correctos. A menos que la conciencia se explore desde otra perspectiva nunca habrá respuestas correctas. Es evidente que hay que realizar más estudios, porque la investigación prospectiva señala que las actuales creencias científicas relativas a que la conciencia es creada por el cerebro resultan limitadas.[270]

8. UNA BREVE HISTORIA DE LA MEDICALIZACIÓN DE LA MUERTE

A medida que evoluciona nuestra sociedad también ha evolucionado el modo en que observamos y comprendemos la muerte. Antaño una parte integrante de la vida, la muerte se ha marginado en detrimento de los aspectos más materiales de la vida. Al ocuparnos de lo material nos alejamos del hecho de que un día moriremos. En consecuencia, lo que antes era la ocasión para un encuentro social en el que participaban toda la familia y los amigos, ahora se ha relegado a una solitaria habitación o una unidad de cuidados intensivos de alta tecnología en un hospital, donde el control de la muerte queda en manos del equipo médico.

En todo el mundo, las diversas culturas han elaborado antiguos textos conocidos como «libros de los muertos»[271] y concebidos para ayudar al moribundo en su viaje y a que sus seres queridos acepten la pérdida. El *Libro egipcio de los muertos* es el más antiguo de estos textos e incluye una colección de viejos papiros basados en la literatura conocida como *Pert em Hru*, que se traduce como «Salir a la luz» o «Manifestación en la luz».[272] El texto incorpora trabajos de épocas diferentes que cubren un período de 5.000 años. A cada moribundo se destinaba una recopilación individualizada de la enorme masa de textos funerarios. Era una práctica inicialmente destinada a los faraones, pero que más tarde se hizo extensiva a otros importantes miembros de la sociedad.

El más célebre *Libro de los muertos* es la versión tibetana,[273] el *Bardo Thodol* o «Liberación por la audición en el estado posterior a la muerte». Se puso por escrito por primera vez en el siglo VIII d.C. Aunque basado en una tradición oral más antigua, se atribuye al gran gurú Padmasambhava. Es un manual para los moribundos y los muertos y sirve de guía, de forma coherente con las creencias tibetanas, a lo largo de las diferentes fases del estado intermedio entre la muerte y el renacimiento. Los lamas tibetanos recitan pasajes del libro sobre el cuerpo del moribundo a fin de prepararlo para las experiencias subjetivas que pueden sobrevenirle en su transición a la muerte.

La civilización maya también mostró un gran interés en la muerte. La mayoría de sus antiguos textos fueron destruidos por los invasores españoles y por efecto del clima. El *Popol Vuh*[274] es una epopeya maya basada en tradiciones orales más antiguas; relata la historia de dos «héroes gemelos» que se internan en el inframundo, donde sufren muchas ordalías antes de experimentar la muerte y el renacimiento. Otro libro de los muertos es el de los náhuatl, que incorpora el mito de Quetzacoatl, un hombre barbudo de tez blanca que fundó su religión. El mito relata el tema universal de la muerte y la resurrección, el pecado y la redención y la transfiguración de un ser humano en dios.

En los países europeos existe la tradición de buscar una buena muerte, representada en el *Ars moriendi* –«El arte de morir»– de la Edad Media. La muerte y los ritos funerarios eran parte de la vida debido a las hambrunas, guerras, epidemias, ejecuciones públicas y el asesinato de las presuntas brujas, herejes y satánicos.

El *Ars moriendi* constaba de dos partes y no se limitaba a los enfermos, los ancianos y los moribundos, pues proporcionaba consejos para la vida. Se subraya la actitud ante la muerte en la vida. La primera parte declara que las actitudes materialistas son erróneas porque quien muere no puede llevarse ninguna posesión consigo. El aspecto principal es que la conciencia de la muerte es el inicio de la sabiduría: *mors certa, hora incerta* («la muerte es cierta, la hora incierta»). El mensaje principal consiste en animarnos a vivir el presente, a disfrutar de cada día como si fuera el último y a no preocuparnos por alargar la vida a cualquier precio. Hay que evitar las actitudes perniciosas y vivir la vida según la ley.

La segunda parte tiene que ver con la experiencia de la muerte y el arte de guiar al moribundo en su viaje. Se advertía a quien iba a morir de los diversos estados que encontraría en su viaje espiritual. Se destacaba la necesidad de no introducir falsas esperanzas ni negar la muerte. El manual subrayaba que era más dañino morir sin preparación que anticipar prematuramente la muerte.

Philippe Aries,[275] historiador centrado en la muerte, describió la historia de la muerte en Occidente desde la Edad Media hasta el siglo xx. En la Edad Media, la muerte siempre estaba presente, por lo que la gente amaba la vida y apreciaba su existencia, un concepto que puede ser difícil de comprender en nuestra época moderna, donde se niega la muerte.

Las actitudes y conceptos hacia la muerte cambiaron desde la «muerte dócil» a principios de la Edad Media a la «propia muerte» en el siglo xiii. La muerte pasó a ser un escenario en el que el moribundo recordaba, confesaba sus pecados, pedía perdón a Dios y a continuación era rodeado por su familia y amigos, después de la absolución. Se creía que los muertos residían en el Paraíso, con jardines de flores y fuentes de luz; temas coherentes con las ECM.

En el siglo XIII, el arte empezó a incluir escenas de juicios. Junto al lecho de muerte se levantaban imágenes de Cristo con un libro de la vida en sus manos y escoltado por seres angélicos y seres demoníacos. En el siglo XIV, el examen de la vida pasó a ser un elemento del proceso de la muerte. Los rituales estaban bajo el control de quien moría, que seguía siendo el centro de atención.

Las representaciones artísticas cambiaron y empezaron a incluir más temas macabros, con un claro dominio de las imágenes de cadáveres en proceso de descomposición, en consonancia con un aumento de las muertes como consecuencia de hambrunas y enfermedades. Entre los siglos XVI y XVIII, la introducción de la última voluntad y testamento consistente en instrucciones funerarias significó que el control ahora estaba en las manos de las personas cercanas al difunto. En la segunda mitad del siglo XVIII, la última voluntad se redujo a un documento legal relativo a la distribución de las posesiones. En esta época empezó a suprimirse el duelo de amigos y familiares.

El tiempo de luto protegió a los amigos y familiares verdaderamente afligidos de un dolor excesivo y permitió a la familia expresar su dolor, pero en el siglo XIX el duelo se exageró y empezó a significar el temor a la muerte. Los directores de funerarias se hicieron notorios en 1885 y su papel usurpó una serie de deberes que ayudaban a la familia a superar el proceso de duelo. Los rituales funerarios también cambiaron y la persona fue enterrada en un lugar en el que podía ser visitada.

El siguiente cambio de actitud derivó en que la muerte se tornó vergonzosa: la «muerte prohibida» o la «muerte invisible». Llegó a ser una práctica común mentir al moribundo respecto a su muerte inminente para protegerlo. En 1930 el lugar de la muerte volvió a cambiar cuando se empezó a enviar a la gente a morir a los hospitales y todo el control recayó en manos de los médicos.

Las escenas en el lecho de muerte nada tienen que ver con los actuales procedimientos hospitalarios. Los avances médicos han logrado separar los procesos patológicos reversibles de los que no lo son, apoyando el mantenimiento de la vida. Los avances fisiológicos han derivado en tratamientos más eficaces y en que un mayor número de personas sobrevivan a edades más avanzadas. Las técnicas de reanimación permiten salvar a muchas personas y evitan que los menos afortunados tengan una muerte espantosa e indigna. De hecho, en la UCI en la que he trabajado se pasó de 7 a 12 camas en 1998, y luego a 16 en 2003, y de ahí a 17 camas UCI y 12 camas en la unidad de alta dependencia en 2009. La UCI es más grande que algunos pabellones debido a la constante demanda de camas, que a veces es tan alta que los pacientes han de ser atendidos en el área de recuperación del quirófano.

A menudo se dan situaciones en las que personas claramente al final de su vida son reanimadas. Tal vez estemos avanzados tecnológicamente, pero no comprendemos la muerte y nos han enseñado a negarla.[276] Nos han educado en todas las materias, excepto en aquella que tiene la llave del sentido de la vida. Nuestra actual tecnología pone el énfasis en la curación, no en la atención al enfermo, pues admitir que el tratamiento ya no es posible es admitir la derrota.[277]

La muerte no se limita a los ancianos: puede ocurrir a cualquier edad. Los intentos por preservar la vida no se detienen. Hay una saturación de tratamientos, que normalmente provocan un gran malestar, con la esperanza de engañar a la muerte: cirugía con resultados inciertos y prolongadas estancias en la UCI cuando la situación es inútil. En nuestra sociedad creemos que, si nos equivocamos en el tratamiento, el error ha de ser por exceso y no por defecto, y despojamos al paciente de su dignidad.[278]

Fui testigo de una conversación entre los especialistas de la UCI y un joven cirujano que intentaba preparar una cama para una paciente que se disponía a operar. La mujer tenía 87 años y se encontraba en la fase final de una demencia senil; estaba inmóvil y presentaba muchos factores de riesgo que no la convertían en una buena candidata para sobrevivir a una anestesia general. El cirujano insistía en proceder: su justificación se basaba en que su familia quería que siguiera adelante. Aunque era un deseo de la familia, me pregunto hasta qué punto habían sido informados de los resultados de la intervención. ¿Acaso el joven cirujano les había explicado la intensa atención postoperatoria que exigiría y la probabilidad de estar en la UCI durante días o semanas e incluso la posibilidad de no sobrevivir? ¿Se dijo a la familia que su ser querido estaría conectado a un respirador durante días o semanas y que no podría hablar? ¿Se les dijo que llevaría un catéter se succión unido al tubo que la conectaba al respirador para eliminar el esputo de sus pulmones? ¿Les dijeron lo ruidosa que es la UCI y lo poco que iba a dormir? ¿Les dijeron que a su ser querido le darían la vuelta en la cama cada dos o cuatro horas, algo que puede ser muy incómodo e incluso aterrador para el paciente? ¿Les dijeron que estaría sedada? ¿Les comentaron la posibilidad de un fallo renal? ¿Les dijeron que su ser querido tal vez fuera irreconocible como consecuencia de los edemas producidos por los fluidos suministrados en el tratamiento? ¿Les dijeron que incluso después de este tratamiento agresivo las posibilidades de morir seguían siendo muy altas?

Además, en el hospital el contacto con los seres queridos es limitado. Los horarios de visita están controlados por las rutinas hospitalarias, que tienen en poca consideración la probabilidad de que cada vez que el paciente se comunica con sus familiares y amigos sea la última.

A veces la incapacidad para aceptar la muerte lleva a la familia a apoyarse en el paciente terminal, lo que aumenta el sufrimiento de todos.[279]

«Ann» fue ingresada en la UCI en un estado muy inestable. Inicialmente respondió bien al tratamiento, pero a los pocos días se hizo evidente que se estaba muriendo. Tenía una familia numerosa que permaneció junto a ella todo el tiempo posible. Ann sabía que se estaba muriendo e intentó comunicarlo a los suyos, pero no podía hablar debido al respirador. Le preocupaba su anillo de bodas e intentó explicar a sus hijos quién quería que se quedara con el anillo. En muchas ocasiones fui testigo de cómo su familia le repetía que no iba a morir y que no dijera eso porque *tenía* que ponerse bien, lo que no hizo sino aumentar el malestar de Ann y de su familia. Después de diez días en la UCI, Ann murió, pero por desgracia no pudo expresar sus deseos respecto a su anillo de bodas porque su familia fue incapaz de aceptar su muerte inminente. Es desalentador ser testigo de estas situaciones y de la angustia que padecen tanto el paciente como la familia.

Textos como los libros de los muertos presentan muchas semejanzas con las ECM. Durante muchos milenios estos fenómenos han quedado reducidos a mitos, pero ahora parecen ser «mapas de los territorios interiores de la mente, hallados en profundos estados de conciencia no ordinaria».[280] Tal vez por eso necesitamos reintegrar nuestras raíces espirituales en nuestros grandes avances tecnológicos.

9. IMPLICACIONES
DE UNA MAYOR COMPRENSIÓN
Y CONOCIMIENTO DE LAS ECM

«La medicina occidental, con su insistencia materialista en el
cuerpo y su negación del espíritu, nos enferma literalmente, y hace
virtualmente imposible que nos curemos.»

RAPHAEL KELLMAN[281]

IMPLICACIONES PARA LA ATENCIÓN SANITARIA

Aspectos espirituales de la asistencia sanitaria
Cuando se analiza el papel de la espiritualidad en el actual sistema sanitario o en la vida cotidiana, adviertes que se le presta poca atención por muchas razones. Es algo difícil de definir y a menudo se confunde con la religión. Sin embargo, la espiritualidad es mucho más que la adhesión a una práctica religiosa: es algo que atribuye un sentido a nuestra vida.

Una reciente encuesta realizada a enfermeras y enfermeros reveló que, aunque la atención espiritual se considera algo muy importante, solo el 5 % de los encuestados creía haber satisfecho las necesidades espirituales de sus pacientes.[282] Tristemente, los aspectos espirituales de la atención al paciente cada vez se tienen menos en cuenta debido a varias razones, como la falta de confianza o experiencia, o la falta de continuidad, pero probablemente el principal factor es una excesiva carga de trabajo y, por consiguiente, la falta de tiempo y de personal.[283]

Cuando los pacientes son ingresados en el hospital, la acción predominante es tratarlos físicamente. Sin embargo, abordar las necesidades espirituales de los pacientes y tratarlos de forma holística puede acelerar su curación y recuperación, reducir la medicación y los recursos exigidos y la estancia en el hospital, algo que sería muy bien valorado en el actual sistema de atención sanitaria, donde los hospitales están saturados. Encontrar un sentido a la enfermedad y alcanzar una sensación de bienestar es algo esencial para obtener resultados positivos. Atender a las necesidades espirituales de los pacientes también puede fomentar que los profesionales de la salud exploren sus propias necesidades espirituales.[284]

Curar el cuerpo a través de la mente y el espíritu no es un concepto nuevo; simplemente, es algo que rara vez se admite en el actual paradigma científico. La mente puede ejercer un poderoso efecto en el cuerpo y cada persona tiene potencial para curar su organismo.[285] Basándonos en las últimas investigaciones sobre el efecto de las emociones positivas en la salud, se ha descubierto que la sensación de amor y bienestar mejora en gran medida la recuperación y la curación.[286] La historia clínica de personas que han contribuido a su propia curación mediante su actitud positiva ilustra hasta qué punto los profesionales de la salud podrían incorporar sencillas técnicas a su práctica (y a su vida cotidiana) que fomentan un entorno edificante y que mejoran la atención al paciente.[287] Si no curamos la mente, ¿cómo podemos esperar curar el cuerpo? Atender a las necesidades espirituales de los pacientes también beneficiaría en gran medida a quienes han vivido una ECM.

El conocimiento de los profesionales de la salud

Es obvio que quienes experimentan una ECM también experimentan cambios psicológicos. Es de suma importancia que todos los profesionales de la salud reciban formación sobre ECM a fin de proporcionar el apoyo necesario al paciente, para contribuir a su rápida recuperación y a una mayor comprensión de su experiencia.

En la literatura hay muchos casos en los que personas que informaron de una ECM recibieron el falso diagnóstico de enfermedad mental. Un reciente estudio comparativo sugiere que el conocimiento de las ECM por parte de los psicólogos sigue siendo el mismo que hace 20 años, aunque ellos sobrestiman de forma excesiva ese conocimiento.[288] A menudo estos fenómenos son diagnosticados como estrés postraumático o trastorno disociativo, a pesar de la literatura que advierte contra ello, y se categorizan como enfermedades convencionales que nada tienen que ver con las ECM.[289] En otro estudio centrado en los médicos que trabajan en hospitales, se demostró que la mayoría de los participantes carecía de conocimientos sobre las ECM.[290]

La ECM tuvo un efecto confuso y abrumador en una mujer de cuyo caso ha dado noticia la doctora Yvonne Kason. Descubrió que era incapaz de comunicar su experiencia a nadie porque nadie comprendía lo que intentaba decirles. Primero intentó hablar con su marido, que no lo comprendió y acabó por divorciarse, luego el pastor de su iglesia local le dijo que era obra del diablo. Después consultó a su médico, que no había oído hablar de las ECM y la derivó al psiquiatra, que tampoco había oído hablar de estos fenómenos. Se sugirió que padecía un conflicto emocional sin resolver que le provocaba ilusiones y se le indicó un tratamiento de psicoterapia a largo plazo y tomar tranquilizantes para la ansiedad. Se sintió muy confundida porque percibía cambios positivos en su vida y solo muchos años más tarde descubrió un libro sobre ECM y pudo comprender lo que le había pasado.[291]

En una investigación centrada en enfermeras, aunque el 70 % de las encuestadas afirmó conocer las ECM, el 89 % no demostró un buen conocimiento de estos fenómenos.[292] Otros estudios han arrojado resultados similares.[293]

Un estudio sobre la naturaleza de las ECM en pacientes y enfermeras especializadas en cuidados críticos subrayó que «la ECM y los fenómenos relacionados con ella constituyen un acontecimiento escasamente comprendido en las unidades de cuidados intensivos».[294] Después de haber trabajado en una UCI durante los últimos 17 años, estoy de acuerdo con esta afirmación. A pesar de que las ECM han sido ampliamente popularizadas por los medios, los profesionales de la salud aún carecen del conocimiento necesario para proporcionar el nivel de atención requerido por los pacientes que las experimentan.

A medida que avanza nuestra tecnología, hay más pacientes que sobreviven a enfermedades críticas que habrían resultado fatales hace 20 años. Sería, por lo tanto, lógico deducir que hay más personas que experimentan una ECM. Por desgracia, el conocimiento de los profesionales de la salud sigue siendo superficial al no haber una formación en este sentido, aunque es alentador comprobar que en los últimos dos o tres años hay más universidades que empiezan a abordar el estudio de las ECM, que debería incorporarse en la formación de todos los profesionales de la salud.

Sería útil incluir módulos de formación en ECM en la formación de todos los profesionales de la salud y también ofrecer cursos de postgrado en los que participaran sujetos que, tras haber vivido una ECM, contaran su experiencia. Conocer las ECM a través de la descripción de la experiencia en primera persona resulta muy útil para quienes intentan obtener una mayor comprensión de este fenómeno.[295] Según mi experiencia, es la muerte y los asuntos relacionados con ella lo que causa más ansiedad en enfermeras y médicos, especialmente en los que tienen menos experiencia. Módulos de formación sobre la muerte en las UCI deberían ser obligatorios, porque ayudarían a que el personal siguiera trabajando en esas áreas y también sería muy beneficioso para los pacientes y sus familias.

Los módulos ECM incorporados a la formación de estudiantes de medicina han tenido mucho éxito y han contribuido a que los futuros médicos sean más abiertos y respetuosos con los pacientes, asuman un sentido más amplio de sus funciones e interactúen mejor con los enfermos y con los compañeros con opiniones distintas.[296]

Admitir y responder a las ECM
Cuando una persona comunica una ECM, normalmente se lo ha pensado mucho antes de hacerlo, y le ha sido necesario mucho valor para revelar una experiencia tan abrumadora y a menudo tan personal. Las ECM ejercen un impacto tan profundo en la persona que se han vinculado a crisis existenciales.[297] Una ECM es una experiencia trascendental y no puede compararse a nada. Muchos la describen como «más real que la realidad», por lo que desdeñarla como algo trivial puede tomarse como un insulto y revela una absoluta falta de comprensión: a menudo la persona se alejará y no volverá a intentar comunicarse. Quienes han vivido una ECM suelen ser reacios a hablar de su experiencia en público. De hecho, puede llevar un tiempo conocer a la persona antes de que esta se abra y revele la verdadera dimensión de su experiencia, y ello por varias razones. Algunos pacientes hablarán de un «sueño extraño» o de algo similar para comprobar el tipo de respuesta que obtienen antes de revelar toda su experiencia.[298] La

mayoría temen no ser creídos, ser ridiculizados o considerados locos. Algunos no comprenden plenamente la experiencia o no la integran en su vida durante muchos años. A veces hay una gran sensación de culpa si la persona quiso proseguir la experiencia a pesar de que ello significara dejar atrás a los seres queridos, por ejemplo a los hijos. Para muchos, el recuerdo de la experiencia puede despertar una gran emoción. Para otros puede ser una experiencia tan personal que simplemente prefieren guardarla para sí mismos.

Escuchar a los pacientes es crucial para que asimilen su experiencia. Es vital que esta sea reconocida y que a la persona se le conceda el tiempo necesario para expresarla, sabiendo que otros también han pasado por ella. A menudo el individuo tan solo necesita que validen su experiencia, lo que le permite seguir adelante.[299] La confianza en que no están solos y que otros han experimentado acontecimientos similares puede ser una enorme ayuda para ellos. Los profesionales de la salud no deberían desdeñar las ECM/experiencias extracorporales por el hecho de que no concuerden con sus propias ideas y deberían animar a la persona a utilizarlas de forma positiva y considerarlas un regalo.[300] Aunque como enfermeras nos han enseñado a «corregir» las alucinaciones, es importante que las ECM no sean consideradas como tales y que se haga caso de ellas.[301]

Si los profesionales de la salud no son plenamente conscientes de las complejidades de la ECM, les será difícil responder de forma apropiada, y ellos son las primeras personas que entran en contacto con el paciente después de su ECM y los que se implican en su recuperación a largo plazo. Cuando hablo de los profesionales de la salud, me refiero a los médicos, enfermeras, ayudantes, capellanes de hospital, psicólogos, psiquiatras; es decir, todas las personas con las que el paciente entra en contacto. Aunque es igualmente importante que la población en general tenga un mayor conocimiento de estos fenómenos, porque a veces es la familia la primera en la que confía el enfermo. Algunos consideran que las ECM son alucinaciones y las descartan como producto de los medicamentos o la falta de oxígeno. No critico esta actitud; cuando las ECM se abordan superficialmente, estas parecen ser las explicaciones plausibles y racionales; de hecho, es lo que yo pensé cuando tuve mi primer contacto con una ECM. Las investigación clínica está demostrando que estos factores constituyen explicaciones inadecuadas y que tales respuestas pueden perjudicar la comprensión y asimilación de la ECM por parte de los sujetos que la han experimentado.

En mi trabajo como enfermera, he observado que aquellos que han atendido a pacientes que han informado de una ECM han visto que este fenómeno estimulaba su propia exploración espiritual. Han llegado a ser más sensibles a las necesidades de los pacientes, más comprensivos y compasivos, y se han sentido más cómodos al hablar de la muerte con los enfermos y sus familias. También han estado más atentos a lo que los pacientes dicen durante la reanimación.[302] Algo muy cierto en mi caso.

Asímismo, es fundamental saber reconocer las ECM angustiosas, porque parecen despertar intensas emociones en las personas; para algunas suponen un trauma psicológico difícil de superar. Muchas personas no hablarán de su ECM si esta ha sido inquietante e incluso sentirán vergüenza por la naturaleza angustiosa de su experiencia. Una vez más, es importante que perciban que no están solas en su experiencia. He descubierto que mencionar que se han documentado casos en los que las experiencias angustiosas se han metamorfoseado en otras agradables con el paso del tiempo resulta muy beneficioso para los pacientes.[303] Hay muchos recursos que el paciente puede utilizar, como la página web IANDS y la Fundación para la Investigación Horizon. Sería útil que todos los centros sanitarios dispusieran de una selección de recursos, como ocurre, por ejemplo, para el cuidado de las heridas.

Después de un retiro para ahondar en la comprensión de su experiencia, un grupo de sujetos ECM sugirió una serie de puntos para mejorar el apoyo a las personas que en el futuro experimenten este fenómeno:[304]

- Profesionales de la salud comprensivos y bien formados.
- Información sobre investigación, comparación con tradiciones místicas, perspectivas históricas, experiencias personales y efectos secundarios.
- Tiempo para meditar, procesar la experiencia, rezar o internarse en la naturaleza.
- Maestros espirituales, un clero formado, pareja bien informada y asesores familiares, guías y mentores.
- Talleres, retiros, conferencias, grupos de apoyo, clases, apoyo *on-line*.
- Material de autoayuda.
- Una mayor conciencia pública de lo que significa una ECM.
- Financiación para aprender, hablar, difundir e integrar la ECM en los estudios universitarios.
- Retiros para niños que han vivido una ECM.

Muchas personas creen equivocadamente que hay que morir para tener una ECM; es una idea incorrecta. Aunque suceden fundamentalmente en los paros cardíacos, las ECM pueden sobrevenir en contextos diversos. A continuación ofrecemos el ejemplo de Sherry, una mujer de 52 años de Lancashire que tuvo una ECM mientras estaba atrapada en un coche después de un accidente de tráfico. Cuando Sherry contactó conmigo, era evidente que no comprendía su experiencia, y el hecho de que los profesionales de la salud no la tomaran en serio no hizo más que exacerbar su problema.

He leído el artículo en el periódico de esta mañana y quiero compartir mi experiencia, que nunca he comprendido del todo. No la he comprendido porque cada vez que he intentado hablar de ella con los médicos me he sentido ridiculizada porque en aquel momento yo no estaba al borde de la muerte, aunque yo creía que sí lo estaba [...]. De hecho, oí cómo un miembro del equipo de emergencias le decía a los médicos que pensaba que me estaba muriendo. No sé cuánta información desea usted; todo lo que puedo hacer es contárselo todo con la esperanza de que no sea demasiado largo.

Hace tres años [ahora ocho] sufrí un accidente de tráfico con dos amigas. Las tres íbamos caminando y un coche se paró para preguntarnos una dirección y acabamos subiéndonos en él. El vehículo era pequeño, las tres fuimos en la parte de atrás. Primero entró una de mis amigas, y cuando me dispuse a entrar yo, me invadió una intensa sensación de peligro; no sabía qué era, pero retrocedí y le pedí a mi otra amiga que entrara en mi lugar (lo que desde luego no estuvo bien, por lo que más tarde me disculpé, aunque ella se mostró muy complacida por ese cambio), porque de algún modo percibía que estar sentada allí era peligroso para mí. Todo el mundo le ha quitado importancia a este presentimiento porque a muchas personas no les gusta sentarse en medio.

No pude entender lo que sentía, pero me puse el cinturón..., un gesto que me salvó la vida. Mis otras dos amigas no se pusieron los cinturones. Solo llevábamos cinco minutos en el coche cuando la conductora se perdió. Una de mis amigas sugirió que girara a la derecha y desandara el camino. Mientras todas mirábamos en esa dirección, la conductora se salió del camino y nos metió de lleno en una carretera con mucho tráfico.

A continuación todo se desarrolló en cámara lenta. Vi cómo un coche se dirigía hacia mí y alcé los brazos para protegerme, esperando en vano que golpeara al pasajero del asiento delantero o pasara de largo, pero golpeó directamente el flanco del coche en el que yo estaba; y como iba apretada contra la puerta recibí el impacto de pleno. El coche giró en medio del tráfico. Supe que estaba gravemente herida y antes de que el vehículo se parara; pensé que estaba a punto de morir. Luché por respirar durante lo que pareció una eternidad. Las heridas de las demás eran muy leves y lograron salir por la puerta del conductor. Me pidieron que intentara salir por si acaso el coche recibía otro impacto, pero yo estaba atrapada y herida, y me aterraba que me dejaran sola. Mi experiencia me ha dejado un trauma por el que aún recibo tratamiento y del que voy saliendo poco a poco.

Luché por respirar, lo que me resultaba difícil debido a las costillas rotas en mi pecho, y luché contra el dolor y el miedo a morir y a no ver a mi hija y a mi marido, que ni siquiera sabía que iba en coche, porque en un principio tomé el tren con mi amiga. Mi querida amiga me tomó de la mano y le dije que me estaba muriendo y que le dijera a mi marido y a mi hija que lo sentía y que los quería. Los servicios de emergencia tuvieron una actuación brillante: uno de sus miembros se introdujo en el coche y otro entró por la ventana trasera e hicieron su trabajo: quitarme la ropa, examinarme, mantenerme despierta. Primero pedí que no me dejaran morir [...]. Mi corazón se había visto afectado y latía erráticamente. La brigada de bomberos empezó a romper el techo, pero no pudieron liberarme, por lo que empezaron a romper la parte posterior del vehículo y luego la parte posterior de mi asiento..., lo que resultaba extremadamente doloroso porque me había roto la pelvis. Estaba atrapada, con una mascarilla de oxígeno, un collarín y manos revoloteando sobre mi rostro. Un guardia me protegió la cabeza mientras rompían los cristales, etc. [...]. La situación se hizo insoportable y quise que todo terminara. Miré al hombre de *la ambulancia y él miró a su vez al bombero y dijo: ¡¡¡Tenemos que sacarla ya!!! […]. Recuerdo cómo incliné la cabeza hacia la izquierda y cerré los ojos. El sanitario me hablaba y me acariciaba el rostro, pero todo parecía tan lejano que ya no me importaba. Me pregunté en silencio si alguien más podía ayudarme y me dije que estaba preparada para morir. Ya no temía ni me preocupaba por mi hija o mi marido; todo se centró en mí, lo demás no parecía importar; me inundó una intensa sensación de «volver a casa». Sentí una inmensa sensación de alivio al percibir que alguien había venido a por mí.*

Lo que sucedió a continuación me sigue superando y hasta ahora no he sido capaz de explicarlo con palabras. Sentí que me envolvían en un calor maravilloso, una especie de manta de amor, una especie de abrazo tan tierno y lleno de… Aún no soy capaz de expresarlo, solo puedo decir que era tan bello que lloro al pensar en ello. De pronto tiraron de mí y me sacaron por la parte posterior del coche; me colocaron en una camilla y en torno a mí se desató el caos… Frío, ruido, dolor, voces y, entre ellas, la voz de un hombre que dijo ser de la brigada de emergencias y que estaría conmigo al llegar al hospital. Yo estaba agonizando, pero no parecía importar, y yo solo pude pensar que era profundamente amada por algo que no era de este mundo.

Aún estoy recuperándome física y mentalmente del accidente, pero mi experiencia nunca me abandona, ni siquiera en los días más oscuros. Tan pronto como pude, pedí un sacerdote y me suministraron medicación porque no podía parar de llorar. Sufrí trastorno de estrés postraumático y aún tengo algunos síntomas, pero hablar con el sacerdote me ayudó. Cuando pude caminar, solicité formación religiosa que culminó en mi bautismo en la fe católica un año después. No estoy segura de qué motivó mi experiencia, ¡el sacerdote dice que tal vez fueron los efectos de la morfina!… Estoy en el «equipo de Dios» […]. Tengo la profunda sensación de que algo cálido y maravilloso nos espera tras la muerte, a pesar de no haber estado al borde de ella, como pensaba... Creo que algo vino a mí y me abrazó cuando tanto lo necesitaba. Mi mente está abierta: ¿fue un ángel de la guarda, un familiar, o acaso nuestro cuerpo es tan inteligente que es capaz de consolarse a sí mismo en momentos traumáticos?

Extrañamente, mi cuerpo tiene mucha electricidad estática y las superficies de los coches y los colgadores de ropa de las tiendas, entre otras cosas, me dan calambre. Lo menciono por lo que usted decía en el artículo; es algo que nunca había relacionado con mi experiencia. Sé que lo que me pasó no puede compararse con lo que cuenta su artículo, pero tuvo un profundo impacto en mí y en el modo en que me percibo a mí misma, en el sentido de que morir no es algo que ahora tema ¡Aunque la forma de morir aún me sigue asustando!... Espero que sea durmiendo y no en otro accidente de coche. Mucha suerte con su trabajo.

Cinco años después de que Sherry contactara conmigo por primera vez, ha logrado una mejor comprensión de su experiencia. Le pregunté en qué sentido la atención que recibió habría podido mejorarse en aquella época:

Después de varias operaciones a lo largo de los años, vuelvo a estar en forma. Tampoco he olvidado mi experiencia durante mi rescate hace ocho años.

Al volver la vista atrás, ahora que no tengo ningún trauma, el recuerdo sigue siendo tan intenso como entonces. Ese impulso alegre y sin temor, algo inexplicable, era tan hermoso que aún me hace llorar. Dejé de preocuparme por mi marido y mi hija, quería marcharme con esa presencia amorosa que no puedo describir con palabras... Era como una manta de amor a mi alrededor... Y luego el contraste con el shock repentino, el horrible salto que me llevó de nuevo al frío, etc. Sí, no creo que sea algo que pueda olvidarse.

Para mí, la ECM tuvo un efecto profundo y positivo. Creo que la mayoría de nosotros teme a la muerte, a lo desconocido. Llegué a temer hablar de mi experiencia, creía que se reirían de mí o me verían bajo una luz aún menos favorable. Evidentemente, aún temo a la muerte si pienso en CÓMO voy a morir; no quiero sentir el dolor del accidente, pero morir en sí mismo, si se parece a mi experiencia, es algo muy hermoso. Siempre he sentido que no quiero morir y dejar a mis seres queridos porque los echaría de menos y, como me gusta formar parte de sus vidas, para mí sería insoportable perderlos. Pero la realidad es que cuando llegó aquella liberación yo solo quise marcharme; los pensamientos sobre mi vida anterior se desvanecieron. Me invadió una sensación de unidad y de paz sublime. No puedo expresarlo, es algo que no puedo describir con palabras porque no conozco una palabra que lo defina.

De todas formas, necesitaba explicar todo esto.

Me dijeron que estaban muy preocupados por mí y recuerdo que en un momento determinado el enfermero miró hacia arriba, supongo que dirigiéndose al bombero, y dijo con un tono imperioso: «Tenemos que sacarla ya», justo cuando yo quería rendirme y no responder a más órdenes. Solo deseaba irme de allí.

Me enviaron a un sacerdote porque mi familia pensó que tal vez era una experiencia religiosa. El sacerdote me dijo que creía que aquello era un don que yo debía atesorar. No estoy segura de que se tratara de algo religioso, no necesariamente; lo que experimenté fue una especie de unidad, de paz y amor.

Pero nadie contesta a mi pregunta de qué es lo que acudió en mi ayuda. Hay un cierto temor a hacerlo.

Usted, Penny, ha sido la única que ha comprendido cómo me sentía y, tras leer lo que ha escrito, creo que viví lo que puede considerarse una ECM; reconocer y no despreciar ni reírse ni descreer es fundamental para que el paciente atribuya un sentido a lo que carece de él.

El personal médico debería recibir formación sobre las ECM, tal vez a través de su libro. Como parte de la atención al paciente y en el plan de tratamiento, podrían entregarse folletos que explicaran las ECM, con un número de contacto o referencia que podría incluirse en los tratamientos, los pabellones hospitalarios, en recepción, etc. Jamás he pensado en mí misma como en alguien especial; pero ¿por qué me pasó a mí y no a otra persona? Me habría ayudado saber que no es algo extraño y que le ocurre a más gente. Saber que tal vez tenemos un espíritu que se desprende de nuestro cuerpo al morir es una sensación muy profunda. ¡Creo que el lugar al que va puede ser materia para otro libro! Me siento muy honrada al haber participado con un diminuto grano de arena a su libro, gracias, Penny, por ofrecerme la oportunidad de abrir la mente y hacer las paces con mi ECM.

BENEFICIOS TERAPÉUTICOS

Enfermedad terminal y temor a la muerte. ¿Cómo y cuándo abordamos el tema de la muerte?
En los últimos años ha habido grandes avances tecnológicos que han hecho posible que enfermedades antes incurables sean tratadas con éxito. Se desarrollan nuevas tecnologías constantemente. Si alguien está muy enfermo, tenemos la suerte de que esa tecnología exista, junto a las destrezas de médicos y enfermeras. Siempre he estado muy orgullosa de trabajar en un gran hospital y en una gran UCI con un equipo tan maravilloso. Siempre resulta muy gratificante ver cómo un paciente se recupera después de una enfermedad crítica; y son muchos los que lo consiguen. Sin embargo, algunos no se recuperan, a pesar de luchar para vencer la enfermedad, y acaban estando días, semanas o incluso meses debatiéndose en un estado semiconsciente entre la vida y la muerte.

Cuando un paciente se acerca al final de su vida, tomar decisiones respecto a su tratamiento es una tarea muy difícil para todos los implicados. En cuidados intensivos, los pacientes ingresan en situaciones de emergencia. Es frecuente que ingresen inconscientes, por lo que las decisiones las toma exclusivamente el equipo médico. Rara vez consideramos el final de nuestra vida porque no tenemos razones para pensar en eso en el devenir cotidiano. Solo lo afrontamos cuando sucede lo inesperado, cuando las personas se enfrentan a situaciones para las que no están preparadas. Incluso cuando los pacientes reciben un diagnóstico terminal, algunos tienden a evitar pensar en la muerte.

La muerte es algo en lo que apenas pensamos o que ignoramos completamente como sociedad. Incluso en los campos en los que cabría hablar de este tema, sigue siendo un tabú en la conversación. A menos que el paciente lo saque a colación, normalmente no es apropiado hablar sobre la muerte. Saber qué decir a los pacientes terminales es uno de los aspectos de la enfermería que más angustia causa a muchas enfermeras. ¿Cuándo es el momento adecuado para hablar de este tema? ¿Acaso el paciente quiere hablar de la muerte? Cuando a alguien le han diagnosticado una enfermedad terminal, ¿cómo apoyamos a ese paciente y le ayudamos a afrontar su diagnóstico? Por mucho que queramos ayudar, el paciente puede no ser receptivo a lo que tenemos que decir o tal vez quiera preservar su intimidad.

A pesar de mi experiencia laboral en la UCI, a veces tengo que enfrentarme a situaciones para las que nada me ha preparado. La UCI es un entorno que cambia rápidamente y a menudo produce nuevas situaciones. Cada día de trabajo aporta un nuevo aprendizaje. Dos días después de impartir una conferencia a la que acudió un público numeroso, me enfrenté a una situación que me incomodó al tiempo que me ense-

ñó mucho. En la conferencia mencioné que oír historias sobre las ECM puede ayudar a las personas a afrontar su propia
enfermedad terminal. Esas palabras fueron puestas a prueba ese día.

Al llegar a la unidad a las seis y media de la mañana
descubrí que las alarmas de la unidad de alta dependencia
(UAD) estaban encendidas, lo que nunca es una buena señal
(a esa hora de la mañana los pacientes de la UAD suelen estar dormidos). Me coloqué mi uniforme y comprobé el tablón
de tareas asignadas; tenía que supervisar a dos pacientes de la
UAD. Abrí las puertas y me encontré con el equipo desper-
digado por todas partes, enfermeras agobiadas y dos médicos
que intentaban colocar vías intravenosas a un paciente oculto bajo toallas esterilizadas y empapadas en sangre. La enfermera del turno de noche me pasó sus dos pacientes mientras
los médicos colocaban la intravenosa.

Me presenté brevemente al hombre que tenía que atender
en la próxima cama, pero pronto mi atención se centró en la
mujer («Sian»), que necesitaba mi ayuda con mayor urgen-
cia. Su rostro estaba empapado en sudor, no había registros
de su presión sanguínea y apenas pude sentir el pulso en su
muñeca.

Mientras me ocupaba de ella y apartaba el equipo, el cirujano de guardia pasó a examinar a la paciente con su personal
adjunto y le explicó que había que operar. Enseguida me dirigí la sala de espera y me presenté al marido, al hijo y a las dos
hijas de Sian para explicarles lo que estaba sucediendo. Diez
minutos después apareció el cirujano especialista de la mañana con *su* equipo y se acercó a la cama, pidiendo a gritos las
notas de la paciente, que no estaban disponibles. Al mismo
tiempo, llegó el radiógrafo para hacer unas radiografías a Sian.

El especialista de la UCI examinó inmediatamente a Sian
y, siguiendo sus instrucciones, yo le administré medicamen-

tos para mantener su presión sanguínea. Mientras reunía apresuradamente el equipo necesario para transferirla al quirófano, intenté explicar a esta mujer asustada que después de la operación tal vez sería conectada a un respirador; le introducirían un tubo por la boca hasta los pulmones y por un tiempo no podría hablar. Completé el papeleo necesario y preparé a Sian para el quirófano en un tiempo récord.

El cirujano regresó y me tocó rudamente en el hombro con el dedo, preguntándome si quienes estaban junto a la cama eran el marido y los hijos de la paciente. Pasó detrás de los biombos, tomó la mano de Sian y en una voz firme y autoritaria (¡y en un tono alto!) le dijo que había visto su escáner y que sería inútil llevarla al quirófano porque no sobreviviría a la operación. Él no podía hacer nada más.

Reinó la desolación y ella empezó a llorar ruidosa e histéricamente, y también su familia. Se abrazaban y lloraban. El cirujano se marchó y yo me quedé allí, sintiéndome incapaz de consolarlos; me pilló completamente desprevenida. La familia salió, histérica, el hijo aullando desconsoladamente, y yo me quedé sola, tras los biombos, con Sian. Sostuve su mano, pero no hablé por dos razones: 1) no sabía qué decir, y 2) aunque hubiera tenido algo útil que decir no habría sido capaz de encontrar las palabras, porque tenía el pecho encogido y lágrimas en los ojos. La UAD guardaba un silencio sobrecogido: los otros tres pacientes, que lo habían oído todo, no se atrevían a pronunciar palabra. El sonido del teléfono rompió el silencio y mi compañera asomó la cabeza detrás del biombo con un mensaje: ella también había estado llorando.

Sian siguió gritando en voz alta: «¡Me estoy muriendo! ¡Me estoy muriendo!». Le pregunté si temía a la muerte y si había pensado en lo que iba a suceder. Ella no había pensado mucho en la muerte, tan solo estaba asustada. Durante todo ese tiempo, en el fondo de mi mente latían las palabras que había pronunciado en la conferencia. ¿Era apropiado abordar el tema con Sian? En el pasado había hablado de mi investigación con otros pacientes, pero solo después de haber trabado un vínculo con ellos y de saber que sería apropiado mencionarlo. Pero acababa de conocerla, le habían transmitido la noticia más terrible que a uno le pueden dar y estaba mirando a la muerte literalmente a la cara: no había forma de escapar.

Habría sido mucho más fácil dejar la conversación ahí y no intentar poner en práctica lo que dije respecto a que las ECM contribuyen a aliviar el temor a la muerte en quienes afrontan una enfermedad terminal. Podía haber evitado hablar de ello y ocuparme en otras tareas que requerían mi atención. Pero ella estaba aterrada y yo no podía ignorar eso, tenía que intentar facilitarle las cosas. Decidí tratar de ayudarla en lo que pudiera y le pregunté qué era exactamente lo que le daba más miedo de la muerte. No lo sabía, nunca había pensado en ello, pero no quería morir. Le dije que yo había hablado con muchas personas que fueron dadas por muertas y luego reanimadas. Le dije que me comunicaron experiencias maravillosas y que si quería se las explicaría en profundidad más tarde. La dejé sola no sin antes repetir que yo creía que lo que tenía que decirle la ayudaría a ella y a su familia.

Llegaron más médicos y enfermeras para asegurarse de que el dolor de Sian estaba bajo control. Su desolada familia recibió toda la información por parte del equipo médico y volvió junto a su cama. Se daban las manos y lloraban suavemente, e intentaban comunicarse unos con otros entre sollozos.

Resumiendo esta larga historia, a las dos de la tarde Sian tenía un aspecto visiblemente mejorado. En cierto momento a lo largo de la mañana, creí que solo le quedaban unas pocas horas de vida. El tratamiento recibido, aunque de corta duración, había resultado eficaz y marcaba la diferencia. Estaba sentada en la cama, vestida con pijama, ya no sudaba, su presión sanguínea era más estable y volvía a tener color en las mejillas. Estaba rodeada por su familia y amigos y decía que no estaba lista para morir; quería llevar a su nieto a Disneyworld, quería hacer esto y aquello. ¿Qué es lo que yo haría y qué se me pasaría por la mente si me dijeran que iba a morir inmediatamente?

Entonces me pidió que me acercara y le hablara de mi investigación. Envió afuera al resto de la familia y amigos, pero pidió a su marido, a su hijo y a sus tres hijas que se quedaran. Yo sabía que había reconfortado a otros pacientes anteriormente, así como a mi propio abuelo mientras moría, pero siempre quedan dudas a la hora de hablar de la muerte con los pacientes. Acerqué una silla y expliqué que la muerte me interesaba porque era algo muy común en la UCI. Había leído mucho e investigado un fenómeno conocido como experiencia cercana a la muerte, y la mayoría de las personas que lo habían vivido no temían a la muerte y sabían que era algo maravilloso. Expliqué los diversos elementos y cómo los pacientes ECM me habían dicho que el dolor desaparecía. Dije que lo que estaba contando tal vez no tuviera mucho sentido en aquel momento, pero que tal vez lo tendría y le ayudaría en su proceso. Nos sentamos y hablamos un rato y yo les animé a preguntar y luego los dejé a solas.

Al día siguiente la enfermera especialista me contó que Sian estaba de regreso en el pabellón, sentada en la cama y tomando un té con su familia. Ser empujada a esta situación le permitió decir una serie de cosas a sus seres queridos que no habría tenido la oportunidad de decir si el resultado hubiera sido diferente. Y en cuanto a la eficacia de la ECM para ayudar a una persona a afrontar su muerte, todo lo que puedo decir es que Sian era una persona completamente diferente cuando mi turno acabó ocho horas más tarde. Parecía estar mucho más tranquila, y ella y su familia se mostraron agradecidos por mis palabras. De no disponer de los beneficios derivados de mi investigación y mi conocimiento de las ECM, no sé cómo habría podido afrontar esta situación.

En el caso de Sian, oír hablar de las ECM pareció ayudarla, o al menos apartó su mente de aquello que temía. Cuando murió mi abuelo materno, yo estaba a punto de concluir mi investigación. Mantuvimos largas conversaciones sobre la muerte y frecuentemente me preguntaba por lo que decían los pacientes. Era una persona muy reservada y se guardaba sus pensamientos para sí mismo, pero al enfrentarse a su propia mortalidad quiso saber más sobre mi trabajo. Murió en casa rodeado por la familia y su muerte fue muy rápida y pacífica.

Estos casos no son excepcionales: ocurren diariamente. Por lo tanto, si los profesionales de la salud fueran más conscientes de los beneficios terapéuticos que reporta la comprensión de la ECM, muchos pacientes recibirían una gran ayuda en un momento de mucho miedo y vulnerabilidad.

Sedación y medicación al final de la vida
La muerte es un proceso único y el fallecimiento de cada paciente es diferente. Algunos se muestran muy sosegados, pero otros parecen estar desgarrados por un gran dolor espiritual. Pueden ponerse muy nerviosos cuando se aproxima la muerte; algunos pueden llegar a ser muy agresivos. Otros arrastran una culpa no resuelta o el temor a ser castigados por cosas que han hecho en su vida. Es una pena que no hayan tenido la oportunidad de hablar de sus temores y preocupaciones. Reconocer y abordar las necesidades espirituales y las físicas puede derivar en una reducción de los analgésicos y una pacífica transición a la muerte.

Al analizar los resultados de mi investigación, descubrí que los medicamentos analgésicos y sedantes que suministramos a los pacientes parecen tener un efecto inhibidor en las ECM. Algo que también han sugerido otros investigadores.[305] La doctora Yvonee Kason[306] mencionó el caso de Christina. Cuando nació su hijo, tuvo una experiencia espiritual (similar a una ECM, aunque sin circunstancias que amenazaran su vida), pero el proceso se detuvo cuando se le administró morfina. Una experiencia similar, y aún más intensa, tuvo lugar durante el nacimiento de su segundo hijo, pero también se detuvo en cuanto se le administraron tranquilizantes.

Mi investigación y otros casos que he estudiado me han hecho consciente de la posibilidad de que los medicamentos que administramos al final de la vida pueden negar al paciente aspectos muy valiosos relacionados con el proceso de su propia muerte. Quiero subrayar que no defiendo eliminar esta medicación, sino que es importante no sedar más de la cuenta a un paciente solo porque esté nervioso al final de su vida. Para el personal de cuidados intensivos es un reto distinguir entre las alucinaciones y las expresiones espirituales. Se ha recomendado que la medicación se administre en momentos de expresión espiritual solo si el paciente es un peligro para sí mismo o si así lo solicita.[307] Si está cómodo, no hay necesidad de iniciar o aumentar la sedación. Este fue el deseo de un enfermo terminal que quiso que aliviaran su dolor, pero no quería perder la consciencia, ya que pretendía disfrutar de sus últimos momentos con su familia y llevar a cabo su práctica espiritual.[308] Uno de los casos de Rommer subraya este aspecto: «Temo al dolor físico, como todo el mundo, pero desde mi ECM rezo para estar consciente cuando muera».[309]

Sería beneficioso que las enfermeras que observan a los pacientes que han vivido ECM compartieran esa información con otras enfermeras, documentándola en el plan de atención al paciente y hablando de ello en las reuniones de trabajo. De hecho, forma parte de las tareas rutinarias en muchos centros de cuidados paliativos.

En algunos casos, los pacientes no necesitan sedantes u opiáceos.[310] Si el dolor físico no es importante, las dosis pueden ajustarse para asegurar que el sujeto esté consciente y conserve la coherencia de sus procesos mentales. El médico de un centro de cuidados paliativos logró ajustar la medicación contra el dolor en una mujer que deseaba hablar con su hija y no perder un tiempo valioso con ella. Aunque al principio estaba soñolienta y su cuerpo se iba acostumbrando a la medicación, pocos días después recuperó su estado normal de conciencia y su hija pudo decirle lo maravilloso que era tenerla de vuelta.[311]

Cuando el estado de mi abuelo se deterioró rápidamente y aumentó su dolor físico, empezaron a administrarle inyecciones contra el dolor. Lo atendimos en su propia casa y pedí al equipo de cuidados paliativos que no se incluyera midazolam en la inyección (en mi investigación he descubierto que esta sustancia contribuye a generar experiencias confusas). Me aseguraron que así lo harían siempre que la situación estuviera bajo control; en caso contrario, habría que replanteárselo. Mi madre llegó desde Francia esa tarde y a mi abuelo le alegró mucho verla. Tuvieron una breve conversación, interrumpida por la llegada de las enfermeras del turno de tarde, que aún no conocían a mi abuelo. La inyección analgésica llevaba unas horas haciendo efecto y, cuando intentaron mover a mi abuelo, él gritó de dolor. Entonces se hizo el silencio, las enfermeras salieron de la habitación, dijeron que le habían dado algo para calmarlo y se marcharon. Comprobé sus anotaciones y descubrí que le habían administrado midazolam. Yo estaba furiosa, ni siquiera había pensado en decirles que no le dieran nada, porque estaba bien y no necesitaba tranquilizantes. Mi abuelo cayó en la inconsciencia y no pudo continuar su conversación con mi madre. Nunca recuperó la conciencia y murió al día siguiente, sin tener la oportunidad de decir lo que quería a su hija.

Con un mayor conocimiento del proceso de la muerte, muchos individuos que afrontan una enfermedad terminal pueden decidir seguir el plan médico en estos casos o completar un formulario que consigne su decisión de no recibir tratamiento, conforme a sus deseos, a medida que empeore su estado. También hay que tener presente que la opinión de las personas puede cambiar drásticamente a medida que progresa su enfermedad.[312] Si existe la posibilidad de superar la enfermedad, entonces la UCI es el mejor lugar para contribuir a la recuperación. Sin embargo, si el cuadro global indica que no existe posibilidad de recuperación, entonces un plan de defunción o el formulario de rechazo del tratamiento permite que el individuo asuma el control, en lugar de delegar las decisiones en otros.[313]

Suicidio y ECM

Los efectos terapéuticos de las ECM han sido reconocidos y utilizados eficazmente por otros investigadores.[314] Por incongruente que parezca, las ECM tienen un efecto muy positivo[315] y han sido utilizadas terapéuticamente en el tratamiento de personas con múltiples intentos de suicidio.[316] Da la impresión de que los relatos que describen lugares maravillosos imbuidos de paz, alegría y amor, y el encuentro con seres queridos que dan la bienvenida a quien acaba de morir animaran a los suicidas a cumplir su propósito, pero en realidad lo cierto es lo contrario. El profesor Bruce Greyson descubrió que los pacientes con múltiples intentos de suicidio que experimentaron una ECM en uno de esos intentos tenían menos probabilidades de tratar de suicidarse otra vez. Las razones que pueden explicar esto son un renovado apego a la vida y la sensación de sentido y propósito en la existencia.[317] De hecho, quienes experimentaron una ECM durante un intento de suicidio descubrieron que el suicidio no era una opción.[318] La ECM proporcionó un sentido a su vida y les hizo conscientes de que aun saliendo de su propio cuerpo, sus problemas les acompañaban; sencillamente, no había manera de escapar a sus problemas, por lo que el suicidio era una opción inútil.[319] El psicoterapeuta J.M. McDonagh[320] también descubrió que los pensamientos suicidas se reducían cuando el sujeto recibía información sobre las ECM; él animaba a sus pacientes a investigar por sí mismos visitando páginas web relacionadas con este tema.

Engelbert Winkler es el promotor del *Occidental Book of Death and Dying*, que incluye relatos sobre ECM.[321] Se utilizó con cautela en el difícil caso de un joven cuyas tendencias suicidas surgieron después de la muerte de su padre. El tratamiento tuvo mucho éxito en el chico, así como en otros casos complicados, y Winkler la considera una «herramienta terapéutica muy útil». Propuso además que los relatos sobre ECM se utilizaran como un libro de los muertos de «alta tecnología»; estos libros han sido utilizados por diversas culturas a lo largo de la historia, pero no existen en nuestra sociedad.

Terapia de duelo
Superar la pérdida de un ser querido no es fácil y puede suponer un devastador impacto emocional. De hecho, he atendido a algunos pacientes cuya incapacidad para afrontar su dolor ha desencadenado conductas negativas, como el alcoholismo o la autonegación, que los han llevado a su vez a la UCI. Leer relatos sobre ECM también es útil para quienes hacen

el duelo por un ser querido, y muchos psicólogos especializados en duelo sugieren que sus clientes se familiaricen con la literatura sobre este tema. Desde mi perspectiva personal, mi conocimiento de las ECM ha influido poderosamente en el modo en que asimilo la pérdida de mis seres queridos desde que inicié mi investigación. No elimina ni el dolor ni la tristeza, pero suaviza esos sentimientos. Mi recomendación de lectura de algunos libros sobre el tema también ha ayudado a mis amigos.

Asimismo, admitir la existencia de la comunicación después de la muerte también puede acelerar el proceso de duelo. Las personas que informan de estos fenómenos están convencidas de que se trata de verdadera comunicación y en consecuencia cambian radicalmente su punto de vista y descubren un nuevo sentido de la vida y de la muerte. Con una nueva perspectiva vital es más fácil curar las heridas emocionales y alcanzar la paz mental.[322]

El psicólogo Allan Botkin ideó una técnica llamada comunicación después de la muerte inducida (CDMI) mientras trataba a pacientes que sufrían un trastorno de estrés postraumático. Durante la terapia CDMI los pacientes afirman comunicarse con sus seres queridos. A menudo en estas comunicaciones se abordan asuntos sin resolver, lo que induce un estado mental positivo en el paciente. En muchos casos, la CDMI ha marcado una época en la que el paciente se recuperaba y no fue necesario seguir con el tratamiento.[323] Y en otros casos, la terapia logró estimular la autocuración.

No obstante, muchos critican esta inusual terapia porque aparentemente carece de base científica. Sin embargo, ha demostrado ser muy beneficiosa en muchos casos, pues lo que experimenta el paciente al someterse a una CDMI tiene efectos terapéuticos que podrían ayudar a muchas personas si estuviera disponible para aquellos que quieran recibirla.

Implicaciones evolutivas

Implicaciones positivas en nuestra interacción con los demás
El potencial revolucionario de la literatura sobre las ECM ha sido reconocido desde hace tiempo, ya que quienes no han vivido esta experiencia han visto cómo su esperanza, su sosiego y su inspiración se refuerzan al leer los relatos de los diferentes casos. Las ECM se han comparado a un «virus benigno» en el sentido de que las personas abiertas a estas experiencias y que han sido expuestas a testimonios de ECM exhiben los mismos cambios vitales que los sujetos que han participado en estos fenómenos.[324] El mensaje global de las ECM es que todos estamos interconectados y que deberíamos tratar a los demás como nos gustaría ser tratados. Muchos sujetos ECM descubren que su compasión, amor, tolerancia y comprensión hacia los demás aumentan.

Después de muchos años enseñando las ECM en un curso universitario, el profesor Kenneth Ring advirtió el intenso efecto positivo que el curso tenía en sus estudiantes. En su Proyecto Omega, Ring descubrió que su grupo de control, formado por personas que estudiaban las ECM pero no las habían experimentado personalmente, manifestaba los mismos cambios vitales que quienes las habían vivido en carne propia, aunque en un grado menor.[325] Los sujetos que no experimentaron una ECM empezaron a aceptarse mejor a sí mismos, apreciaban más la vida, eran más compasivos, más espirituales, se preocupaban más por el medioambiente y eran menos materialistas. A través de una encuesta informal al final del curso se reveló que el 96 % estaban convencidos de la autenticidad de las ECM, el 61 % sentían que habían crecido espiritualmente y el 68 % creían tener un propósito en la vida. La encuesta se repitió dos veces en cursos posteriores, con resultados similares.

Ring comenta: «Parece que los beneficios de las ECM pueden transmitirse indirectamente, presentando la información relevante sobre la materia a los individuos interesados en estos fenómenos».[326]

El profesor Bruce Greyson[327] comparó a un grupo de sujetos que habían experimentado la ECM con miembros de IANDS que no habían tenido una ECM, pero sí mostraban el suficiente interés como para unirse al grupo. Los cuatro valores en los que estaba especialmente interesado eran la realización personal, el altruismo, la espiritualidad y el éxito en la vida. No hubo diferencias estadísticas en los dos grupos respecto a los valores de realización, altruismo y espiritualidad. Ambos grupos se preocupaban menos por el éxito, pero quienes habían experimentado una ECM mostraron un interés estadísticamente inferior.

El profesor de sociología Charles Flynn[328] incluyó entrevistas grabadas con sujetos ECM en uno de sus cursos, conocido como Proyecto Amor. Pidió a sus estudiantes que se comportaran de forma amorosa con alguien que no habrían conocido de otra forma. Los resultados demostraron que se incrementó la preocupación por los demás, el crecimiento personal y el cambio en algunos valores. También se reforzó la comprensión hacia sí mismos, la autoestima y percepción de la propia valía y la sensación de que existe un sentido y propósito en la vida.

En un seguimiento a largo plazo de ECM en la infancia, el doctor Melvin Morse[329] descubrió que estos niños muestran estabilidad física, mental y espiritual y una mayor empatía hacia los demás; obtenían buenas notas en clase, se alimentaban de comida sana y ninguno llegó a ser adicto a las drogas o el alcohol.

En un estudio prospectivo de supervivientes[330] a paros cardíacos se descubrió que los sujetos que habían experimentado una ECM desarrollaban tendencias altruistas y mostraban una mayor capacidad para expresar amor, escuchar, tolerar, comprender y ayudar a los demás.

Las enfermeras que han atendido a pacientes ECM también se han visto inclinadas a explorar su propia espiritualidad, lo que se ha visto traducido en cambios positivos en su propia vida personal y profesional. Su actitud hacia los pacientes cambió y han llegado a ser más compasivas y sensibles a sus necesidades, además de sentirse más cómodas abordando las ECM y la muerte con los pacientes y sus familiares.[331]

Pero no solo quienes están abiertos a las ECM se benefician de ellas. El profesor Neal Grossman nos ha contado los cambios de un «materialista acérrimo» que acudía a sus cursos sobre ECM. Al escuchar a un profesor contar su propia experiencia en este campo, al estudiante no le quedó más remedio que revisar sus creencias anteriores.

> *Escuchar a quien ha vivido una ECM narrar lo que ha vivido constituye una profunda experiencia para el oyente y psicológicamente es mucho más convincente que un puñado de estudios.*[332]

Rominger[333] nos transmite un comentario similar: «Nunca había oído a alguien que había tenido una ECM contar su experiencia, solo había leído sobre ellas en los libros, y sentí, guau, que era real. Es decir, no es un cuento..., a alguien le ha pasado de verdad».

Implicaciones positivas para el bienestar y la salud individual

Uno de los efectos secundarios más poderosos de la ECM es un intenso sentimiento de amor y compasión hacia uno mismo, que en última instancia se refleja en los demás. En el DVD *I AM*,[334] Dacher Keltner, profesor de psicología en

Berkeley, subraya que en *El origen del hombre*, de Darwin, la palabra «amor» aparece 95 veces mientras que la expresión «supervivencia del más apto» solo aparece 12. A pesar de no tener una gran fuerza y agilidad, o largos colmillos, la raza humana ha sobrevivido y evolucionado, y Darwin creía que eso se debía a nuestra capacidad para cooperar y sentir empatía hacia los demás. Consideraba la empatía como el instinto más fuerte en la naturaleza; hay profundas razones por las que hemos evolucionado para ser buenos con los demás: está escrito en nuestro ADN.

Por desgracia, este aspecto fue ignorado y se puso el foco en la supervivencia del más apto, por lo que se nos ha condicionado para pensar que somos realidades independientes. Al creer que somos autónomos, adoptamos un comportamiento egoísta y ponemos nuestras necesidades por encima de las necesidades de los demás. Como comenta Dean Radin,[335] si viviéramos teniendo presente que todos estamos conectados, nuestro comportamiento hacia los demás sería muy diferente. Es algo que se refuerza en el examen vital de la ECM, donde los sujetos vuelven a vivir las consecuencias de sus acciones desde una perspectiva en tercera persona: experimentan el modo en que sus actos perjudicaron o beneficiaron a los demás. Este vínculo se experimenta literalmente de primera mano y es como si esta experiencia reajustara la mente del sujeto y apartara las concepciones erróneas que habían condicionado su sistema de creencias en su vida anterior a la ECM. En consecuencia, después de la ECM los sujetos modifican su futuro comportamiento. Por lo tanto, si entendiéramos que los seres humanos están interconectados, no solo mejoraría nuestra supervivencia como especie, sino también mejoraría la de nuestro planeta.

La interconectividad expresada por los sujetos ECM y demostrada por las experiencias empáticas al borde de la muerte también era evidente para Einstein, que la llamó «espeluznante acción a distancia». En 1935 Einstein y sus compañeros Rosen y Podolski publicaron los resultados de experimentos con electrones.[336] Descubrieron que cuando dos electrones que han estado conectados se separan por una enorme distancia, si el espín de uno de ellos se detiene, el espín del otro también se detiene en el mismo instante. No existe un mecanismo que pueda explicar esto, ya que debería haber un desfase temporal entre ambos fenómenos. Es lo que se llama entrelazamiento cuántico e implica que estamos conectados a niveles muy profundos. Una vez más, esto refuerza lo que afirman las ECM y lo que desde siempre han dicho todas las grandes tradiciones de sabiduría: no somos entidades separadas, sino interconectadas, la parte de un todo.

Esto no solo influye positivamente en nuestra relación con los demás, sino que tiene un efecto beneficioso en nuestra salud. Al experimentar compasión aumentan significativamente los niveles de inmunoglobulina salival A (IgA), la primera línea de defensa del organismo contra los agentes patógenos en los alimentos.[337] También se ha señalado que las personas que perciben que tienen un propósito en la vida, una sensación de pertenencia y conexión con los demás, se enfrentan mejor al estrés, son menos propensos a las enfermedades y viven más tiempo.[338] Una de las ideas más poderosas que nos transmiten quienes han vivido una ECM es que todos estamos interconectados.

> *La sensación de conexión y responsabilidad, tanto hacia personas como hacia plantas y animales, parece sacarnos de nosotros mismos y vincularnos a un mundo más amplio. La predisposición a comunicarnos con los demás, a relacionarnos, parece fundamental para nuestra salud.[339]*

Otros cambios experimentados por los sujetos ECM incluyen la motivación para llevar a cabo trabajos de voluntariado y ayuda a los demás; de nuevo hay evidencias de que este comportamiento guarda correlación con un mejor estado de salud.[340] Hay muchos artículos de investigación evaluados por expertos que llegan a la conclusión de que la compasión, la bondad y el amor son beneficiosos para nuestra salud. Para una visión panorámica de estos artículos en relación con la salud, véase el trabajo del doctor David Hamilton.[341] Así pues, parece que tener una ECM o familiarizarnos con ellas puede aumentar nuestra salud y esperanza de vida.

Las ECM también son similares a las experiencias «cumbre» descritas por Abraham Maslow[342] y a las experiencias místicas. Se ha demostrado que las personas que han vivido experiencias místicas son equilibradas y conservan una buena salud psicológica.[343] Después de una experiencia mística o religiosa, hay un cambio de actitud que deriva en una sensación de sentido y propósito en la vida.[344]

Muchas personas inician la práctica de la meditación o de la oración después de una ECM o una experiencia mística, lo que fomenta la salud y previene la enfermedad.[345] La meditación tiene un gran papel en la rehabilitación de pacientes con problemas cardíacos y es eficaz para bajar la presión sanguínea. En nuestra sociedad consumista se subraya la necesidad de tener más dinero y posesiones materiales; a menudo se coloca a las personas en trabajos estresantes y con mucha presión, con largas jornadas laborales a fin de mantener ese estilo de vida. Es evidente que los beneficios de reconocer los aspectos espirituales de la vida y comprometerse en la práctica espiritual pueden mejorar la salud física y psicológica y aumentar la capacidad para la compasión y la reducción del materialismo.

Otra importante influencia de las ECM consiste en que inducen una mayor conciencia ecológica. Con el auge de la industrialización, los seres humanos están destruyendo la naturaleza, cegados por la necesidad de conseguir beneficios a corto plazo. Los sujetos ECM afirman sentir un mayor amor por la naturaleza y no olvidan que todas las personas, seres y cosas que habitan el planeta están interconectados, tal como defiende la hipótesis Gaia. El ecologista James Lovelock propuso que todos los organismos y su entorno inorgánico se integran estrechamente para formar un único sistema complejo autorregulado que mantiene las condiciones de vida en la tierra.[346] De hecho, los pueblos indígenas siempre han comprendido esta interconexión y siguen viviendo con gran respeto por la tierra y el planeta. Si hubiera más gente que comprendiera este punto de vista, podría someterse a examen el modo en que la naturaleza es destruida y fomentarse un futuro equilibrado con un mayor aprecio por nuestro mundo. Esto nos permite acariciar la alentadora perspectiva de una transformación de la conciencia en beneficio del planeta.

A medida que se suceden los estudios sobre las ECM y la conciencia, se hace evidente que nuestra comprensión de la conciencia está cambiando. Irónicamente, la tecnología desarrollada por nuestra ciencia nos ayuda a alcanzar esta nueva comprensión de lo que significa ser humanos. Para mí es más que evidente que nuestra ciencia evoluciona hacia el siguiente nivel, que nos proporcionará una comprensión de la vida aún mayor, porque incluirá tanto los aspectos espirituales como físicos de nuestra existencia.

Es importante que mantengamos la mente abierta respecto a las ECM y no las desdeñemos. Independientemente de nuestra perspectiva personal respecto a estas experiencias, debemos admitir que ocupan un lugar significativo en la forma en que comprendemos y tratamos a quienes se acercan a la muerte y padecen el duelo, así como a la hora de mejorar nuestra salud. Es, por lo tanto, esencial que como sociedad tengamos más presentes estas experiencias y que estos temas se incorporen al sistema educativo, especialmente en el caso de la formación de los profesionales de la salud. Entonces todos podremos cosechar los beneficios de las ECM, sin tener que estar al borde de la muerte.

10. CONCLUSIÓN

«La ECM no tiene que ver con la muerte, sino con la vida. Ha ins-
pirado a quienes no han tenido ningún tipo de experiencia tras-
cendental a cumplir el mensaje y el mandato de la luz, viviendo vi-
das de amor.»

CHARLES FLYNN[347]

Esta es una época excitante para vivir y realizar investigaciones de todo tipo. Parece que la raza humana está al borde
de un salto evolutivo hacia los milenios posteriores. Este libro es el resultado de 20 años de estudio, intentando que la
muerte tenga sentido; en el proceso he aprendido algunas importantes lecciones sobre la vida. No creo conocer todas las
respuestas y en realidad mi investigación ha planteado más
preguntas de las que ha sido capaz de responder. Ha abierto
mi mente a cosas que antes no admitía sencillamente porque
no me habían llamado la atención, ni había sido educada al
respecto. Ni en la escuela ni en mi educación como enfermera se mencionó la experiencia de los enfermos terminales que
he estado investigando.

Ocasionalmente, he leído breves descripciones en periódicos sobre experiencias anómalas relacionadas con la muerte: historias exageradas y cubiertas de misterio. Nunca les di
mucha importancia porque me parecían imposibles e inexpli-
cables. A partir del estudio de un gran número de informes

subjetivos de pacientes que he atendido y que estaban muriendo o a las puertas de la muerte, es evidente que estos relatos solo son misteriosos si los abordamos desde el punto de
vista del presente paradigma científico que establece que la
conciencia es un mero subproducto del cerebro.

Durante mis años de trabajo en la UCI he visto morir a miles de pacientes. Cada paciente suele estar al cuidado de diferentes equipos médicos: anestesistas, cirujanos ortopédicos,
cirujanos generales, especialistas renales, etc. Las decisiones
que atañen al cuidado del paciente suelen requerir la colaboración de los diferentes equipos. Una vez asistí a una situación en la que era evidente que una paciente se moría y se llamó al cirujano para que la examinara. En unos minutos, él y
su equipo se pusieron las mascarillas, las batas y los guantes
esterilizados, expusieron la herida abdominal de la paciente y
la palparon buscando la posible causa de su empeoramiento.
Como profesionales de la salud, a veces no logramos ver el
conjunto. No vemos al *paciente*, a la *persona*, al *ser humano*,
a la *madre* que ha criado a una familia que está desesperada
por su estado. Aunque existía una solución potencial al problema quirúrgico, no logramos ver el conjunto y comprender
que la paciente se moría: estaba inconsciente, se le habían administrado grandes dosis de potentes medicamentos para es-
tabilizar su presión sanguínea y el respirador trabajaba a la
máxima potencia para ayudarla a respirar. ¿Qué tenemos que
hacer para reconocer nuestras limitaciones? Eludir el tema
de la muerte es algo que Hampe reconoció hace 32 años:
«Cualquiera que haya estado en un hospital, y más aún en
una unidad de cuidados intensivos, descubrirá que la muerte
es un tema tabú, siempre y de forma persistente, aunque es el
último lugar en el que uno esperaría encontrar esta actitud».[348]

Con los avances en la tecnología, la muerte no está tan
claramente definida como solía y es frecuente que los pacien-

tes mueran mientras están conectados a equipos de soporte vital de última generación y en comas inducidos por la medicación, lo que no deja lugar al proceso natural de la muerte. Estos individuos no tienen control sobre la forma en que van a morir. La muerte se ha convertido en un asunto vergonzoso que se oculta y se somete al estricto control del equipo médico. Cuando los pacientes mueren en el hospital, es importante no olvidar a sus familiares, que a menudo se sienten impotentes en un entorno de alta tecnología, y los diversos equipos y las inyecciones intravenosas pueden actuar como barreras entre el paciente y sus familiares. La pérdida de un ser querido tiene un impacto demoledor y la familia debería saber que se ha hecho todo lo posible para que el paciente sobreviva a su enfermedad.

Hace veinte años que por primera vez pregunté por un curso que me ayudara a mejorar mis habilidades a la hora de atender a los pacientes terminales en la UCI. Aún estoy esperando que exista un curso así, destinado a las enfermeras que trabajan en cuidados intensivos. En cierto sentido ha habido mejoras, porque las ECM se enseñan en algunos cursos. Sin embargo, en líneas generales, la formación para la muerte es escasa e incluso en grandes hospitales universitarios hay pocas previsiones para el cuidado de los enfermos terminales en unidades de cuidados intensivos. Todo lo que tiene que ver con la muerte está notablemente ausente en el programa de formación de las enfermeras de cuidados intensivos, y sin embargo este aspecto es el que más preocupación causa en ellas. Yo misma he creado un curso que aborda específicamente estos temas.

Nuestros hospitales siguen siendo bulliciosos y siguen creciendo, y la gente cada vez vive más tiempo, pero aún no tenemos la comprensión necesaria para tratar a los pacientes que mueren entre toda esta tecnología. Muchas personas de todas las edades pasan las últimas semanas o meses de sus vidas conectadas a máquinas. Durante los últimos días u horas antes de que se extinga la vida del paciente, los familiares son mantenidos a distancia, porque las visitas a los seres queridos permanecen bajo el control de las rutinas de médicos y enfermeras.

Siempre habrá pacientes terminales en la UCI y situaciones en las que habrían estado mejor de haber sido ingresados en una residencia. Por lo tanto, es de vital importancia que en todos los entornos hospitalarios se tengan en cuenta los aspectos espirituales de la atención a los pacientes y que se trate a la persona en su conjunto, no solo su cuerpo.[349] Los profesionales de la salud tienen la posibilidad única de proporcionar atención física y espiritual; a medida que se acerca la muerte, abordar las necesidades espirituales del paciente es fundamental. Considero la enfermería como una de las profesiones más elevadas a nivel espiritual y creo que estar junto a la cama de un paciente terminal es un gran privilegio.

La muerte no debería considerarse una derrota; hay que aceptarla. De hecho, en nuestra sociedad la atención al moribundo debería tener el mismo valor que se concede a la lucha por salvar la vida. Somos una sociedad materialista que niega la muerte. Sin embargo, solo al contemplar la muerte podemos pararnos y pensar en el modo en que vivimos nuestra vida. El conocimiento que pueden aportarnos quienes han sido dados por clínicamente muertos y han experimentado una ECM puede inducir grandes cambios vitales que en última instancia mejorarán nuestro estilo de vida y en algunos casos incluso reducirán la probabilidad de que necesitemos tratamiento médico. Espero que este libro beneficie a los futuros pacientes y a sus familias. En concreto, espero que la reflexión sobre la propia mortalidad anime a las personas a reevaluar su vida. El estudio de las ECM, y más aún, la experiencia de las ECM, puede contribuir a que todos tengamos una visión más amplia de lo que la vida puede ofrecer.

Contemplar la propia mortalidad puede tener un profundo efecto en la vida de cada cual. Asuntos en los que no se había pensado se tornan relevantes ante la amenaza de muerte y a menudo la atención se traslada del yo a la ayuda a los demás. Por ejemplo, cuando le diagnosticaron una enfermedad terminal a los 34 años, la vida de Juliet Boyd se convirtió en un torbellino desesperado. Tuvo que afrontar la aterradora perspectiva de despedirse de su hija de 2 años, que no llegaría a recordarla. Recopiló una lista de cosas que quería decirle a su hija junto a recuerdos de lo que había hecho durante su vida para que la niña pudiera hacerse una idea de quién había sido su madre. Afortunadamente, más tarde Juliet descubrió que su diagnóstico era erróneo; aun así, la angustia emocional que tuvo que vivir dejó su marca. A partir de entonces quiso ayudar a otras personas que afrontan una enfermedad terminal. Creó una página web[350] para que los enfermos terminales puedan registrar sus vidas y dejar constancia de ellas después de su muerte.

Como señalamos en el capítulo 8, antaño todas las culturas tuvieron libros de los muertos, que ayudaban a los moribundos en su propia muerte, pero también guiaban en la vida a todos los demás. La rápida aceleración de los avances tecnológicos no ha venido acompañada por un crecimiento espiritual, lo que deja a nuestra actual sociedad con un déficit respecto a cómo comprender y abordar la muerte. En nuestra actual sociedad no existe un «libro de los muertos», aunque resulta evidente que sería muy necesario.

Los aspectos espirituales de nuestra vida no están a la altura de nuestros logros intelectuales. Por lo tanto, disponemos de una tecnología avanzada en la atención médica, pero no estamos preparados para abordar su legado: la alienación de la muerte. La negación de la muerte no se limita a los hospitales; está dentro de cada uno de nosotros. Ninguno de nosotros desea la muerte de sus seres queridos, pero por desgracia es algo que ocurrirá. Es algo que siempre nos pilla por sorpresa, pero sería útil que nos preparáramos para ello. Después de pasar años estudiando la muerte no soy indiferente al dolor y la sensación de pérdida que experimento con la muerte de mis seres queridos, pero me siento mejor preparada en los meses previos a la defunción.

Por eso creo que esta investigación es tan importante; las personas con las que he hablado y que han estado a punto de morir o han sido declaradas clínicamente muertas y a continuación han experimentado una ECM no creen que la muerte sea algo malo. Tan solo es triste para los vivos. Por mi experiencia personal sé que cuando nuestros seres queridos mueren nos queda una enorme herida que puede tardar años en sanar; en muchos casos no se cura nunca. Sin embargo, los sujetos ECM nos proporcionan un mensaje de esperanza que puede contribuir a activar el proceso curativo, razón por la que resultan tan útiles en la terapia de duelo. Como subraya Jules Lyons (que también vivió esta experiencia):

> No existe la «muerte». Lo que muchos ven como el «final» no es más que un cambio, como un cambio de ropa o un cambio de vehículo, o un cambio de residencia. Me gustaría eliminar el miedo a la muerte en la gente, porque, en todo caso, lo que llamamos «muerte» no es más que una liberación y un viaje muy hermoso.
>
> Es desgarrador oír cómo las personas lloran a sus seres queridos, a los que sienten como «perdidos para siempre». Me gustaría ayudar a que la gente supiera que los seres queridos que hemos «perdido» están muy vivos y, en realidad, están mucho más cerca de lo que pensamos.

A medida que aumenta el número de personas reanimadas con éxito y que se recuperan de graves enfermedades, es probable que se dé un aumento correlativo de los relatos sobre ECM. Es esencial que reconozcamos estas experiencias y dejemos de despreciarlas desde el supuesto no demostrado de que son alucinaciones o el mero producto de un cerebro disfuncional. Es de esperar que quienes quieran comprender su ECM se reúnan con otras personas para hablar de esta cuestión. Y lo que es más importante, espero que las ECM sean reconocidas por todo el mundo, especialmente por los profesionales de la salud, y que, pese a sus propias ideas sobre la naturaleza de este fenómeno, muestren una actitud empática ante quienes han vivido esta experiencia y sean así capaces de guiar a estos pacientes a las fuentes que ofrecen información práctica y útil.

Los dos sujetos de mi estudio que han vivido unas ECM más profundas no tienen ningún miedo a la muerte y están firmemente convencidos de que la muerte no es algo que haya que temer. Esta investigación, junto a otros estudios prospectivos sobre ECM,[351] demuestra que esas personas comunican experiencias claras, lúcidas y conscientes en un momento en que sus cerebros han dejado de funcionar o no funcionan óptimamente. No se trata de casos anecdóticos que puedan desdeñarse. Han sido minuciosamente documentados con el respaldo de anotaciones de médicos y enfermeras y los testimonios de los pacientes y miembros de los equipos médicos presentes durante estos acontecimientos. Además, la investigación prospectiva ha sido muy consistente con los casos anecdóticos previamente recogidos en la literatura dedicada a estos fenómenos.

Recapitulando brevemente, mi investigación ha mostrado que las ECM pueden ocurrir en cualquier contexto, pero que suceden con más frecuencia durante los paros cardíacos.

Esto sugiere que cuanto más se acerca uno a la muerte, mayores son las probabilidades de que sobrevenga una ECM. Una paciente informó de una experiencia extracorporal en la que describió con exactitud las acciones del médico, la enfermera y el fisioterapeuta mientras estaba profundamente inconsciente. En cambio, cuando se pidió al grupo de control que reconstruyera su reanimación, la mayoría no recordaba nada y los pocos que intentaron adivinar cómo había sido demostraron ideas equivocadas respecto al procedimiento y el equipo utilizado. La ECM es un fenómeno del que los sujetos hablan poco: de los 15 pacientes ECM que aparecen en mi estudio solo dos revelaron voluntariamente la información. Estas dos experiencias fueron muy profundas y tuvieron el suficiente impacto como para motivar a otros pacientes a contar lo que les había pasado. Los otros 13 pacientes no habrían comentado su ECM si yo no les hubiera preguntado específicamente si recordaban algo del tiempo en que permanecieron inconscientes. También hubo tres pacientes que tuvieron una ECM, pero murieron poco después. Por lo tanto, es posible que los pacientes experimenten este fenómeno durante una fase aguda de su enfermedad, pero no se recuperen lo suficiente como para comunicarlo antes de morir. Esta investigación no avaló las teorías materialistas y, en todo caso, al parecer los medicamentos inhibieron las ECM en lugar de crearlas. Los siguientes aspectos: reunirse con familiares muertos cuya defunción no conocían en el momento de su experiencia (paciente 19), obtener información por vías distintas a los sentidos (pacientes 11 y 295) y la curación espontánea e inexplicable de una anomalía congénita (paciente 10), no pueden explicarse a partir de factores fisiológicos, psicológicos o culturales.

Es fácil comprobar que cuando las ECM se analizan superficialmente se tiende a restarles valor y considerarlas alucinaciones. Sin embargo, al estudiar las complejidades de estas experiencias, profundizar en ellas y tratar a las personas que las han vivido son mucho más difíciles de desdeñar. Después de una ECM no solo se producen enormes cambios psicológicos y sociológicos: en algunos casos también ocurren cambios fisiológicos en los campos eléctricos y curaciones espontáneas. Después de más de 30 años de investigación en este campo, aún no hay una teoría que, en el marco del actual paradigma científico, explique todos los aspectos de este fenómeno. El hecho de que la investigación prospectiva en hospitales demuestre que las teorías que atribuyen las ECM a la anoxia, la hipercarbia o la administración de medicamentos carecen de base no nos deja otra opción que explorar la conciencia desde un ángulo diferente.

Es lamentable que hoy en día sigamos equiparando predominantemente el pensamiento con el cerebro. Aunque en la experiencia de la ECM participan ciertas zonas del cerebro, es una pena que estas correlaciones se hayan confundido con una estricta causalidad.[352] Desde esta perspectiva, las ECM jamás se explicarán adecuadamente. No obstante, si consideramos la posibilidad de que la conciencia, y no el cuerpo, es el elemento primordial, y que el cerebro es un mediador y no tanto un creador de la conciencia, entonces se nos abre un campo fecundo para la comprensión. Aunque las ECM y otras experiencias inusuales se han considerado fenómenos paranormales o sobrenaturales, desde esta nueva perspectiva no habría nada sobrenatural en ellas y, en realidad, serían algo bastante normal.

Los estudios prospectivos, junto a la multitud de estudios previos sobe ECM, indican que la premisa de que la conciencia es un producto derivado del cerebro es un concepto obsoleto. Desgraciadamente, la idea de que la conciencia es creada por el cerebro está tan sólidamente arraigada en nuestro sistema de creencias que todo lo que sugiera otra cosa es inmediatamente descartado o desdeñado porque supone una amenaza. Chris Carter lo resume muy bien: «La ciencia no puede ser un proceso objetivo de descubrimiento si se vincula a una creencia metafísica aceptada sin cuestionamiento, y eso lleva a la exclusión de ciertas evidencias por la sola razón de que contradicen la creencia metafísica».[353] Sin embargo, no estoy aquí para hablar de esto; en su lugar prefiero concentrarme en cómo podemos beneficiarnos de una mayor comprensión de las ECM.

En el capítulo 9 hablo de cómo nos beneficiará un mayor reconocimiento y comprensión de las ECM. Han demostrado ser eficaces en la prevención del suicidio y en la terapia de duelo. Después de una ECM, muchas personas empiezan a sensibilizarse ante cuestiones ecológicas y la conservación del planeta llega a ser muy importante para ellos. Muchos sujetos ECM exhiben comportamientos altruistas como resultado de su experiencia. Algunos de los efectos secundarios más notables, como los sentimientos de compasión y amor hacia los demás, redundan en una mejora de la salud. Comprender el mecanismo de las ECM puede beneficiarnos a todos, pues existen pruebas de sus propiedades terapéuticas y de curaciones espontáneas asociadas a estos fenómenos.

Mientras las ECM se descarten o desprecien como aberraciones de un cerebro perturbado, no tendremos la oportunidad de incorporarlas en nuestras vidas para nuestro beneficio. Si las propiedades terapéuticas de las ECM se investigan científicamente y llegan a comprenderse mejor, será posible desarrollar técnicas no invasivas que complementarán la medicina convencional y acelerarán la recuperación de la enfermedad. Al desdeñar e ignorar estas capacidades terapéuticas negamos la evolución de nuestros servicios sanitarios y negamos a las futuras generaciones la oportunidad de mejorar su salud al no considerar la importancia de la espiritualidad y centrarnos solo los aspectos relacionados con el cuerpo físico. Utilizar el mensaje de las ECM en nuestro propio beneficio tiene el potencial de fortalecernos hasta el punto de que nuestra buena salud será duradera y la necesidad de acudir al hospital incomparablemente menor. Se trata de nuevos conceptos que algunos pueden considerar fantasiosos o idealistas, pero si no los tenemos en cuenta y no investigamos, nunca lo sabremos.

Nuestra ciencia es asombrosa y ha sido muy importante en nuestro desarrollo y a la hora de hacernos llegar a nuestra fase actual de la evolución. El proceso científico es preciso y riguroso; avanza midiendo los fenómenos y reproduciendo los experimentos. Sin la ciencia no estaríamos donde estamos hoy, no existiría tecnología ni los avances en la atención médica que han aumentado nuestra esperanza de vida. Por desgracia, la ciencia se ocupa de lo físico y todo lo que no se puede medir no se considera real. La ciencia ha avanzado asumiendo una profunda desconexión entre la mente y el cuerpo. Sin embargo, hay algo que no se puede medir y que todo ser humano estará de acuerdo en que es real: el amor.

Esto es lo que me resulta apasionante. Si pienso en lo que nos ha llevado a esta visión del mundo, me resulta evidente que a lo largo de la historia la ciencia ha cambiado y siempre avanza hacia el siguiente nivel una vez realizados ciertos descubrimientos.

Antaño la religión fue la visión del mundo dominante y fue superada por la revolución científica. Los defensores de la ciencia, como Isaac Newton y Galileo, avanzaron la creencia de que el universo era un reloj gigantesco y los seres humanos apenas máquinas. Todos los aspectos espirituales de la vida se dejaron en manos de la Iglesia, mientras la ciencia se ocupaba de lo físico. Da la impresión de que algunos de nuestros avances tecnológicos actúan en detrimento de la naturaleza espiritual que nos es inherente. No se reconocen los aspectos espirituales de la vida y ese rechazo se traduce en la incapacidad para comprender experiencias cruciales en la raíz de la psique humana.

Muchos aspectos de la vida considerados como hechos científicos más tarde resultaron ser incorrectos. Hasta 1500 d.C. se creía un «hecho científico» que la tierra era plana; hasta el siglo IV la creencia de que la tierra era el centro del universo era un «hecho científico». Se ha considerado que el cerebro crea la conciencia y solo en las últimas décadas se ha cuestionado esta creencia. Ahora, muchos defensores del campo de las ECM y la investigación de la conciencia, incluida yo misma, creemos que el cerebro actúa como mediador de la conciencia, pero no la crea. Sin embargo, esta afirmación es atrevida y se opone al paradigma actual, fieramente defendido por aquellos que creen que la conciencia es una creación del cerebro.

Otro aspecto que me gustaría señalar es que la ciencia afirma que todos estamos compuestos de energía. Nuestra ciencia también dice que la energía no puede ser creada ni destruida; por lo tanto, cuando muere nuestro cuerpo físico, ¿qué sucede con esa energía?

El caso es que la ciencia cambia a medida que hace nuevos descubrimientos gracias al progreso científico, y cosas que ahora damos por sentadas antes parecieron absurdas. Por ejemplo, la bombilla eléctrica. Cuando se anunció por primera vez, hubo reacciones como estas:

- «Buena para nuestros amigos transatlánticos…, pero de escaso valor para la atención de los prácticos hombres de ciencia», Comité Parlamentario Británico, 1878.

- «Estos anuncios alarmantes deberían desaprobarse por ser de escaso valor para la ciencia y perjudiciales para su verdadero progreso», William Siemens, 1880.[354]

Respecto a la atención sanitaria, las siguientes declaraciones hoy nos parecen absolutamente increíbles:

- «La eliminación del dolor en la cirugía es una quimera. Es absurdo seguir investigando en esa dirección […], el bisturí y el dolor son dos palabras que deberían permanecer asociadas para siempre en la conciencia del paciente», doctor Alfred Velpeau, cirujano francés, 1839.
- «La teoría de los gérmenes de Louis Pasteur es una ficción ridícula», Pierre Pachet, cirujano británico y profesor de fisiología en Toulouse, 1872.
- «El abdomen, el pecho y el cerebro estarán siempre cerrados a la intrusión del cirujano sabio y humano», John Eric Ericksen, cirujano británico, nombrado cirujano extraordinario de la reina Victoria, 1873.[355]

Las ECM se han considerado indignas de la ciencia, pero ahora que estas experiencias se admiten seriamente y que hay una campo válido para su estudio científico, parece que estamos a punto de expandir nuestro actual conocimiento sobre el sentido de la vida y de la muerte. No se niega que las ECM existan, simplemente no podemos explicarlas. No hay razón para desdeñarlas. Existen tantas evidencias que apoyan la importancia de aceptar lo espiritual en nuestras vidas y en nuestra atención sanitaria que ha llegado la hora de prestar atención y aprovechar estas evidencias para mejorar nuestro actual sistema de salud.

Las ECM ocurren y sus efectos pueden cambiar profundamente la vida de quienes las experimentan y de aquellos que se familiarizan con ellas. Una vez más, Jules Lyons:

La ECM me despertó y me cambió en muchos sentidos. También me hizo acceder a la plena comprensión de que nadie está aquí «por accidente», que todos tenemos un propósito, algo que hemos de hacer en nuestra vida, antes de volver a «casa».

*Cuando observo el mundo, tengo la impresión de que los seres humanos viven sus vidas como si su único propósito fuera «obtener», en lugar de concentrarse en el vivir su propósito **espiritual**..., que es **dar**.*

Es irónico que la ciencia que ha permitido el desarrollo de la tecnología que permite que más personas sobrevivan a enfermedades críticas –lo que aumenta el número de personas que experimentan una ECM– aún no reconozca estos fenómenos como experiencias válidas porque no hay espacio para acomodar o comprender los aspectos espirituales de la vida en el actual paradigma científico. Sin embargo, esa misma ciencia no fue útil para los padres, abuelos y hermanos del niño de 2 años que murió en Navidad, no le sirvió de nada al marido y a los dos hijos de la mujer que contrajo un virus mortal durante las vacaciones y murió dos días después, no fue útil para el hombre cuya esposa y compañera de toda la vida murió a los 65 años después de muchas semanas de enfermedad, por mencionar solo algunos de los casos trágicos que he presenciado y se me han quedado grabados en el curso de mi carrera.

La ciencia trabaja muy bien porque puede medir y sopesar los diversos elementos y los experimentos pueden reproducirse. Esto no es posible en los aspectos espirituales de la vida. Los forenses no pueden hacer una autopsia y descubrir los pensamientos, sentimientos y recuerdos de la persona en una determinada ubicación en el interior del cuerpo. Todos tenemos pensamientos, sentimientos y recuerdos, pero el hecho de que no podamos medirlos no significa que no sean importantes en nuestra vida cotidiana. No tengo dudas de que mido 1,53 metros (¡y esos tres centímetros son muy importantes!). La ciencia confirma que es cierto porque puede medirlo. Pero tampoco tengo dudas de que amo a mi marido, y la ciencia no puede medirlo o confirmarlo. Sin embargo, nadie puede negar que el amor existe.

Las investigaciones previas sobre las ECM se han centrado en establecer una causa materialista que explique la experiencia, lo que ha contribuido a quitar mérito a los importantes beneficios espirituales que podemos obtener. Ha llegado la hora de dejar de patologizar estas experiencias y reflexionar en lo que pueden enseñarnos sobre la vida.

Por desgracia, a menudo la espiritualidad se confunde con la religión, y no es lo mismo. Se puede ser espiritual sin practicar una religión. Las necesidades espirituales son inherentes a todos los seres humanos. Aunque nos declaremos ateos o científicos desprovistos de creencias en este campo, todos tenemos diversas necesidades espirituales que otorgan un sentido a nuestras vidas por mucho que intentemos negarlo. En algunos casos estas necesidades espirituales solo se hacen evidentes cuando se avecina la muerte. Es triste observar cómo los pacientes sufren angustia existencial cuando se acercan a la muerte: muchos temen lo que les está sucediendo y tienen miedo de dejar a sus seres queridos o perder sus posesiones materiales. En algunos casos, es un temor a lo desconocido o a perder el control. Contemplar nuestras necesidades espirituales mientras estamos vivos hará que cuando la muerte se aproxime estemos satisfechos de nuestros actos y palabras y que nada aterrador nos aguarde.

Los aspectos espirituales de la vida contribuyen a cultivar la compasión hacia los demás, algo que sucede de forma muy profunda en la mayoría de los sujetos ECM, que experimentan una completa transformación espiritual. Para que la vida tenga sentido es fundamental que los aspectos físicos y espirituales estén equilibrados. En otras palabras, ciencia y espiritualidad van de la mano. Una busca convalidación y la otra comprensión: ambas son cruciales para la experiencia humana. Sin embargo, nuestra ciencia ha ignorado lo espiritual, y la mayoría de la gente vive en un mundo profundamente desequilibrado. La investigación demuestra que el altruismo, el amor, la compasión y la gratitud (ingredientes de la ECM) fomentan una buena salud y una constante evolución.

Una ECM es una transformación espiritual acelerada: las personas que las han vivido se han topado con la muerte de una forma totalmente inesperada y repentina. Algo ha conmovido los cimientos de su ser y les he llevado a vivir la vida de una manera distinta a como han sido condicionados para vivirla. Su visión espiritual también puede enseñarnos en nuestro camino. La transformación espiritual derivada de la ECM infunde virtudes que conducen a la evolución de nuestra especie y el planeta como un todo. Evolucionamos constantemente. Cuando consideramos la vida desde una perspectiva global, el desarrollo espiritual nos lleva a reflexionar sobre cómo vivimos junto a nuestros compañeros humanos, animales y plantas, y procura un equilibrio necesario para nuestra supervivencia como planeta.

Hemos sido condicionados para creer que la muerte es algo terrible, triste y aterrador. Sin embargo, la mayoría de los sujetos ECM que han pasado por una muerte transitoria nos hablan de una experiencia maravillosa y pacífica. Ser conscientes del modo en que vivimos nuestras vidas puede derivar en la paz y armonía que todos anhelamos. Pasamos mucho tiempo recordando el pasado o anticipando acontecimientos futuros que olvidamos al vivir el momento presente. Es hora de abrazar lo espiritual, junto a la ciencia, y recupe-

rar el equilibrio, a fin de vivir vidas plenas y, lo más importante, vivir en el momento presente, porque el ayer es historia y el mañana aún no existe.

También podemos ser conscientes del modo en que vivimos nuestra vida escuchando a quienes han experimentado
una ECM. Muchos son reacios a hablar de su ECM por temor
a no ser creídos o a que los demás piensen que son mentalmente inestables. Sin embargo, el conocimiento que han adquirido tiene mucho que enseñarnos. No ignores la muerte,
piensa en ella. Piensa en lo que sentirías si te diagnosticaran
una enfermedad terminal, en qué pensarías si este fuera el último día o la última semana de tu vida; ¿harías algo distinto
justo en este momento? Sé consciente de cómo vives tu vida
y no des las cosas por sentado. En última instancia, la atención plena aspira a que vivamos en el presente.

El número de personas que han contactado conmigo a lo
largo de los años me hace suponer que las experiencias que
rodean a la muerte son comunes. De hecho, sospecho que la
mayoría de los lectores han vivido o conocen a alguien que ha
vivido estos fenómenos; sin embargo, no se atreven a contarlo. Un aspecto especialmente revelador durante la escritura
de este libro es hasta qué punto las personas cuyas experiencias he recogido agradecen que su experiencia sea acogida
y no rechazada. En algunos casos, reunir todos los detalles
de las ECM me llevó meses (y hasta diez años en alguno de
ellos) y muchos encuentros, correos electrónicos y conversaciones telefónicas, hasta que los sujetos revelaron todos los
aspectos, ya que se mostraban muy cautos. Evidentemente,
no buscan llamar la atención; como los lectores pueden comprobar, muchos sujetos ECM han elegido el anonimato. En
realidad, cuando los periodistas contactan conmigo para pe-
dirme que estos sujetos aparezcan en televisión o en la radio
la respuesta de la mayoría de ellos suele ser un contunden-

te «No». Estas personas han vivido una experiencia que ha cambiado su vida y que parece difícil de creer: les aterra contarlo a otros. Es hora de reconocer que las ECM son un fenómeno válido y tratar a quienes lo han experimentado con el respeto que merecen.

Muchos sujetos ECM reciben una profunda iluminación durante su experiencia y son conscientes de las implicaciones de sus actos y pensamientos, lo que les lleva a cambiar radicalmente su comportamiento después de la experiencia. Esto me lleva a pensar que si un número creciente de la población adoptara estas prácticas el mundo sería un lugar mejor. La investigación previa ha demostrado que conocer las ECM puede cambiar nuestra vida para mejor y que las personas que no han vivido esta experiencia también sienten los efectos positivos derivados del contacto con estos fenómenos, aunque en menor medida. Imagine que todo el mundo tiene una ECM y su vida se ve tan profundamente afectada como en los casos descritos en este libro. Imagine que todo el mundo cambia de perspectiva vital y considera que todos los demás están conectados y son personas valiosas y forman parte de una misma consciencia subyacente. ¿Y si todos pusieran las necesidades de los demás por encima de sus propias necesidades? El mundo se transformaría radicalmente.

Christine Stewart (cuya ECM se describe en el capítulo 3):

Creo que si todo el mundo tuviera una ECM no habría más guerras, nadie pasaría hambre o sería víctima de la violencia, y la codicia sería una cosa del pasado.

Jules Lyons:

A menudo pienso que si cada una de las personas que viven en la tierra tuviera una ECM esta noche y viajara al mundo que hay más

allá, a la mañana siguiente nos despertaríamos en un mundo muy
diferente, aquí en la tierra.

Durante la ECM tiene lugar la comprensión de que todo está conectado. Junto al mensaje del examen vital, esto apunta a la idea de que lo que hacemos a los demás en última instancia nos lo hacemos a nosotros mismos. Esto resuena con la «regla dorada» alojada en el corazón de cada religión y tradición espiritual: «Trata a los demás como quieres que los demás te traten». No se trata de un superficial eslogan *new age*: es una profunda verdad espiritual que si todos practicamos y comprendemos se traducirá en respeto, paz y amor. Los sujetos ECM nos demuestran que vivir conscientemente no solo nos prepara para nuestra propia muerte, sino que también tiene el doble efecto de respetar a los demás y conceder un sentido a nuestras vidas. Evidentemente, aceptar o no esa enseñanza es una decisión personal. ¿Qué decide usted?

EPÍLOGO

«Lo más importante que hay en la vida es aprender a repartir amor y dejar que el amor nos alcance...»

MORRIE SCHWARTZ[356]

Oh, no... Oí a mi compañera pedir ayuda y luego el inconfundible sonido de la alarma de paro cardíaco perforó mis tímpanos. Dejé lo que estaba haciendo y miré alrededor, yo era la única en la UCI capaz de acudir a ayudar. Pedí a mi compañera que le echara un ojo a mi paciente y caminé lentamente hacia la zona de camas donde las pantallas parpadeaban frenéticamente. Muchos miembros del equipo atendían ya a la demacrada paciente que se acercaba al final de su vida. Uno de ellos desinfló el colchón de aire de la cama, la enfermera cualificada empezó la reanimación cardiopulmonar, otra atendía las vías respiratorias, una trajo el desfibrilador y otra administraba los medicamentos: una secuencia de acontecimientos perfectamente orquestada en la que cada miembro del equipo desempeña su papel específico con gran destreza y eficacia. La cosa siguió así durante media hora: el monitor registraba un latido muy rápido e irregular, pero no un rendimiento cardíaco equilibrado; era muy improbable que la mujer sobreviviera.

Intenté localizar su cuerpo bajo las placas del desfibrilador y las cajas vacías de las inyecciones de reanimación; ni siquiera pude ver sus manos, y menos aún tocarlas, por lo que me dirigí a ella mentalmente, transmitiéndole un mensaje de sosiego, con la esperanza de que eso pudiera ayudarla de algún modo. La joven enfermera y el médico practicaban las compresiones cardíacas por turnos (después de unos minutos es algo muy cansado). Yo me quedé al fondo; había tantas personas que no hacía falta que yo comprimiera el pecho de la frágil mujer de 86 años. No tenía que sentir el crujido de las costillas rotas bajo mis manos mientras apretaba su pecho. No tenía que ver el vómito cayendo por las comisuras de sus labios, sentir la piel fría, húmeda y fina como el papel o ver la mirada vacía de sus ojos mientras su cuerpo se estremecía bajo las manos del equipo médico. La enfermera desconectó un momento el tubo del respirador para succionar las secreciones de sus pulmones y el equipo fue rociado por una mezcla de sangre y moco, que se deslizó por el rostro de la paciente y alcanzó su cabello ya manchado por el vómito. Me deslicé en silencio entre las cortinas y me alejé, inadvertida, agradecida por no ser necesaria…

«Bien, ya llevamos 40 minutos. Creo que es el momento de dejarlo, ¿estáis de acuerdo?» Al escuchar las palabras del doctor, todo el mundo dejó lo que estaba haciendo. El ritmo cardíaco errático registrado en el monitor descendió en cuanto se detuvo la reanimación cardiopulmonar. No se registraba rendimiento cardíaco. El ritmo del corazón se convirtió en una línea plana: asistolia. La enfermera desconectó el monitor cardíaco, el médico certificó la defunción y apagó el respirador. Los miembros del equipo se quitaron los delantales y guantes de plástico, se lavaron las manos y se marcharon, dejando a una enfermera para limpiar la carnicería antes de comunicar la triste noticia a la familia y permitirles ver a su querida mamá, abuela y hermana por última vez.

Este relato se basa en una reanimación a la que he asistido recientemente. Dos días antes, la respiración de la mujer empeoró y fue transferida a la unidad de alta dependencia para un control más exhaustivo. Yo era la enfermera que la recibió y el plan era tratar a la mujer con una terapia de oxígeno no invasiva. Al ingresar, ella estaba muy debilitada y asustada y luchaba por respirar a través de su mascarilla de oxígeno, por lo que no podía hablar. Una hora después del tratamiento, su respiración empezó a mejorar y fue capaz de expresarse con frases cortas. Dos horas después se pudo reducir su suministro de oxígeno y pudo hablar normalmente. Había expresado su deseo de morir; vivía sola y su marido había muerto el año anterior, y ella solo quería estar con él. Aunque amaba a su familia y agradecía lo que estaban haciendo por ella, cada vez estaba más debilitada y sabía que estaba lista para morir; no quería seguir en el hospital. Traté de tranquilizarla asegurándole que con unas pocas horas más de terapia de oxígeno se sentiría mucho mejor y tal vez podrían pasarla a planta al día siguiente. Por desgracia su estado empeoró durante la noche y necesitó intubación y ventilación.

Con el paso de los años, mis ideas han cambiado mucho y lo que antes me parecía heroico ahora me parece bárbaro. A veces hay una fina línea entre ser ingresado en cuidados paliativos o en la UCI. Cuando era enfermera en prácticas, se consideraba que pocos pacientes eran adecuados para su ingreso en la UCI debido a su mal pronóstico. Veintiún años más tarde son muy pocos los pacientes que *no* son transferidos a la UCI. Lo que intento con mi investigación es asegurarme de que los futuros pacientes no soporten indignidades al final de su vida cuando resulta evidente que no van a sobrevivir, especialmente si esto va en contra de sus deseos. Sin embargo, se trata de una tarea enorme que implica un cambio de conciencia global, y no solo mío.

Es tranquilizador saber que en mi estudio más del 80 % de los pacientes que fueron exitosamente reanimados no recordaban su reanimación. Quienes sí tenían recuerdos comunicaron una ECM muy pacífica y reconfortante. Ninguno de los pacientes recordó haber sentido dolor durante su reanimación, pero algunos hablaron de cierta opresión en el pecho una vez recuperada la conciencia. Respecto a la minoría de pacientes que declararon haber vivido una ECM perturbadora durante su reanimación, espero que la información en este libro y otros recursos ayuden a los profesionales de la salud a reconocer también estas experiencias, junto a las agradables, y sus complejidades asociadas, de modo que estos pacientes disfruten de un mejor apoyo psicológico y espiritual durante su recuperación.

De no haber sido por el encuentro con el paciente terminal que he descrito al principio de este libro, probablemente viviría mi vida de forma completamente inconsciente y me haría feliz aceptar la conciencia de masas. Estoy segura de que muchos de vosotros, lectores, jamás habéis pensado en estos temas; parecen irrelevantes cuando se es joven y se goza de buena salud y forma física. Pero ¿y si una mañana, como muchos pacientes a los que he atendido, te levantas para ir al trabajo y nunca regresas? ¿Y si el coche o el autobús que te lleva al trabajo se ve involucrado en un accidente o un coche te atropella? ¿Te sentirías satisfecho por la vida vivida? ¿Aún habría cosas que te habría gustado hacer? ¿Habría cosas que te gustaría decir? No dejemos que la muerte nos sorprenda sin haberlas hecho o dicho: lo más importante que los pacientes me han enseñado es a *vivir mi vida ahora*. Muchas veces he sido testigo de cómo los familiares le dicen a su ser querido que cuando se recupere se irán de vacaciones; a menudo esas promesas no se cumplen porque el paciente no se recupera. Estamos tan ocupados luchando por lo que no tenemos que no logramos ver lo que sí tenemos. De los miles de pacientes que he atendido en su lecho de muerte jamás he oído a uno decir que le habría gustado trabajar más horas.

Mi vida cambió drásticamente desde el encuentro con el paciente que mencioné en la introducción: me obligó a «profundizar». En consecuencia, me obsesioné por saber más de la muerte y una vez que empecé a leer sobre las ECM ya no hubo vuelta atrás y me sentí obligada a saber más. Ahora considero que mi escepticismo original –que antes creía racional– era irracional, porque entonces juzgaba las ECM desde una perspectiva preconcebida y no tenía una mente abierta a otras posibilidades ni un conocimiento profundo de ellas. Solo cuando me vi obligada a contemplar el fenómeno en su conjunto y pensar de otra manera, involucrándome plenamente con la amplia gama de elementos asociados a las ECM, advertí que mis explicaciones previas eran erróneas y descabelladas; había caído en la trampa de dejarme arrastrar por la conciencia de masas.

Una vez que superé la terrible depresión que viví después de atender al paciente terminal descrito en la introducción, descubrí que podía hacer algo positivo por los demás. Como resultado, mi mundo parece diferente; mis valores son completamente distintos a los de antaño. Antes era ambiciosa y quería llegar a ser enfermera especialista; de pronto, todo eso dejó de tener la menor importancia. Inicié el doctorado no porque quisiera conseguir un título, sino para aprender más sobre la muerte y las ECM. La primera vez que le dije al profesor Paul Badhman que iba a emprender esta investigación, rechacé la oferta de doctorado en dos ocasiones. De hecho, después de doctorarme he seguido trabajando en un equipo de enfermería formado por cinco miembros (lo que supone el sueldo más bajo entre las enfermeras profesionales) porque para mí era más importante estar con los pacientes; el estatus y el dinero carecen por completo de atractivo para mí. Estudiar y comprender las ECM ha dado sentido a mi vida y me ha enseñado a vivir; me ha enriquecido, cosa por la que siempre estaré agradecida. Si quien lea esta libro se «contagia» de este fascinante fenómeno y es tan feliz como yo como resultado de mi investigación, entonces el mundo podrá ser un lugar mejor. Me anima a pensar que el mundo podría ser un lugar de paz, amor y respeto hacia los demás.

Es agradable pensar que cuando la muerte se acerque todos sentiremos paz, alegría y amor incondicional. Sin embargo, estas experiencias solo ocurren en el camino hacia la muerte; no sabremos qué ocurre *después* hasta que no lo vivamos plenamente en nuestra propia muerte. Lo mejor que podemos esperar en nuestra muerte es haber tenido una buena vida. En mis conferencias a menudo me preguntan si quienes han experimentado una ECM realmente han estado en el cielo. En los últimos años he descubierto que el cielo no es un lugar: es un estado mental y está dentro de todos nosotros. Tan solo tenemos que profundizar y encontrarlo. Tengo la esperanza de que este libro inspire a cada lector para iniciar su propia investigación de este misterioso fenómeno que llamamos muerte y que a cambio le invada la misma felicidad, plenitud y riqueza que yo siento; entonces todos tendremos la experiencia del cielo en la tierra.

NOTAS

Introducción

1. Morrie Schwartz en Albom, M. 2003, págs. 81, 83.
2. Sartori, P. 2008.

Capítulo 1. La experiencia cercana a la muerte

3. Dossey, L. 2001, pág. 62.
4. Nahm, M. 2009a.
5. Zaleski, C. 1987.
6. Evans-Wenz, W.Y. 1960.
7. Drolma, D. 1995; Cuevas, B.J. 2003, 2008.
8. Sabom, M. 1982, 1998.
9. Morse et al. 1989, Morse, M. 1990.
10. Holden, J. 1988, 1989.
11. Lawrence, M. 1995, 1998.
12. Rawlings, M. 1979, 1993.
13. Van Lommel et al. 2001.
14. Schwaninger et al. 2002.
15. Greyson, B. 2003.
16. Parnia et al. 2001.
17. Moorjani, A. 2012.
18. Alexander, E. 2013
19. Ring, K., y Cooper S. 1999.
20. Kellehear, A. 1993.
21. Ring, K. 1980, pág. 67.
22. Hampe, J. 1979, págs. 65-91; Greyson, B. 1993, págs. 390-9; Lundahl, C.R. 1993, págs. 63-76; Amatuzio, J. 2004, pág. 186; Atwater, P.M.H. 1999, pág. 64.
23. Atwater, P.M.H. 1999, pág. 64.
24. Bush, N.E 1994; Ellwood, G.F. 2001; Grey, M. 1987; Greyson, B., y

Bush, N. 1992; Rawlings, M. 1979, 1993; Rommer, B. 2000; Storm, H. 2000; Rominger, R. A. 2009.
25. Sartori, P. 2008, pág. 365.
26. Zaleski, C. 1987.
27. Jakobsen, M.D. 1999.
28. Rawlings, M. 1979, 1993.
29. Grey, M. 1987, pág. 72.
30. Greyson, B., y Bush, N. 1992.
31. Rommer, B. 2000, págs. 87-96.
32. Parnia, S., comentario realizado en el Grupo Permanente para la Investigación de la Conciencia, Instituto Fetzer, Kalamazoo, Michigan, 2007.
33. Ring, K. 1994.
34. Greyson, B., y Bush, N. 1992, pág. 100; Ring, K. 1984, pág. 8; Storm, H. 2000, págs. 29-30; Bonenfant, R.J. 2004.
35. Bonenfant, R. J. 2004.
36. http://www.drrajivparti.us/my-near-death-experience.
37. Zaleski, C. 1987, págs. 45-52.
38. Rommer, B. 2000, págs. 97-193.
39. Grey, M. 1987, pág. 110.
40. Bush, N. 2012.
41. Bache, C. 2000, págs. 95-124.
42. Rosen, D.H. 1975, págs. 289-94; Ring, K. 1980, págs. 118-24, 199; Fenwick, P., y Fenwick, E. 1996, págs. 280-3.
43. Garfield, C.. citado en Lundahl, C.R. 1982.
44. Lindley, J., Bryan, S.. y Conley, B. 1981.
45. Grey, M. 1987, pág. 72.
46. Atwater, P.M.H. 1992.
47. Rommer, B. 2000, págs. 24-5.

Capítulo 2. Los efectos secundarios de la ECM

48. Entrevista emitida en ABC News, 23 de marzo 2011, véase http://abcnews.go.com/WNT/Video/elizabeth-taylor-death-experience-13201786.
49. Atwater, P.M.H. 1988; Dougherty, C.M. 1990; Greyson, B. 1992, 1992-93, 1996, 1997; Greyson, B., y Bush, N. 1992; Groth-Marnat, G., y Summers, R. 1998; Kellehear, A. 1990; Musgrave, C. 1997; White, P.R. 1997.

50. Grosso, M. 1981.
51. Bush, N. 1991; Christian, S. R. 2006; Stout et al. 2006, pág. 56.
52. Stout et al 2006.
53. Stout et al 2006.
54. Wren-Lewis, J. 2004.
55. Christian, S.R. 2006.
56. Kircher, P. 1995; Atwater, P.M.H. 1999.
57. Van Lommel, P. 2010; Morris, L., y Knafl, K. 2003.
58. Fracasso, C., Friedman, H., y Young, M. 2010, pág. 275.
59. Atwater, P.M.H. 1999, pág. 41.
60. Kircher, P. 1995; págs. 16, 21.
61. Storm, H. 2000.
62. Van Lommel, P. 2010.
63. Matthews, C. 2009.
64. Atwater, P.M.H. 1994; Morse, M. y Perry, P. 1993; Ring, K. 1992; Ring, K. y Valarino, E. 1998.
65. Nouri, F. M. y Holden, J. 2008.
66. La página web de Ken Ebert describe su libro en profundidad. Los tres primeros capítulos pueden leerse online: www.kenebert.com.
67. Kason, Y. 2000, pág. 112.
68. Sutherland, C. 1992, 1995a.
69. Morse, M., y Perry, P. 1993, págs. 142-144. Veáse también el caso de Janet, págs. 138-139.
70. Dossey, L. 2011.

Capítulo 3. ECM en la infancia

71. Bush, N.E. 1983; Sutherland, C. 1995a, pág. 11.
72. Bush, N.E. 1983; Serdahely, W. 1991.
73. Morse et al 1985; Morse, M., y Perry, P. 1990.
74. Morse, M. y Perry, P. 1990; Sutherland, C. 1995a, págs. 11, 186.
75. Atwater, P.M.H. 1999, pág. 42.
76. Atwater, P.M.H. 1999, pág. 43.
77. Morse, M. y Perry, P. 1990.
78. Lerma, J. 2009, págs. 189-220.
79. Bush, N.E. 1993; Sutherland, C. 1995a.
80. Sutherland, C. 1995a, pág. 11.
81. Atwater, P.M.H. 1999, pág. 63.
82. Morse et al 1985, 1986.

`290      ECM`

83. Atwater, P.M.H. 1999, pág. 64; Sutherland, C. 1995a, págs. 27-30.
84. Serdahely, W. 1990.
85. Sutherland, C. 1995a, pág. 188.
86. Stout et al 2006.
87. Sutherland, C. 1995a, pág. 188.
88. Herzog, D., y Herrin, J. 1985.
89. Atwater, P.M.H. 1999.
90. Sutherland, C. 1995a, pág. 20.
91. Atwater, P.M.H.1999, pág. 81.
92. Atwater, P.M.H. 1999, pág. 65.
93. Sutherland, C. 1995a.
94. Atwater, P.M.H. 1999, pág. 93.
95. Atwater, P.M.H. 1999, pág. 93.
96. Morse, M., y Perry, P. 2000, págs. 2, 12.
97. Atwater, P.M.H. 1999, pág. 108.
98. Sutherland, C. 1995a, pág. 38.
99. Atwater, P.M.H. 1999, págs. 68-128.
100. Hoffman, E. 1992, págs. 47, 69, 99, 133.
101. Atwater, P.M.H. 1999, págs. 68-128.
102. Atwater, P.M.H. 1999, pág. 113.
103. Atwater, P.M.H. 1999, pág. 118.

Capítulo 4. Las variaciones culturales de las ECM

104. Gallup, G., y Proctor, W. 1984, pág. 12.
105. Perera et al 2005.
106. Knoblauch et al 2001.
107. Thrum, T. 1907; Pommaret, F. 1989; Kellehear, A. 2001.
108. Drolma, D. 1995; Kellehear, A. 2001.
109. Murphy, T. 2001.
110. Zaleski, C. 1987.
111. Osis, K., y Haraldsson, E. 1977.
112. Pasricha, S., y Stevenson, I. 1996.
113. Pasricha, S. 2008.
114. Murphy, T. 2001.
115. Murphy, T. 2001, pág. 173.
116. Pommaret, F. 1989; Epstein, L. 1982; Carr, C. 1993; Sogyal, R. 1995; Drolma, D. 1995; Bailey, L. 2001; David-Neel, A. 1997; Cuevas, B. J. 2008.

117. Morse, M., y Perry, P. 1993, pág. 127; Tachibana, T. 1994.
118. Iwasaka, M., y Toelken, B. 1994, pág. xv; Yanagita, K. 1975, págs. 68-9.
119. Corazza, O. 2008.
120. Hadfield, P. 1991.
121. Becker, C. 1981.
122. Becker, C. 1984.
123. Vaughan, L. 1920, págs. 42-6.
124. Gomez-Jeria, J.S. 2006.
125. Zhi-ying, F., y Jian-xun, L. 1992.
126. Warner, L. 1937; Berndt, R., y Berndt, C. 1989, citado en Kellehear, A. 2008.
127. King, M. 1985; Kellehear, A. 2008.
128. Green, J.T. 1984.
129. Counts, D. 1983.
130. En Morse, M., y Perry, P. 1993, págs. 120-4.
131. McClenton, J. 2006.
132. Bockie, S. 1993, en McClenon 2006, págs. 120-4.
133. Keable, R. 1921, en McClenon 2006, págs. 30-2.
134. Hallowell, A.I. 1967/1940; Barrett, S.M. 1970/1906; Schoolcraft, H.R. 1975/1825; Barbour, P.L. 1983; Kalweit, H. 1988 citado en Wade 2003.
135. Talayesva, D. 1942, citado en Kellehear, A. 2001.
136. Neihardt, J.G. 1932/1995.
137. Wade, J. 2003.
138. Thrum, T. 1907, citado en Kellehear, A. 2001.
139. Gomez-Jeria, J. S. 1993.
140. Kreps, J.I. 2009.
141. Nahm, M., y Nicolay, J. 2010; Fracasso et al 2010a.
142. Nahm, M., y Nicolay, J. 2010, pág. 258.
143. Nahm, M., y Nicolay, J. 2010, pág. 257.
144. Blackmore, S. 1993a.
145. Kellehear, A. 1993.
146. Jung, C.G. 1996/1959.

Capítulo 5. Experiencias al final de la vida y comunicación después de la muerte

147. Gurney, E., Myers, F.W.H. y Podmore, F. 1886.
148. Osis, K., y Haraldsson, E. 1977.

149. Cooke, A. 1968; Hoffman, E. 1992; Lerma, J. 2009.
150. Morse, M., y Perry, P. 1994; Brayne, S. 2010; Fenwick, P., y Fenwick, E. 2008.
151. Brayne et al 2006; Brayne et al 2008; Fenwick et al 2009.
152. Brayne et al 2006, págs. 4,5.
153. Callanan, M., y Kelley, P. 1992, págs. 11-27; Sanders, M.A. 2007, págs. 24-35.
154. Fenwick et al 2009, pág. 6.
155. Brayne et al 2006, pág. 7.
156. Brayne et al 2006; Brayne et al 2008; Fenwick et al 2009.
157. Brayne et al 2008.
158. Brayne, S., y Fenwick, P. 2008.
159. Alvarado, C. 2006a, 2006b.
160. Osis, K., y Haraldsson, E. 1977; Nahm, M. 2009b, Nahm, M., y Greyson, B. 2009; Moody, R.A. y Perry, P. 2010.
161. Swaddling, M. 2006.
162. Kircher, P. 1995, pág. 140; Fenwick, P., y Fenwick, E. 1996a; Howarth, G y Kellehear, A. 2001; Kason , Y. 2000; Moody, R.A., 1999; Moody, R. A. y Perry, P. 2010; Van Lommel, P. 2010.
163. Kason, Y. 2000, pág. 86.
164. Osis, K., y Haraldsson, E. 1977; Kircher, P. 1995, pág. 71; Nahm, M., y Greyson, B. 2009; Nahm, M. 2009b; Moody, R. A. Perry, P. 2010, págs. 15, 29.
165. Nahm, M. 2009b.
166. Kircher, P. 1995, pág. 139.
167. Lerma, J. 2009, pág. 101.
168. Lerma, J. 2009, pág. 163.
169. Kircher, P.M. 1995, pág. 140.
170. Guggenheim, B., y Guggenheim, J. 1996; Devers, E. 1997; LaGrand, L. E. 1997; Houck, J.A. 2005.
171. Rees, W.D. 1971.
172. Moody, R. 1992, 1993.
173. Botkin, A.L. 2000; Botkin, A.L. y Hogan, R.C. 2005.
174. Rees, W. D. 1971.
175. Kircher, P. 1995; Betty, L.S. 2006.
176. Fenwick et al 2009; Van Lommel, P. 2010.
177. Aries, P. 1981.

Capítulo 6. Posibles explicaciones fisiológicas y psicológicas de las ECM

178. Planck, M. 1948.
179. Henderson, Y., y Haggard, H.W. 1927; McFarland, R.A. 1932; Whinnery, J. 1990, 1997.
180. Christensen et al 1990; Marshall et al 2001.
181. Van Lommel, P. 2004b.
182. Whinnery, J. 1997.
183. Fenwick, E., y Fenwick, P. 1996a, pág. 309.
184. Balckmore, S. 1993, págs. 67-93; Woerlee, G. 2003, 2004, págs. 207-15.
185. Woerlee, G. 2004, págs. 207-15.
186. Kellehear, A. 1993.
187. Meduna, C. 1950.
188. Grof, S. y Halifax, J. 1977; Masters, R, y Houston, J. 2000/1966; Saunders et al 2000; Jansen, K. 2001.
189. Masters, R., y Houston, J. 2000/1996, pág. 127.
190. Corazza, O. 2008.
191. Greyson, B. 1983a.
192. Strassman, R. 2001.
193. Strassman, R. 2001, págs. 224-5.
194. Eadie, B. 1992.
195. Brinkley, D., y Perry, P. 1994.
196. Sotelo et al 1995.
197. Kellehear, A. 1996.
198. Jansen, K. 1997a; Fenwick, P., y Fenwick, E. 1996a, págs. 315-17.
199. Oyama et al 1980.
200. Oyama et al 1980; Halifax, J. en Varela, F.J. 1997, pág. 201.
201. Fenwick, P., y Fenwick, E. 1996a, págs. 315-17.
202. D'Aquili, E., y Newberg, A. 1999; Marsh, M. 2010, págs. 170-86.
203. Chalmers, D. 1995.
204. Badham, P., y Badham, L. 1984.
205. Mitchell, E.D. 1974; Morris et al 1978; Osis, K. 1972; Rogo, S. 1978.
206. Tart, C. 1968, 1998; Mitchell, E.D. 1974.
207. Osis, K. 1972.
208. Lukianowicz, N. 1958.
209. Gabbard, G.O. y Twemlow, S.W. 1984.
210. Lhermitte, J. 1939, 1951; Damas Mora et al 1980.
211. Dewhurst, K., y Beard, A.W. 1970; Gloor et al 1982; Devinsky et al 1989; Saver, J.L., y Rabin, J. 1997.

212. Devinsky et al. 1989.
213. Ruttan, L., y Persinger, M.A. 1990; Healy, F., y Persinger, M.A. 1996; Persinger, M.A. 2003.
214. Adams, J., y Rutkin, B. 1970.
215. Rodin, E. 1989.
216. Fenwick, P. 1997.
217. Persinger, M.A. y Healey, F. 2002.
218. Granqvist et al 2004; para una crítica más extensa de esta investigación, véase Beauregard, M. y O'Leary, D. 2007.
219. Penfield, W. 1955, 1975; Penfield, W., y Perrot, P. 1963; Gloor et al 1982; Blanke et al 2002, 2004.
220. Penfield, W. 1955, 1975; Penfield, W., y Perrot, P. 1963; Gloor et al 1982.
221. Blanke et al 2002, 2004.
222. Holden, J., Long, J., y McClurg, J. 2006.
223. Blanke et al 2002.
224. Clark, K. 1984; Sabom, M. 1982, 1998; Cook, E., Greyson, B., y Stevenson, I. 1998; Kelly, E., Greyson, B., y Stevenson, I. 1999-2000; Van Lommel et al 2001; Sartori, P., Badham, P., y Fenwick, P. 2006; Sartori, P. 2008.
225. Holden, J. 1998, 1989; Holden, J., y Joesten, L. 1990; Lawrence, M. 1995, 1998.
226. Parnia et al 2001.
227. Sartori, P., Badham, P., y Fenwick, P. 2006, Sartori, P. 2008.
228. El estudio AWARE (AWAreness during REsuscitation, Conciencia durante la Reanimación) es el primero lanzado por el Proyecto Conciencia Humana, una colaboración multidisciplinar de científicos y médicos internacionales que han unido fuerzas para estudiar las relaciones entre mente y cerebro durante la muerte clínica.
229. Mavromatis, A. 1987.
230. Muldoon, S. 1965; Green, C. 1967, 1968; Muldoon, S., y Carrington, H. 1974; Monroe, R. 1974.
231. Gabbard, G.O. y Twemlow, S.W. 1984.
232. Tart, C. 1968; Twemlow, S.W. 1977.
233. Nelson et al 2006; Nelson et al 2007.
234. Long, J., y Holden, J. 2007.
235. Nelson et al, 2006.
236. Butler, R.N. 1963.
237. Olson, M., y Dulaney, P. 1993.
238. Heim, A. 1992.
239. Stevenson, I., y Cook, E. 1995.

240. Spiegel, D., y Cardena, E. 1991.
241. Putnam, F.W. 1991.
242. Spencer, M. 1996, pág. 152.
243. Greyson, B. 2000.
244. Gabbard, G.O., y Twemlow, S.W. 1984, págs. 46-7.
245. Noyes, R., y Slymen, D. 1979, pág. 319.
246. Gabbard, G.O., y Twemlow, S.W. 1984, págs. 56-8.
247. Noyes, R., y Kletti, R. 1977.
248. Woodrow, P. 2000; Milner, Q.J., y Gunning, K.E. 2000; Shelly, M.P. 1993; Mundigler et al 2002; McInroy, A., y Edwards, S. 2002; Christensen, A.J. 2002.
249. Roberts, B., y Chaboyer, W. 2004; Sartori, P. 2008, págs. 465-501.
250. Augustine, K. 2007a, 2007b, 2007c.
251. Augustine, K. 2007, pág. 91.
252. Greyson, B. 2007, pág. 130.
253. Athapilly, G.K., Greyson, B., y Stevenson, I. 2006; Long, J., y Long, J. 2003.

Capítulo 7. ECM: estudio prospectivo de cinco años

254. Sartori, P. 2008.
255. Holden, J. 1988; Holden, J., y Joesten, L. 1990.
256. Lawrence, M. 1995, 1998.
257. Sartori, P., Badhman, P., y Fenwick, P. 2006.
258. Gurney, E., Meyers, F.W.H. y Podmore, F. 1986; Morse, M., y Perry, P. 1994; Moody, R., y Perry, P. 2010.
259. Lukianowicz, N. 1958.
260. Sabom, M. 1983.
261. Blackmore, S. 1993, págs. 119-20.
262. Ring, K. 1984, pág. 42.
263. Osis, K., y Haraldsson, E. 1997; Ring, K. 1980, págs. 221-12; Sabom, M. 1982; Grey, M. 1987, págs. 90, 175; Greyson, B. 1982, 2000b; Atwater, P.M.H. 1994; Rommer, R. A. 2000; pág. 22; Greyson, B., Holden, J. y Mounsey, J.P. 2006, pág. 95.
264. Sartori, P. 2008.
265. Greyson, B. 2007.
266. Oyama et al 1980.
267. Ehrenwald, J. 1974; Noyes, R., y Kletti, R. 1976; Noyes et al 1977; Owens, J., Cook, E., y Stevenson, I. 1990.

268. Van Lommel et al 2001; Schwaninger et al 2002.
269. Van Lommel et al 2001; Parnia et al 2001; Greyson, B. 2003; Schwaninger et al 2002.
270. Este capítulo es un breve resumen de los principales aspectos de mi trabajo y no expresa adecuadamente la dimensión de la investigación. Para más información, véase el estudio, que ha sido publicado íntegramente.

Capítulo 8. Una breve historia de la medicalización de la muerte

271. Grof, S. 1994.
272. Wallis Budge, E.A. 2008.
273. Evans-Wenz, W.Y. 1960.
274. Christensen, A.J. 2003.
275. Aries, P. 1981, 1994.
276. Sogyal, R. 1995, pág. 7.
277. Ballard, P. 1996, págs. 7-28.
278. Kessler, D. 1997, págs. 152-62.
279. Longaker, C. 1997, págs. 45-69; Van Lommel, P. 2010, pág. 354.
280. Grof, S. 1994, pág. 7.

Capítulo 9. Implicaciones de una mayor comprensión y conocimiento de las ECM

281. Kellman, R. 2004, pág. 50.
282. Funning, B. 2010.
283. Sartori, P. 2010a, 2010b.
284. Morris, L., y Knafl, K. 2003.
285. Lipton, B. 2005; Hamilton, D. 2008.
286. Lipton, B. 2005; Hamilton, D. 2008.
287. Hamilton, D. 2008.
288. Fracasso, C., Friedman, H., y Young, M. S. 2010, pág. 279.
289. Fracasso, C., Friedman, H., y Young, M. S. 2010, pág. 275.
290. Moore, L.H. 1994.
291. Kason, Y. 2000, págs. 73-4.
292. Orne, R.M. 1986.
293. Bucher et al 1997; Hayes, E.R., y Orne, R.M. 1990.

294. Morris, L., y Knafl, K. 2003.
295. Ring, K. 1995; Rominger, R.A. 2009.
296. Sheeler, R.D. 2005.
297. Van Lommel, P. 2010, pág. 45.
298. Morris, L., y Knafl, K. 2003, pág. 164; Sartori, P. 2008, págs. 294-6.
299. Morris, L., y Knafl, K. 2003, pág. 154.
300. LaGrand, L. E. 2005.
301. Morris, L., y Knafl, K. 2003, pág. 165.
302. Morris, L., y Knafl, K. 2003.
303. Storm, H. 2000; Bonenfant, R.J. 2004.
304. Stout et al 2006.
305. Osis, K., y Haraldsson, E. 1977; Grey, M. 1987, págs. 90, 175; Greyson, B. 1982, 2000b; Atwater, P.M.H. 1994; Morse, M., y Perry, P. 1993, pág. 19; Ring, K. 1980, págs. 211-12, 1995; Rommer, B. 2000, pág. 22; Greyson, B., Holden, J., y Mounsey, J.P. 2006, pág. 95.
306. Kason, Y. 2000, págs. 60-1.
307. Arslanian-Engoren, C., y Scott, L.D. 2003.
308. Longaker, C. 1997, pág. 19.
309. Rommer, B. 2000, pág. 172.
310. Lerma, J. 2009, pág. 216.
311. Kircher, P. 1995, pág. 130.
312. Finlay, I. 1996, pág. 78.
313. Kircher, P. 1995, pág. 130.
314. Schenk, P. 2006; Winkler, E. 1996, 2003.
315. Greyson, B. 1981, 1984, 1992-93.
316. McDonagh, J.M. 1979, 2004.
317. Kelly et al 2007.
318. Kircher, P. 1995, pág. 127.
319. Greyson, B. 1984; Kason, Y. 2000, págs. 74-6.
320. McDonagh, J.M. 1979, 2004.
321. Winkler, E. 1996.
322. LaGrand, L.E. 2005.
323. Botkin, A.L. 2000; Botkin, A.L. con Hogan, R.C. 2005.
324. Ring, K., y Valarino, E. 1998, págs. 200-15.
325. Ring, K., y Valarino, E. 1998, págs. 200-15.
326. Ring, K., y Valarino, E. 1998, pág. 208.
327. Greyson, B. 1983b.
328. Flynn, C. 1986, págs. 120-49.
329. Morse, M., y Perry, P. 2000, págs. 2, 12.
330. Schwninger et al, 2000.

331. Morris, L., y Knafl, K. 2003.

332. Grossman, N. 2010, pág. 225.

333. Rominger, R.A. 2009, pág. 21.

334. *I AM* 2011, Flying Eye Productions, dirigido por Tom Shadyac.

335. *I AM* 2011, Flying Eye Productions, dirigido por Tom Shadyac.

336. Einstein, A., Podolsky, B., y Rosen, N. 1935, págs. 777-80.

337. McClelland, D.C., y Kirshnit, C. 1998; Rein, G., McCraty, R.M. y Atkinson, M. 1995.

338. Pelletier, K.R. 1994.

339. Ornstein, R., y Sobel, D. 1987.

340. Luks, A. 1991.

341. Hamilton, D. 2010.

342. Maslow, A. 1964.

343. Maslow, A. 1954; Hood, R. 1976, 1979; Hay, D. 1982.

344. Hardy, A. 1979.

345. Nataraja, S. 2008.

346. Lovelock, J. 1995.

Capítulo 10. Conclusión

347. Flynn, C. 1986, pág. 7.

348. Hampe, J. 1979, pág. 24.

349. Sartori, P. 2010a, 2010b, 2010c.

350. www.infinipartners.com.

351. Sabom, M. 1998; Parnia et al 2001; Van Lommel et al 2001; Schwaninger et al 2002; Greyson, B. 2003.

352. Marsh, M. 2010; Nelson et al 2006, 2007.

353. Carter, C. 2010, pág. 237

354. http://en.wikiquote.org/wiki/Incorrect_predictions#Light_bulb.

355. http://en.wikiquote.org/wiki/Incorrect_predictions#Light_bulb.

Epílogo

356. Morrie Schwartz, en Albom, M. 2003, pág. 52.

BIBLIOGRAFÍA

Adams, J., y Rutkin, B. «Visual Responses to Subcortical Stimulation in the Visual and Limbic System». *Confinia Neurologia*, vol. 32, 1970, págs. 158-64.

Albom, M. *Tuesdays with Morrie*. Time Warner Paperbacks, Londres, 2003. Primera publicación en 1997. [Versión en castellano: *Martes con mi viejo profesor*. Madrid: Ediciones Maeva, 2001.]

Alexander, E. *Proof of Heaven: A Neurosurgeon's Journey into the Afterlife*. Piatkus, Londres, 2013.

Alvarado, C.S. «Neglected Near-Death Phenomena». *Journal of Near-Death Studies*, vol. 24, nº 3, primavera, 2006a, págs. 131-51.

—. «Letters». *Journal of Near-Death Studies*, vol. 25, nº 2, invierno, 2006b, págs. 129-31.

Amatuzio, J. *Forever Ours: Real Stories of Immortality and Living from a Forensic Pathologist*. New World Library, Novato, 2004.

Aries, P. *At the Hour of Death*. Penguin Books, Middlesex, Inglaterra, 1981. [Versión en castellano: *El hombre ante la muerte*. Madrid: Taurus Ediciones, 1983.]

—. *Western Attitudes to Death from the Middle Ages to Present*. Itchen Printers Ltd, Southampmton, 1994. Publicado por primera vez por John Hopkins University Press en 1974. [Versión en castellano: *Historia de la muerte en Occidente desde la Edad Media hasta nuestros días*. Barcelona: Editorial El Acantilado, 2005.]

Arslanian-Engoren, C., y Soctt, L.D. «The Lived Experience of Survivors of Prolonged Mechanical Ventilation: A Phenomenological Study». *Heart and Lung*, vol. 32, 2003, págs. 328-34.

Athapilly, G.K., Greyson, B., y Stevenson, I. «Do Prevailing Society Models Influence Reports of Near-Death Experiences: A Comparison of Accounts Reported Before and After 1975». *Journal of Nervous and Mental Disease*, vol. 194, nº 3, 2006, págs. 218-33.

Atwater, P.M.H. *Coming Back to Life: The After Effects of the Near-Death Experience*. Dodd, Mead, Nueva York, 1988.

—. «Is There a Hell? Surprising Observations About the Near-Death Experience». *Journal of Near-Death Studies*, vol. 10, n° 3, 1992, págs. 149-60.

—. *Beyond the Light: Near-Death Experiences - The Full Story*. Thorsons, Londres, 1994.

—. *Children of the New Millenium: Children's Near-Death Experiences and the Evolution of Humankind*. Three Rivers Press, Nueva York, 1999.

Augustine, K. «Does Paranormal Perception Occur in Near-Death Experiences?». *Journal of Near-Death Studies*, vol. 25, n° 4, verano, 2007a, págs. 203-36.

—. «Near-Death Experiences with Hallucinatory Features». *Journal of Near-Death Studices*, vol. 26, n° 1, otoño, 2007b, págs. 3-32.

—. «Psychophysionlogical and Cultural Correlates Undermining a Survivalist Interpretation of Near-Death Experiences». *Journal of Near-Death Studies*, vol. 26, invierno, 2007c, págs. 89-126.

Bache, C. *Dark Night, Early Dawn*. State University of New York Press, Albany, 2000.

Badhman, P., y Badham, L. *Immortality or Extinction?* SPCK, Londres, 2.ª ed., 2001. Publicado por primera vez en 1982.

Bailey, L. «A "Little Death": The Near-Death Experience and Tibetan Delogs». En: *Facing Death*, Badham, P., y Ballard, P (comps.), University of Wales Press, Cardiff, 1996.

Ballard, P. «Intimations of Mortality: Some Sociological Considerations». En: *Facing Death*, Badham, P., y Ballard, P. (comps.), University of Wales Press, Cardiff, 1996.

Barbour, P.L. *The Complete Works of Captain John Smith (1580-1631) in Three Volumes. Vol. II: The General Histoire of Virginia, the Somer Isles, and New England with the Names of the Adventurers and their Adventures*. University of North Carolina Press, Chapel Hill, 1983. Publicado originalmente en 1623.

Barrett, S.M. (comp.). *Geronimo: His own Story*. Dutton, Nueva York, 1970. Originalmente publicado en Nueva York por Duffield en 1906.

Barret, W.F. *Death Bed Vision*. Methuen, Londres, 1926.

Beauregard, M., y O'Leary, D. *The Spiritual Brain: A Neuroscientist's Case for the Existence of the Soul*. Harper Collins Publishers, Nueva York, 2007.

Becker, C. «The Centrality of Near-Death Experiences in Chinese Pure Land Buddhism». *Anabiosis -The Journal for Near-Death Studies*, vol. 1, 1981, págs. 154-71.

—. «The Pure Land Revisited: Sino-Japanese Meditations and Near-Death Experiences of the Next World». *Journal of Near-Death Studies*, vol. 4, nº 1, 1984, págs. 51-68.

Berndt, R., y Berndt, C. *The Speaking Land: Myth and Story in Aboriginal Australia*. Penguin, Harmondsworth, 1989.

Betty, L.S. «Are They Hallucinations or Are They Real? The Spirituality of Deathbed and Near-Death Visions». *Omega*, vol. 53, 2006, págs. 37-49.

Blackmore, S. J. *Dying to Live*. Grafton, Londres, 1993.

Blanke, O., Ortigue, S., Landis, T. y Seeck, M. «Stimulating Illusory Own-Body Perceptions». *Nature*, vol. 419, septiembre, 2002, pág. 269.

—. «Out-of-Body Experience and Autoscopy of Neurological Origin». *Brain*, vol. 127, 2004, págs. 243-58.

Bockie, S. *Death and the Invisible Powers: The World of Kongo Belief*. Indiana University Press, Bloomington, 1993

Bonenfant, R.J. «A Comparative Study of Near-Death Experience and Non-Near-Death Experience Outcomes in 56 Survivors of Clinical Death». *Journal of Near-Death Studies*, vol. 22, nº 3, primavera, 2004, págs. 155-78.

Botkin, A.L. «The Induction of After-Death Communications Utilizing Eye-Movement Desensitization and Reprocessing: A New Discovery». *Journal of Near-Death Studies*, vol. 18, nº 3, primavera, 2000, págs. 181-209.

—, y Hogan, R.C. *Induced After Death Communication: A New Therapy for Healing Grief and Trauma*. Hampton Roads Publishing Company Inc., Charlottesville, 2005.

Brayne, S. The D Word. *Continuum Publishing Corporation*, Londres y Nueva York, 2010.

—, y Fenwick, P. «The Case for Training to Deal with End of Life Experiences». *European Journal of Palliative Care*, vol. 15, nº 3, 2008, págs. 118-20

—, et al. «Deathbed Phenomena and Their Effect on a Palliative Care Team: A Pilot Study». *American Journal of Hospice and Palliative Medicine*, vol. 23, nº 1, 2006, págs. 17-24.

—, et al. «End-of-Life Experiences and the Dying Process in a Gloucestershire Nursing Home as Reported by Nurses and Care Assistants». *American Journal of Palliative Care*, vol. 25, nº 3, 2008, págs. 195-206.

Brinkley, D., y Perry, P. *Saved by the Light*. Piatkus, Londres, 1994. [Versión en castellano: *Salvado por la luz*. Barcelona: Ediciones Obelisco, 2010.]

Bucher, L., Winbush, F. B., Hardie, T., y Hayes, E. R. «Near-Death Experiences: Critical Care Nurses Attitudes and Interventions». *Dimensions of Critical Care Nursing*, vol. 16, n° 4, 1997, págs. 194-201.

Bush, N.E. «The Near Death Experience in Children: Shades of the Prison-House Reopening». *Anabiosis: The Journal of Near-Death Studies*, vol. 3, 1983, págs. 177-93.

—. «Is Ten Years a Life Review?». *Journal of Near-Death Studies*, vol. 10, n° 1, otoño, 1991, págs. 5-9.

—. «The Paradox of Jonah: Response to "Solving the Riddle of Frightening Near-Death Experiences"». *Journal of Near-Death Studies*, vol. 13, n° 1, otoño, 1994, págs. 47-54.

Butler, R.N. «The Life Review: An Interpretation of Reminiscence in the Aged». *Psychiatry*, vol. 26, 1963, págs. 65-76.

Callanan, M., y Kelley, P. *Final Gifts: Understanding and Helping the Dying*. Hodder & Stoughton, Londres, 1992.

Calvey, T.N., y Williams, N.E. *Principles and Practice of Pharmacology for Anaesthetists*. Blackwell Science, Londres, 1998, 3.ª ed. Publicado por primera vez en 1982.

Carr, C. «Death and Near-Death: A Comparison of Tibetan and Euro-American Experiences». *Journal of Transpersonal Psychology*, vol. 25, 1993, págs. 59-110.

Carter, C. *Science and the Near-Death Experience: How Consciousness Survives Death*. Inner Traditions, Vermont, Canadá, 2010.

Chalmers, D. «Facing Up to the Problem of Consciousness». *Journal of Consciousness Studies*, vol. 2, n° 3, 1995, págs. 200-19.

Christensen, A.J. *Popol Vuh: The Sacred Book of the Maya*, O Books, Hants, 2003.

Christensen, M. «The Physiological Effects of Noise: Considerations for Intensive Care». *Nursing in Critical Care*, vol. 7, n° 6, 2002, págs. 300-5.

Christensen, S.F., Stadeager, C., y Siemkowicz, E. «Estimation of Cerebral Blood Flow During Cardiopulmonary Resuscitation in Humans». *Resuscitation*, vol. 19, 1990, págs. 115-23.

Christian, S.R. «Marital Satisfaction and Stability Following a Near-Death Experience of One of the Marital Partners». *Dissertation Abstracts International Section A: Humanities and Social Sciences*, vol. 66 (11-A), 2006, 3925.

Cooke, A. *Out of the Mouth of Babes: Extra-Sensory Perception in Children*. James Clarke & Co. Ltd., Cambridge y Londres, 1968.

Corazza, O. *Near-Death Experiences: Exploring the Mind-Body Connection*. Routledge, Londres y Nueva York, 2008.

Counts, D. «Near-Death and Out-of-Body Experiences in a Melanesian Society». *Anabiosis - Journal of Near-Death Studies*, vol. 3, 1983, págs. 115-35.

Cuevas, B. J. *The Hidden History of the Tibetan Book of the Dead*. Oxford University Press, Oxford, 2003.

—. *Travels in the Netherworld*. Oxford University Press, Oxford, 2008.

Damas Mora, J., Jenner, F., y Eacott, S. «On Heatoscopy or the Phenomenon of the Double: Case Presentation and Review of the Literature». *British Journal of Medical Psychology*, vol. 53, 1980, págs. 75-83.

D'Aquili, E., y Newberg, A. *The Mystical Mind*. Fortress Press, Mineápolis, 1999.

David-Neel, A. *Magic and Mystery in Tibet*. Thorsons, Londres. Publicado originalmente en Reino Unido por Souvenir Press Ltd., en 1967. [Versión en castellano: *Magos y místicos del Tíbet*. Barcelona: Ediciones Índigo, 1988.]

Devers, E. *Goodbye Again: Experiences with Departed Loved Ones*. Andrews and McMeel, Kansas City, 1997.

Devinsky, O., Feldman, E., Burrowes, K., y Bromfield, E. «Autoscopic Phenomena with Seizures». *Archives of Neurology*, vol. 46, octubre, 1989, págs. 1080-8.

Dewhurst, K., y Beard, A.W. «Sudden Religious Conversions in Temporal Lobe Epilepsy». *British Journal of Psychiatry*, vol. 117, 1970, págs. 497-507.

Dossey, L. «Dying to Heal: A Neglected Aspect of NDEs». *Explore*, vol. 7, n° 2, marzo/abril, 2011, págs. 59-62.

Dougherty, C.M. «The Near-Death Experience as a Major Life Transition». *Holistic Nursing Practice*, vol. 4, n° 3, 1990, págs. 84-90.

Drolma, Delog Dawa. *Delog: Journey to Realms Beyond Death*. Padma Publishing, Junction City, 1995.

Eadie, B. *Embraced by the Light*. Gold Leaf Press, Nueva York, Toronto, Londres, Sidney y Auckland, 1992.

Edgar, E. «Death in Our Understanding of Life». En: *Facing Death*, Badham, P., y Ballard, P. (comps.). University of Wales Press, Cardiff, 1996.

Ehrenwald, J. «Out-of-the-Body Experiences and the Denial of Death». *Journal of Nervous and Mental Disease*, vol. 159, n° 4, 1974, págs. 227-33.

—. *The ESP Experience: A Psychiatric Validation*. Basic Books, Nueva York, 1978.

Einstein, A., Podolsky, B., y Rosen, N. «Can Quantum-Mechanical Description of Physical Reality Be Considered Complete?». *Physical Review*, vol. 47, 1935, págs. 777-80.

Ellwood, G.F. *The Uttermost Deep: The Challenge of Near-Death Experiences*. Lantern Books, Nueva York, 2001.

Epstein, L. «On the History and Psychology of the "Das-Log"». *Tibet Journal*, vol. 7. 1982, págs. 20-85.

Evans-Wentz, W.Y. *The Tibetan Book of the Dead*. Oxford University Press, Oxford, 1960. Publicado por primera vez en 1927. [Versión en castellano: *El libro tibetano de los muertos*. Buenos Aires: Editorial Kier, 1990.]

Fenwick, E., y Fenwick P. *The Truth in the Light*. Headline, Londres, 1996a.

Fenwick, P. «Is the Near-Death Experience Only N-Methyl-D-Aspartate Blocking?». *Journal of Near-Death Studies*, vol. 16, n° 1, otoño, 1997, págs. 43-53.

—, y Fenwick, E. *The Art of Dyling*, Continuum International Publishing Group, Londres y Nueva York, 2008. [Versión en castellano: *El arte de morir: un viaje a otra parte*. Girona: Ediciones Atalanta, 2015.]

Fenwick, P., et al «Comfort for the Dying: Five Year Retrospective and One Year Prospective Studies of End of Life Experiences». *Archives of Gerontology and Geriatrics*, vol. 51, n° 2, 2009, págs. 173-80.

Finlay, I. «Ethical Decision Making in Palliative Care». En: *Facing Death*, Badham, P., y Ballard, P. (comps.), University of Wales Press, Cardiff, 1996.

Flynn, C.P. *After the Beyond: Human Transformation and the Near-Death Experience*. Prentice-Hall, Englewood Cliffs, 1986.

Fracasso, C., Aleyasin, S.A., Friedman, H., y Young, M.S. «Near-Death Experiences Among a Sample of Iranian Muslims». *Journal of Near-Death Studies*, vol. 29, n° 1, otoño, 2010a, págs. 265-72.

—, Friedman, H., y Young, M.S. «Pyschologist' Knowledge of and Attitudes about Near-Death Experiences: Changes over Time and Relationship to Transpersonal Self-Concept». *Journal of Near-Death Studies*, vol. 29, n° 1, otoño, 2010b, págs. 273-81.

Funning, B. «Spirituality». *RCN Bulletin*, 19 de mayo, 2010, pág. 5.

Gabbard, G.O., y Twemlow, S.W. *With the Eyes of the Mind: An Empirical Analysis of Out-of-Body States*. Praeger, Nueva York, 1984.

Gallup, G., y Proctor, W. *Adventures in Immortality*. Corgi Books, Londres, 1984.

Gliksman, M.D., y Kellehear, A. «Near-Death Experiences and the Measurement of Blood Gases». *Journal of Near-Death Studies*, vol. 9, n° 1, otoño, 1990, págs. 41-4.

Gloor, P., Olivier, A. Quesney, L.F., Andermann, F., y Horowitz, S. «The Role of the Limbic System in Experiential Phenomena of Temporal

Lobe Epilepsy». *Annals of Neurology*, vol. 12, n° 2, agosto, 1982, págs. 129-44.

Gomez-Jeria, J.S. «The Near-Death Experience in Pu Songling's *Strange Tales from the Liaozhai Studio*». *Journal of Near-Death Studies*, vol. 25, n° 2, invierno, 2006, págs. 113-20.

Granqvist, P., Frederikson, M., Larhammar, D., Larsson, M., y Valind, S. «Sensed Presence and Mystical Experiences are Predicted by Suggestibility, Not by the Application of Trascranial Weak Complex Magnetic Fields». *Neuroscience Letters*, doi: 10.1016/j.neulet.2004.10.057, 2004.

Green, C. «Exsomatic Experiences and Related Phenomena». *Journal of the Society for Psychical Research*, vol. 44, 1967, págs. 111-30.

—. *Out-of-Body Experiencies*. Hamish Hamilton, Londres, 1968.

Green, J.T. «Near-Death Experiences in a Chamorro Culture». *Vital Signs*, vol. 4, n° 1-2, 1984, págs. 6-7.

—. «The Death Journey of a Hopi Indian: A Case Study». *Journal of Near-Death Studies*, vol. 26, n° 4, verano, 2008, págs. 283-93.

Grey, M. *Return From Death*. Arkana, Londres, 1985.

—. *Return From Death: An Explanation of the Near-Death Experience*. Arkana, Londres y Nueva York, 1987.

Greyson, B. «Near-Death Experiences and Attempted Suicide». *Suicide and Life-Threatening Behaviour*, vol. 2, 1981, págs. 10-16.

—. «Near-Death Experiences and Personal Values». *American Journal of Psychiatry*, vol. 140, n° 5, 1938b, págs. 618-20.

—. «Reduced Death Threat in Near-Death Experiencers». *Death Studies*, vol. 16, 1992, págs. 535-46.

—. «Near-Death Experiences and Antisuicidal Attitudes». *Omega, Journal of Death and Dying*, vol. 26, 1992-93, págs. 81-9.

—. «Varieties of Near-Death Experiences». *Psychiatry*, vol. 56, noviembre, 1993, págs. 390-9.

—. «The Near-Death Experience as a Transpersonal Crisis». En: *Textbook of Transpersonal Psychiatry and Psychology*, Scotton B.W., Chinen, A.B., y Battista, J.R. (comps.). Basic Books, Nueva York, 1996.

—. «The Near-Death Experience as a Focus of Clinical Attention». *Journal of Nervous and Mental Disease*, vol. 185, mayo, 1997, págs. 327-34.

—. «Dissociation in People Who Have Near-Death Experiences: Out of Their Bodies or Out of Their Minds?». *Lancet*, 355, 2000, págs. 460-3.

—. «Incidence and Correlates of Near-Death Experiences in a Cardiac Care Unit». *General Hospital Pyschiatry*, vol. 25, 2003, págs. 269-76.

—. «Commentary of Psychophysiological and Cultural Correlates Unermining a Survivalist Interpretation of Near-Death Experiences». *Journal of Near-Death Studies*, vol. 26, n° 2, invierno, 2007, págs. 127-45.

—, y Bush, N.E. «Distressing Near-Death Experiences». *Psychiatry: Interpersonal and Biological Processes*, vol. 55, n° 1, 1992, págs. 95-10.

—, Holden, J.M. y Mounsey, J.P. «Failure to Elicit Near-Death Experiences in Induced Cardiac Arrest». *Journal of Near-Death Studies*, vol. 25, n° 2, invierno, 2006, págs. 85-98.

Grof, S. *Books of the Dead: Manuals for Living and Dying*. Thames and Hudson, Londres, 1994. [Versión en castellano: *Los libros de los muertos: ojos cerrados que se abren*. Barcelona: Debate, 1994.]

—, y Halifax, J. *The Human Encounter with Death*. E.P. Dutton, Nueva York, 1977.

Grossman, N. «Book Review». *Journal of Near-Death Studies*, vol. 28, n° 4, 2010, págs. 211-32.

Grosso, M. «Toward an Explanation of Near-Death Phenomena». *Anabiosis: The Journal of Near-Death Studies*, vol. 1, 1981, págs. 3-15.

Groth-Marnat, G., y Summers, R. «Altered Beliefs, Attitudes and Behaviours Following Near-Death Experiences». *Journal of Humanistic Psychology*, vol. 38, n° 3, 1998, págs. 110-25.

Guggenheim, B., y Guggenheim, J. *Hello from Heaven! A New Field of Research Confirms that Life and Love are Eternal*. Bantam, Nueva York, 1996.

Gurney, E., Myers, F.W.H. y Podmore, F., *Phantasms of the Living*. Trubner and Co, Londres, 1886.

Halfield, P. «Japanese Find Death a Depressing Experience». *New Scientist*, vol. 132, n° 1797, 1991, pág. 11.

Hallowell, A.I. «Spirits of the Dead in Salteaux Life and Thought». En; *Culture and Experience*, A.I. Hallowell, Shocken, Nueva York. Originalmente publicado en 1940 en *Journal of the Royal Anthropological Institute*, vol. 70, 1967, págs. 29-51.

Hamilton, D. *How Your Mind Can Heal Your Body*. Hay House, Australia, Canadá, Hong Kong, India, Sudáfrica, Reino Unido, Estados Unidos.

—. *Why Kindness is Good for You*. Hay House, Australia, Canadá, Hong Kong, India, Sudáfrica, Reino Unido, Estados Unidos.

Hampe, J.C. *To Die is Gain: The Experience of One's Own Death*. Darton, Longman y Todd, Londres, 1979.

Hardy, Sir A. *The Spiritual Nature of Man*. Clarendon Press, Oxford, 1979. [Versión en castellano: *La naturaleza espiritual del hombre*. Barcelona: Editorial Herder, 1988.]

Hay, D. *Exploring Inner Space: Is God Still Possible in the Twentieth Century?* Penguin Books, Middlesex, 1982.

Hayes, E.R., y Orne, R.M. «A Study of the Relationship Between Knowledge and Attitudes of Nurses in Practice Related to Near-Death Experience». *Loss, Grief and Care*, vol. 4, nº 1-2, 1990, págs. 71-80.

Healy, F., y Persinger, M.A. «Enhanced Hypnotic Induction Profile and the Sense of a Presence Following Application of Burst Firing Magnetic Fields Over Right Temporoparietal Lobes: A Replication». *International Journal of Neuroscience*, vol. 87, 1996, págs. 201-7.

Heim, A. «Notizen uber den Tod durch Absturz». *Jarbuch des Sweizer Alpenclub*, vol. 27, 1892, págs. 327-37. Traducido como «The Experience of Dying from Falls», por Noyes, R., y Kletti, R. *Omega*, vol. 3, 1972, págs. 45-52.

Hemingway, A. *Practising Conscious Living and Dying.* O Books, Winchester, Reino Unido y Washington, DC, 2008.

Henderson, Y., y Haggard, H.W., *Noxius Gases and Principles of Respiration Influencing their Action.* American Chemical Society, Nueva York, 1927.

Herzog, D., y Herrin, J. «Near-Death Experiences in the Very Young». *Critical Care Medicine*, vol. 13, nº 12, 1985, págs. 1074-5.

Hoffman, E. *Visions of Innocence: Spiritual and Inspirational Experiences of Childhood.* Shambala Publications Inc., Londres, 1992.

Holden, J.M. «Visual Perception During Naturalistic Near-Death Out-of-Body Experiences». *Journal of Near-Death Studies*, vol. 7, nº 2, invierno, 1988, págs. 107-20.

—. «Unexpected Findings in a Study of Visual Perception During the Naturalistic Near-Death Out-of-Body Experience». *Journal of Near-Death Studies*, vol. 7, nº 3, primavera, 1989, págs. 55-163.

Holden, M., y Joesten, L. «Near-Death Veridicality Research in the Hospital Setting: Problems and Promise». *Journal of Near-Death Studies*, vol. 9, nº 1, otoño, 1990, págs. 45-54.

Holden, J.M., Long, J., y McClurge, J. «Out-of-Body Experiences: All in the Brain?». *Journal of Near-Death Studies*, vol. 25, nº 2, invierno, 2006, págs. 99-107.

Hood, R. «Conceptual Criticism of Regressive Explanations of Mysticism». *Review of Religious Research*, vol. 17, 1976, págs. 179-88.

Hood, R.W. «Personality Correlates of the Report of Mystical Experience». *Psychological Reports*, vol. 44, nº 44, 1979, págs. 804-6.

Houck, J.A. «The Universal, Multiple, and Exclusive Experiences of After-Death Communication». *Journal of Near-Death Studies*, vol. 24, nº 2, invierno, 2005, págs. 117-27.

Howarth, G., y Kellehear, A. «Shared-Death and Related Illness Experiences: Steps on an Unscheduled Journey». *Journal of Near-Death Studies*, vol. 20, n° 2, invierno, 2001, págs. 71-86.

Hyslop, J.H. *Psychical Research and the Resurrection*. Bibliobazaar, Charleston, SC. Reimpresión 2008.

Irwin, H.J. «The Near-Death Experience as a Dissociative Phenomenon: An Empirical Assessment». *Journal of Near-Death Studies*, vol. 12, n° 2, 1993, págs. 95-103.

Iwasaka, M., y Toelken, B. *Ghosts and the Japanese*. Utah State University Press, Logan, UT, 1994.

Jakobsen, M.D. *Negative Spiritual Experiences: Encounters with Evil*. Religious Experience Research Centre, Lampeter, Gales. Documento especial.

Jansen, K.L.R. «The Ketamine Model of the Near-Death Experience: A Central Role for the NMDA Receptor». *Journal of Near-Death Studies*, vol. 16, n° 1, otoño, 1997a, págs. 3-26.

Jansen, K. *Ketamine: Dreams and Realities*. Multidisciplinary Association for Pyschedelic Studies (MAPS), Florida, 2001.

Jung, C.G. *The Archetypes and the Collective Unconscious*. Rougledge, Londres, 1996. Segunda edición. Primera publicación en Reino Unido en 1959. [Versión en castellano: *Arquetipos e inconsciente colectivo*. Buenos Aires: Editorial Paidós, 1970.]

Kalweit, H. *Dreamtime and Inner Space: The World of the Shaman*, trad. W. Wunsche. Shambhala, Boston, MA, 1988. [Versión en castellano: *Ensoñación y espacio interior*. Madrid: Editorial Mirach, 1992.]

Kason, Y. *Farther Shores: Exploring How Near-Death, Kundalini and Mystical Experiences Can Transform our Ordinary Lives*. Harper Collins Publishers Ltd., 2000.

Keable, R. «A People of Dreams». *Hibbert Journal*, vol. 19, 1921, págs. 522-31.

Kellehear, A. «The Near-Death Experience as a Status Passage». *Social Science and Medicine*, vol. 31, 1990, págs. 933-99.

—. «Culture, Biology and the Near-Death Experience». *Journal of Nervous and Mental Disease*, vol. 181, n°3, 1993, págs. 148-56.

—. *Experiences Near Death*. Oxford University Press, Nueva York, 1996.

—. «An Hawaiian Near-Death Experience». *Journal of Near-Death Studies*, vol. 20, n° 1, otoño, 2001, págs. 31-5.

—. «Census of Non-Western Near-Death Experiences to 2005: Overview of the Current Data». *Journal of Near-Death Studies*, vol. 26, n° 4, verano, 2008, págs. 249-65.

Kellman. *Matrix Healing*. Bantam Books, Londres, Toronto, Sidney, Auckland y Johannesburgo, 2004.

Kelly, E.F., Williams, Kelly, E. Crabtree, A., Gauld, A., Grosso, M., y Greyson, B. *Irreducible Mind: Toward a Psychology for the 21st Century*. Rowman & Littlefield, Lanham, MD, y Plymouth, Reino Unido, 2007.

Kessler, D. *The Rights of the Dying*. Vermillion, Londres, 1997.

King, M. *Being Pakeha: An Encounter with New Zealand and the Maori Renaissance*. Hooder and Stoughton, Auckland, 1985.

Kircher, P.M. *Love is the Link: A Hospice Doctor Shares her Experience of Near-Death and Dying*. Larson Publication, Nueva York, 1995.

Knoblauch, H., Schmied, I., y Schnettler, B. «Differente Kinds of Near-Death Experience: A Report on a Survey of Near-Death Experiences in Germany». *Journal of Near-Death Studies*, vol. 20, n° 1, otoño, 2001, págs. 15-29.

Kreps, J.I. «The Search for Muslim Near-Death Experiences». *Journal of Near-Death Studies*, vol. 28, n° 4, verano, 2009, págs. 67-86.

Kuhn, T. *The Structure of Scientific Revolutions*. University of Chigago Press, Chicago, 1996. Tercera edición. [Versión en castellano: *La estructura de las revoluciones científicas*. México D.F.: Fondo de Cultura Económica, 1971.]

LaGrand, L.E. *After-Death Communication: Final Farewells*. Llewellyn, St. Paul, 1997.

—. «The Nature and Therapeutic Implications of the Extraordinary Experiences of the Bereaved». *Journal of Near-Death Studies*, vol. 4, n° 3, 1995, págs. 227-32.

Lawrence, M. *In a World of their Own: Experiencing Unconsciousness*. Bergin and Garvey, Wesport CO y Londres, 1998.

Lerma, J. *Learning from the Light*. Career Press, Pompton Plains, Nueva Jersey, 2009.

Lhermitte, J. «Les Phenomenes Heautoscopiques, les Hallucinations Speculaire et Autoscopies». En: Lhermitte, J. L'Harmattan, *L'Image de Notre Corps*, París, 1939.

—. «Les Phenomes Heautoscopiques, les Hallucinations Speculaire». En: G. Dion. *Les Hallucinations. Clinique et Physiopathologie*. París, 1951.

Lindley, J., Bryan, S., y Conley, B. «Near-Death Experiences in a Pacific Northwest American Population: The Evergreen Study». *Anabiosis - The Journal for Near-Death Studies*, vol. 1, n° 2, invierno, 1981, págs. 104-24.

Lipton, B. *The Biology of Belief*. Cygnus Books, Llandeilo, 2005. [Versión en castellano: *La biología de la creencia*. Madrid: Gaia Ediciones, 2010.]

Long, J., y Holden, J. «Does the Arousal System Contribute to Near-Death Experiences? A Summary and Response». *Journal of Near-Death Studies*, vol. 25, n° 3, primavera, 2007, págs. 135-69.

Long, J.P., y Long, J.A. «A Comparison of Near-Death Experiences Occurring Before and After 1975: Results from an Internet Survey». *Journal of Near-Death Studies*, vol. 22, n° 1, otoño, 2003, págs. 21-32.

Longaker, C. *Facing Death and Finding Hope*. Arrow Books, Londres, 1997.

Lukianowicz, N. «Autoscopic Phenomena». *A.M.A. Archives of Neurology and Psychiatry*, vol. 80, 1958, págs. 199-220.

Luks, A. *The Healing Power of Doing Good: The Health and Spiritual Benefits of Helping Others*. Ballantine, Nueva York, 1991.

Lundahl, C.R. «A Nonscience Forerunner to Modern Near-Death Studies in America». *Omega*, vol. 28, 1993, págs. 63-76.

Marsh, M. *Out-of-Body and Near-Death Experiences: Brain State Phenomena or Glimpses of Immortality*. Oxford University Press, Oxford y Nueva York, 2010.

Marshall, R.S., Lazar, R.M., Spellman, J.P., et al. «Recovery of Brain Function During Induced Cerebral Hypoperfusion». *Brain*, vol. 114, 2001, págs. 1208-17.

Maslow, A. *Motivation and Personality*. Harper & Row, Nueva York, 1954. [Versión en castellano: *Motivación y personalidad*. Madrid: Ediciones Díaz de Santos, 1991.]

—. *Religions, Values and Peak Experiences*. Ohio State University Press, Columbus, 1964. [Versión en castellano: *Religiones, valores y experiencias cumbre*. Vitoria: Ediciones La Llave, 2013.]

Masters, R., y Houston, J. *The Varieties of Psychedelic Experience. The Classic Guide to the Effects of LSD on the Human Psyche*. Park Street Press, Rochester, 2000. [Versión en castellano: *L S D: los secretos de la experiencia psicodélica*. Barcelona: Editorial Bruguera, 1968.]

Matthews, C. «Addressing the Need of Near-Death Experience Survivors to Find The Soul's Mission in Life». Masters of Transpersonal Arts. Atlantic University, Virginia Beach, 2009.

Mavromantis, A. *Hypnagogia*. Routledge & Kegan Paul, Nueva York, 1987.

McClealland, D.C., y Kirshnit, C. «The Effect of Motivational Arousal through Filsm on Salivary Immunoglobulin A». *Psychology and Health*, vol. 2, n° 1, 1988, págs. 31-52.

McClenon, J. «Kongo Near-Death Experiences: Cross-Cultural Patterns». *Journal of Near-Death Studies*, vol. 25. n° 1, otoño, 2006, págs. 21-34.

McDonagh, J.M. «Bibliotherapy with Suicidal Patients». Conferencia presentada en la 87ª Convención Anual de la Asociación Psicológica Americana, Nueva York, 1979.

—. «Introducing Near-Death Research Findings into Psychotherapy». *Journal of Near-Death Studies*, vol. 22, n° 4, verano, 2004, págs. 269-73.

McInroy, A., y Edwards, S. «Preventing Sensory Alteration: A Practical Approach». *Nursing in Critical Care*, vol. 7, n° 5, 2002, págs. 247-54.

McFarland, R.A. «The Psychological Effects of Oxygen Deprivation (Anoxaemia) on Human Behaviour». *Archives of Psychology*, Columbia University, vol. 145, 1932, págs. 1-135.

Meduna, L.J. «The Effect of Carbon Dioxide upon the Functions of the Brain». En: , Meduna, L.J. *Carbon Dioxide Therapy* Charles C. Thomas, Springfield, IL, 1950.

Milner, Q.J., y Gunning, K.E. «Sedation in the Intensive Care Unit». *British Journal of Intensive Care*, vol. 10, 2000, págs. 12-17.

Mitchell, E.D. *Pyschic Exploration*. Putnam, Nueva York, 1974.

Monroe, R. *Journeys Out of the Body*. Corgi Books, Londres, 1974. [Versión en castellano: *Viajes fuera del cuerpo*. Madrid: Ediciones Palmyra, 2008.]

Moody, R.A. jr. *Life After Life*. Mockingbird/Bantam Books, Nueva York, 1975. [Versión en castellano: *Vida después de la vida*. Madrid: Editorial Edaf, 1976.]

—. «Family Reunions: Visionary Encounters with the Departed in a Modern-day Psychomanteum». *Journal of Near-Death Experiences, Apparitions, and the Paranormal*. Hampton Roads Publishing Inc., Charlottesville, 1999.

—, y Perry, P. *Reunions: Visionary Encounters with Departed Loved Ones*. Warner Books, Londres, 1995. Publicado por primera vez en Estados Unidos por Villard Books en 1993.

Moore, L.H. «As Assessment of Physicians' Knowledge of and Attitudes Toward». *Journal of Near-Death Studies*, vol. 13, n° 2, invierno, 1994, págs. 91-102.

Moorjani, A. *Dying to be Me: My Journey from Cancer, to Near-Death to True Healing*. Hay House, Londres, 2012. [Versión en castellano: *Morir para ser yo*. Madrid: Gaia Ediciones, 2014.]

Morris, L.L., y Knafl, K. «The Nature and Meaning of the Near-Death Experience for Patients and Critical Care Nurses». *Journal of Near-Death Studies*, vol. 21, n° 3, primavera, 2003, págs. 139-67.

Morris, R.L., Harary, S.B., Janis, J., Hartwell, J., y Roll, W.G. «Studies in Communication Out-of-Body Experiences». *Journal of the American Society for Pyschical Research*, vol. 72, 1978, págs. 1-22.

Morse, M., y Perry, P. *Closer to the Light: Learning from Children's Near-Death Experiences*. Villard Books, Nueva York, 1990. [Versión en castellano: *Más cerca de la luz: experiencias próximas a la muerte en niños*. Madrid: Editorial Edaf, 1991.]

—. *Transformed by the Light*. Piatkus, Londres, 1993.

—. *Parting Visions: Uses and Meanings of Pre-Death, Psychic and Spiritual Experiences*. Villard Books, Nueva York, 1994. [Versión en castellano: *Transfigurados por la luz*. México D.F.: Editorial Diana, 1996.]

—. *Where God Lives: The Science of the Paranormal and How our Brains are Linked to the Universe*. Cliff Street Books, Nueva York, 2000.

—, Castillo, P., y Tyler, D. «Near-Death Experiencies in a Pediatric Population». *American Journal of Disease of Children*, vol. 139, 1985, págs. 595-600.

—, Castillo, P., Venecia, D., Milstein, J., y Tyler, D.C. «Childhood Near-Death Experiences». *American Journal of Diseases of Children*, vol. 140, 1986, pp- 1110-14.

—, Venecia, D., y Milstein, J. «Near-Death Experiences: A Neurophysiological Explanatory Model». *Journal of Near-Death Studies*, vol. 8, n° 1, otooño, 1989, págs. 45-53.

Muldoon, S. *The Projection of the Astral Body*. Rider, Londres, 1965.

—, y Carrington, H. *The Projection of the Astral Body*. Samuel Weiser, Nueva York, 1974. [Versión en castellano: *La proyección del cuerpo astral*. Buenos Aires: Editorial Kier, 1990.]

Mundigler, G., Delle-Karth, G., Koreny, M. et al. «Impaired Circadian Rhythm of Melatonin in Sedated Critically Ill Patients with Severe Sepsis». *Critical Care Medicine*, vol. 30, n° 30, 2002, págs. 536-40.

Murphy, T. «Near-Death Experiences in Thailand». *Journal of Near-Death Studies*, vol. 19, n° 3, primavera, 2001, págs. 161-78.

Musgrave, C. «The Near-Death Experience: A Study of Spiritual Transformation». *Journal of Near-Death Studies*, vol. 15, n° 3, primavera, 1997, págs. 187-201.

Nahm, M. «Four Ostensible Near-Death Experiences of Roman Times with Peculiar Features: Mistake Cases, Correction Cases, Xenoglossy and a Prediction». *Journal of Near-Death Studies*, vol. 27, n° 4, verano, 2009a, pp- 211-22.

—. «Terminal Lucidity in People with Mental Illness and Other Mental Disability: An Overview and Implications for Possible Explanatory Models». *Journal of Near-Death Studies*, vol. 28, n° 2, invierno, 2009a, págs. 87-106.

—, y Greyson, B. «Terminal Lucidity in Patients with Chronic Schizophrenia and Dementia: A Survey of the Literature». *Journal of Nervous and Mental Disease*, vol. 197, n° 12, diciembre, 2009, págs. 942-4.

—, y Nicolay, J. «Essential Features of Eight Published Muslim Near-Death Experiences: An Addendum to Joel Ibrahim Krep's "The Search for Muslim Near-Death Experiences"». *Journal of Near-Death Studies*, vol. 29, n° 1, otoño, 2010, págs. 255-63.

Nataraja, S. *The Blisful Brain: Neuroscience and the Proof of the Power of Meditation*. Gaia Books Ltd, Londres, 2008.

Neihardt, J.G. *Black Elk Speaks*. University of Nebraska, Lincoln, NB y Londres. octava impresión. Publicado originalmente en Nueva York por William Morrow & Company en 1932. [Versión en castellano: *Alce Negro habla*. Palma de Mallorca: José J. de Olañeta Editor, 1998.]

Nelson, K., Mattingly, M., Lee, S.A., y Schmitt, F.A. «Does the Arousal System Contribute to Near-Death Experience?». *Neurology*, vol. 66, 2006, págs. 1003,9.

Nouri, F.M., y Holden, J.M. «Electromagnetic After Effects of Near-Death Experiences». *Journal of Near-Death Studies*, vol. 27, n° 2, invierno, 2008, págs. 83-110.

Noyes, R., y Kletti, R. «Depersonalisation in the Threat of Life Threatening Danger: A Description». *Psychiatry*, vol. 39, 1976, págs. 19-27.

—. «Panoramic Memory: A Response to the Threat of Death». *Omega*, vol. 8, págs. 181-94.

Noyes, R. jr, Hoenck, P.R. Kuperman, S., y Slymen, D.J. «Depersonalization in Accident Victims and Psychiatric Patients». *Journal of Nervous and Mental Disease*, vol. 164, 1977, págs. 401-7.

—, y Slymen, D. «The Subjective Response to Life Threatening Danger». *Omega*, vol. 9, 1979, págs. 313-21.

Olson, M., y Dulaney, P. «Life Satisfaction, Life Review, and Near-Death Experiences in the Elderly». *Journal of Holistic Nursing*, vol. 11, n° 4, diciembre, 1993, págs. 368-82.

Orne, R.M., «Nurses' views of NDEs». *American Journal of Nursing*, vol. 86, 1986, págs. 419-20.

Ornstein, R., y Sobel, D. *The Healing Brain*. Makor Books, Cambridge, MA, 1987. [Versión en castellano: *El cerebro que sana*. Buenos Aires: Ediciones Granica, 1990.]

Osis, K. «New ASPR Research on Out-of-the-Body Experiences». *News-*

letter of the American Society for Psychical Research, n° 14, 1972, págs. 2-4.

—, y Haraldsson, E. *At the Hour of Death*. Avon Books, Nueva York, 1977.

Owen, J.E. Cook, E.W., y Stevenson, I. «Features of Near-Death Experience in Relation to Whether or Not Patients Were Near Death». *Lancet*, vol. 336, 1990, págs. 1175-7.

Oyama, T.Y., Jin, T., Yamaga, R., Ling, N.. y Guillemin, R. «Profound Analgesic Effects of Beta-Endorphin in Man». *Lancet*, vol. 1, 1980, págs. 122-4.

Parnia, S., Waller, D.G., Yeates, R., y Fenwick, P. «A Qualitative and Quantitative Study of the Incidence, Features, and Aetiology of Near Death Experiences in Cardiac Arrest Survivors». *Resuscitation*, vol. 48, 2001, págs. 149-56.

Pasricha, S.K. «Near-Death Experiences in India: Prevalence and New Features». *Journal of Near-Death Studies*, vol. 26, n° 4, verano, 2008, págs. 267-82.

Pasricha, S., y Stevenson, I. «Near-Death Experiences in India: A Preliminary Report». *Journal of Nervous and Mental Disease*, vol. 174, n° 3, 1986, págs. 165-70.

Pelletier, K.R. *Sound Mind, Sound Body: A New Model for Lifelong Health*. Simon and Schuster, Londres y Toronto, 1994.

Penfield, W. «The Role of the Temporal Cortex in Certain Psychic Phenomena». *Journal of Mental Science*, vol. 101, 1955, págs. 451-65.

—. *The Mystery of the Mind. A Critical Study of Consciousness*. Princeton University Press, Princeton, NJ, 1975. [Versión en castellano: *El misterio de la mente*. Madrid: Ediciones Pirámide, 1977.]

—, y Kristiansen, K. *Epileptic Seizure Patterns*. Charles C. Thomas, Springfield, IL, 1951.

Perera, M., Padmasekara, G., y Belanti, J. «Prevalence of Near-Death Experiences in Australia». *Journal of Near-Death Studies*, vol. 24, n° 2, invierno, 2005, págs. 109-16.

Persinger, M.A. «Experimental Simulation of the God Experience: Implications for Religious Beliefs and the Future of the Human Species». En: Joseph, R. A. (comp.). *Neurotheology: Brain, Science, Spirituality, Religious Experience*, University of California Press, San José, 2003.

—, y Healy, F. «Experimental Facilitation of the Sensed Presence: Possible Intercalation Between the Hemispheres Induced by Complex Magnetic Fields». *Journal of Nervous and Mental Diseases*, vol. 190, 2002, págs. 533-41.

Planck, M. *Wissenchafliche Selbstbiographie. Mit einem Bildnis un der von Max von Laue gehaltenen Traueransprache.* Johann Ambrosius Barth Verlag, Leipzig, 1948, pág. 22, traducido en *Scientific Autobiography and Other Papers*, trad. F. Gaynor, Nueva York, 1959, págs. 33-4. [Versión en castellano: *Autobiografía científica*. México D.F.: Universidad Nacional Autónoma de México (UNAM), 1987.]

Pommaret, F. *Les Revenants de l'Au-dela dans le Monde Tibetain: Sources Litteraires et Tradition Vivante.* Éditions du Centre National de la Recherche Scientifique, París, 1989.

Putnam, F.W. «Dissociative Disorders in Children and Adolescents: A Developmental Perspective». *Psychiatric Clinics of North America*, vol. 14, 1991, págs. 519-31.

Rawlings, M. *Beyond Death's Door...* Sheldon Press, Londres, 1979. Tercera reimpresión. Publicado por primera vez en Estados Unidos en 1978 por Thomas Nelson Inc.

—. *To Hell and Back.* Nelson, Nashville, TN, 1993.

Rees, W.D. «The Hallucinations of Widowhood». *British Medical Journal*, vol. 4, n° 778, 1971, págs. 37-41.

Rein, G., McCraty, R.M. y Atkinson, M. «Effects of Positive and Negative Emotions on Salivary IgA». *Journal for the Advancement of Medicine*, vol. 8, n° 2, 1995, págs. 87-105.

Ring, K. *Life at Death: A Scientific Investigation of the Near-Death Experience.* Coward, McCann y Geohegan, Nueva York, 1980.

—. *Heading Toward Omega: In Search of the Meaning of the Near-Death Experience.* William Morrow, Nueva York, 1984. [Versión en castellano: *La senda hacia el Omega*. Barcelona: Ediciones Urano, 1986.]

—. *The Omega Project: Near-Death Experiences, UFO Encounters and Mind at Large.* William Morrow, Nueva York, 1992. [Versión en castellano: *El proyecto Omega*. Madrid: J.C. Ediciones, 1995.]

—. «Solving the Riddle of Frightening Near-Death Experiences: Some Testable Hypthesis and a Perspective Based on *A Cours in Miracles*». *Journal of Near-Death Studies*, vol. 13, n° 1, otoño, 1994, págs. 5-23.

—. «The Impact of Near-Death Experiences on Persons who Have Not Had Them: A Report of a Preliminary Study and Two Replications». *Journal of Near-Death Studies*, vol. 13, n° 4, verano, 1995, págs. 223-35.

—, y Cooper, S. *Mindsight: Near-Death and Out-of-Body Experiences in the Blind.* William James Center for Consciousness Studies, Institute of Transpersonal Psychology, 1999.

—, y Rosing, C.J. «The Omega Project: An Empirical Study of the NDE Prone Personality». *Journal of Near-Death Studies*, vol. 8, nº 4, verano, 1990, págs. 211-39.

—, y Valarino, E. *Lessons from the Light*. Insight Books, Plenum Press, Nueva York y Londres, 1998.

Roberts, B., y Chaboyer, W. «Patients' Dreams and Unreasl Experiences Following Intensive Care Admission». *Nursing in Critical Care*, vol. 9, nº 4, 2004, págs. 173-80

Rodin, E. «Comments on "A Neurobiological Model for Near-Death Experiences"». *Journal of Near-Death Studies*, vol. 7, nº 4, verano, págs. 255-9.

Rogo, D.S. *Mind Beyond the Body*. Penguin, Nueva York, 1978.

Rominger, R.A. «Exploring the Integration of Near-Death Experience Aftereffects: Summary of Findings». *Journal of Near-Death Studies*, vol. 28, nº 1, otoño, 2009, págs. 3-34.

Rommer, B. *Blessing in Disguise: Another Side of the Near-Death Experience*. Llewellyn Publications, St. Paul, MN, 2000.

Rosen, D.H. «Suicide Survivors». *Western Journal of Medicine*, vol. 122, 1975, págs. 289-94.

Ruttan, L., y Persinger, M.A. «Enhancement of Temporal Lobe-related Experiences During Brief Exposures to Milligauss Intensity Extremely Low Frequency Magnetic Fields». *Journal of Bioelectricity*, vol. 9, nº 1, 1990, págs. 33-54.

Sabom, M. *Recollections of Death: An Investigation Revealing Striking New Medical Evidence of Life Afther Death*. Corgi, Londres, 1982.

—. *Light and Death: One Doctor's Fascinating Account of Near-Death Experiences*. Zondervan Publishing House, Grand Rapids, 1998.

Sanders, M.A. *Nearing Death Awareness*. Jessica Kingsley Publishers, 2007.

Sartori, P. *The Near-Death Experiences of Hospitalized Intensive Care Patients: A Five-Year Clinical Study*. Edwin Mellen Press, Nueva York y Lampeter, 2008.

Sartori, P. «Spirituality 1: Should Spiritual and Religious Beliefs be Part of Patient Care». *Nursing Times*, vol. 106, nº 28, 2010a, págs. 14-17.

—. «Understanding the Subjective Experiences and Needs of Patients as they Approach Death». *Nursing Times*, vol. 106, nº 37, 2010c, págs. 14-16.

—, Badham, P., y Fenwick, P. «A Prospectively Studied Near-Death Experience with Corroborated Out-of-Body Perceptions and Unexplained Healing». *Journal of Near-Death Studies*, vol. 25, nº 2, invierno, 2006, págs. 69-84.

Saunders, N., Saunders, A., y Pauli, M. *In Search of the Ultimate High: Spiritual Experience through Psychoactives.* Rider Books, Londres, Sidney, Auckland y Johannesburgo, 2000.

Saver, J.L., y Rabin, J. «The Neural Substrates of Religious Experience». *Journal of Neuropsychiatry and Clinical Neurosciences*, vol. 9, 1997, págs. 498-510.

Schenk, P. *The Hypnotic Use of Waking Dreams: Exploring Near-Death Experiences without the Flatlines.* Crown House Publishing, Londres, 2006.

Schoolcraft, H.R. *Travels in the Central Portions of the Mississippi Valley: Comprising Observations on its Mineral Geography, Internal Resources, and Aboriginal Populations.* Kraus Reprint, Millwood, 1975. Publicado por primera vez en 1825.

Schwaninger, J., Eisenberg, P.R., Schechtman, K.B., y Weiss, A.N., «A Prospective Analysis of Near-Death Experiences in Cardiac Arrest Patients». *Journal of Near-Death Studies*, vol. 20, n° 4, verano, 2002, págs. 215-32.

Serdahely, W. «Pediatric Near-Death Experiences». *Journal of Near-Death Studies*, vol. 9, n° 1, otoño, 1990, págs. 33-9.

—. «A Comparison of Retrospective Accounts of Childhood Near-Death Experiences with Contemporary Peiatric Near-Death Experience Accounts». *Journal of Near-Death Studies*, vol. 9, n° 4, verano, 1991, págs. 219, 24.

Sheeler, R.D. «Teaching Near-Death Experiences to Medical Students». *Journal of Near-Death Experiences*, vol. 23, n° 4, verano, 2005, págs. 239-47.

Shelly, M.P. «Sedation for the Critically Ill Patient: Current Thoughts and Future Developments». En: Rennie, M. (comp.). *Intensive Care Britain* Greycoat, Londres, 1993.

Sogyal, R. *The Tibetan Book of Living and Dying.* Rider Books, Londres, 1995. Publicado por primera vez en 1992. [Versión en castellano: *El libro tibetano de la vida y la muerte.* Barcelona: Ediciones Urano, 1994.]

Sotelo, J., Perez, R., Guevara, P., y Fernandez, A. «Changes in Brain, Plasma and Cerebrospinal Fluid Contents of B-Endorphins in Dogs at the Moment of Death». *Neurological Research*, vol. 17, 1995, págs. 223-5.

Spencer, M. «Dissociation: Normal or Abnormal?». *Journal of Near-Death Studies*, vol. 14, n° 3, primavera, 1996, págs. 145-57.

Spiegel, D., y Cardena, E. «Disintegrated Experience: The Dissociative Disorders Revisited». *Journal of Abnormal Psychology*, vol. 100, 1991, págs. 366-78.

Stevenson, I., y Cook, E.W. «Involuntary Memories During Severe Physical Illness or Injury». *Journal of Nervous and Mental Disease*, vol. 183, 1995, págs. 452-8

Storm, H. *My Descent into Death*. Clairview Books, Londres, 2000.

Stout, Y.M., Jacquin, L., y Atwater, P.M.H. «Six Major Challenges Faced by Near-Death Experiencers». *Journal of Near-Death Studies*, vol. 25, n° 1, otoño, 2006, págs. 49-62.

Strassman, R. *DMT: The Spirit Molecule*. Park Street Press, Rochester, VT, 2001.

Sutherland, C. *Transformed by the Light: Life After Near-Death Experiences*. Bantam Books, Sidney.

—. *Children of the Light*. Souvenir Press, Londres, 1995a.

—. *Reborn in the Light: Life After Near-Death Experiences*. Bantam Books, Nueva York, Toronto, Londres, Sidney y Auckland, 1995b.

Swaddling, M. *Telling Tales: «Life as it Was - Told by those who Lived it»*. Pavilion Housing Association, Aldershot, 2006.

Tachibana, T. *Near-Death Experience*. Bungei Shunju, Tokio (solo en japonés), 1994.

Talasyesva, D. *Sun Chief: The Autobiography of a Hopi Indian*. Yale University Press, Haven, 1942.

Tart, C. «A Psychophysiological Study of the Out-of-Body Experiences in a Selected Subject». *Journal of the American Society for Psychical Research*, vol. 62, n° 2, invierno, 1968, págs. 3-27.

—. «Six Studies of Out-of-Body Experiences in a Selected Subject». *Journal of the American Society for Psychical Research*, vol. 62, n° 7, 1998, págs. 73-99.

Taylor, E. ABCNewsinterviewbroadcast23March2011. http://abcnews.go.com/WNT/Video/elizabeth-taylor-death-experience-13201786.

Thrum, T. *Hawaiian Folk Tales: A Collection of Native Legends*. A.C. McClurg, Chicago, 1907.

Twemlow, S.W. «Epilogue: Personality File». En:Monroe, R. A. (comp.). *Journeys Out of the Body*. Anchor Press/Doubleday, Nueva York, 1977.

Van Lommel, P. Comunicación personal, 2004a.

—. «About the Continuity of our Consciousness». En Machado, C. y Shewmon, D.A. (comps.). *Brain Death and Disorders of Consciousness*. Kluwer Academic/Plenum Publishers, Nueva York, Boston, Dordrecht, Londres y Moscú, 2004b.

—. *Consciousness Beyond Life: The Science of the Near-Death Experience*. Harper One, Nueva York, 2010. [Versión en castellano: *Consciencia más allá de la vida*. Girona: Ediciones Atalanta, 2012.]

—, Van Wees, R., Meyers, V., y Eifferich, I. «Near-Death Experience in Survivors of Cardiac Arrest: A Prospective Study in the Netherlands». *Lancet*, vol. 358, 2001, págs. 2039-45.

Varela, F.J. (comp.). *Sleeping, Dreaming, and Dying: An Exploration of Consciousness with the Dalai Lama*. Wisdom Publications, Boston, 1997. [Versión en castellano: *Dormir, soñar y morir: una exploración de la consciencia con el Dalai Lama*. Madrid: Gaia Ediciones, 2009.]

Vaughan, L. *Ansewered or Unansewered? Faith in China*. Christian Life Literature Fund., Filadelfia, 1920.

Wade, J. «In a Sacred Manner we Died: Native American Near-Death Experiences». *Journal of Near-Death Studies*, vol. 22, n° 2, invierno, 2003, págs. 83-115.

Wallis Budge, E.A. *The Egyptian Book of the Dead (Penguin Classics)*. Penguin Books, Londres y Nueva York, 2008. [Versión en castellano: *El libro egipcio de los muertos*. Buenos Aires: Editorial Kier, 1992.]

Warner, L. *A Black Civilization: A Social Study of an Australian Tribe*. Harper and Brothers, Nueva York, 1937.

Whinnery, J.E. «Acceleration-Induced Loss of Consciousness: A Review of 500 Episodes». *Archives of Neurology*, vol. 47, 1990, págs. 764-76.

—. «Psychophysiologic Correlates of Unconsciousness and Near-Death Experiences». *Journal of Near-Death Studies*, vol. 15, n° 4, verano, 1997, págs. 231-58.

White, P.R. «The Anatomy of a Transformation: An Analysis of the Psychological Structure of Four Near-Death Experiences». *Journal of Near-Death Studies*, vol. 15, n° 3, primavera, 1997, págs. 163-85.

Wilber, K. *Grace and Grit*. Shambhala, Boston, y Londres, 1991. [Versión en castellano: *Gracia y coraje*. Madrid: Gaia Ediciones, 1995.]

Winkler, E. *Das Abendlandische Totenbuch (The Occidental Book of Death and Dying)*. Corona, Hamburgo, 1996.

—. «The Elias Project: Using the Near-Death Experience Potential in Therapy». *Journal of Near-Death Studies*, vol. 22, n° 2, invierno, 2003, págs. 79-82.

Woerlee, G.M. *Mortal Minds: A Biology of the Soul and Dying Experience*. De Tijdstroom, Utrecht, 2003.

—. «Cardiac Arrest and Near-Death Experiences». *Journal of Near-Death Studies*, vol. 22, n° 4, verano, 2004, págs. 235-49.

Woodrow, P. *Intensive Care Nursing: A Framework for Practice*. Routledge, Londres, 2000.

Wren-Lewis, J. «The Implications of Near-Death Experiences and Understanding Posttraumatic Growth». *Psychological Inquiry*, vol. 15. págs. 90-2.

Yanagita, K. *The Legends of Tono*. Japan Foundation Translation Series, Tokio, 1975. Originalmente publicado en 1910.

Zaleski, C. *Otherworld Journeys: Accounts of Near-Death Experiences in Medieval and Modern Times*. Oxford University Press, Nueva York y Oxford.

Zhi-ying, F., y Jian-xun, L. «Near-Death Experiences Among Survivors of the 1976 Tang Shan Earthquake». *Journal of Near-Death Studies*, vol. 11, nº 1, otoño, 1992, págs. 39-49.

ÍNDICE

Bardo Thodol: 29, 220
barreras/puntos de no retorno: 37, 42-44, 102-03, 119, 134, 176, 199
   ECM/ketamina comparada con: 176
Barrett, William: 138
Benamour, Rajaa: 32-33
Biblia: 29, 44
Black, Elk: 133
Blackmore, Susan: 30, 205
Blake, William: 29
Blanke, Olaf: 183
bombillas eléctricas: 272-73
Bosch, Hieronymus: 29
Botkin, Allan: 161, 251
Boyd, Juliet: 265
Brayne, Sue: 139
Brinkley, Dannion: 177
Buddha Amitabha: 124-25
budismo: 124-25
Bush, Nancy: 30, 49, 55

cáncer/linfoma: 43, 54, 70, 81, 144-45, 155, 163, 166
   desaparición después de ECM: 31, 86
   premonición de: 144
cardíaco, paro: 19, 24, 28, 50, 95, 100-01, 108, 112, 205, 212-13, 215, 234, 267, 268, 281
   proporción de ECM en: 174, 198
cardiopulmonar, reanimación: 19, 281-82
Carter, Chris: 270
catolicismo: 52, 73, 126, 237
cerebro:
   conciencia y, 27, 31-32, 178, 203, 212, 217, 262, 269-72

ECM y, 135, 156
   estimulación eléctrica del: 181-86
   véase también anoxia; hipoxia
China, ECM en: 124-26
Chitragupta: 120
cielo/paraíso: 221
   en ECM: 55, 120-21, 129, 141
   como estado mental: 286
   en sueños precognitivos: 147-48
ciencia: 258, 270-76
científica, revolución: 271-72
coma, estado de: 31, 52, 76, 96, 105-06, 151, 169, 263
compasión: 65, 233
   conciencia de la ECM y: 28, 233, 252
   defensa del organismo y: 256
   después de la ECM y: 64-66, 252, 254, 257, 270, 275
complementarias, terapias: 113
comunicación después de la muerte: 160-67
   terapia de duelo y: 161, 250-51
conciencia:
   cerebro y: 27, 31-32, 178, 203, 212, 217, 262, 269-72
   comprensión de la: 217, 258
   drogas y: 175
   ECM y: 36, 176
   muerte y: 189
   planeta y: 257-58
Congo, ECM en: 129-30
corazón, ataques al: 35, 50, 64
   véase también cardíaco, paro
Corazza, Ornella: 123-24, 176
Cornwell, Hazel: 142-43, 161-62
Counts, Dorothy: 129
cristianismo: 45, 92, 125, 129-30
cuántica, física: 32-33

editorial **K**airós

Puede recibir información sobre
nuestros libros y colecciones inscribiéndose en:

www.editorialkairos.com
www.editorialkairos.com/newsletter.html

Numancia, 117-121 • 08029 Barcelona • España
tel. +34 934 949 490 • info@editorialkairos.com